NZZ **LIBRO**

Beat Stauffer

Maghreb, Migration und Mittelmeer

Die Flüchtlingsbewegung als Schicksalsfrage für Europa und Nordafrika

NZZ Libro

Bibliografische Information der Deutschen Nationalbibliothek

Die Deutsche Nationalbibliothek verzeichnet diese Publikation
in der Deutschen Nationalbibliografie; detaillierte bibliografische Daten
sind im Internet über http://dnb.d-nb.de abrufbar.

2. Auflage 2020

© 2019 NZZ Libro, Schwabe Verlagsgruppe AG

Lektorat: Rainer Vollath, München
Umschlag: GYSIN [Konzept + Gestaltung], Chur
Gestaltung, Satz: Gaby Michel, Hamburg
Druck, Einband: Druckhaus Nomos, Sinzheim

Dieses Werk ist urheberrechtlich geschützt. Die dadurch begründeten Rechte, insbesondere die der Übersetzung, des Nachdrucks, des Vortrags, der Entnahme von Abbildungen und Tabellen, der Funksendung, der Mikroverfilmung oder der Vervielfältigung auf anderen Wegen und der Speicherung in Datenverarbeitungsanlagen, bleiben, auch bei nur auszugsweiser Verwertung, vorbehalten. Eine Vervielfältigung dieses Werks oder von Teilen dieses Werks ist auch im Einzelfall nur in den Grenzen der gesetzlichen Bestimmungen des Urheberrechtsgesetzes in der jeweils geltenden Fassung zulässig. Sie ist grundsätzlich vergütungspflichtig. Zuwiderhandlungen unterliegen den Strafbestimmungen des Urheberrechts.

ISBN 978-3-03810-363-9
ISBN E-Book 978-3-03810-418-6

www.nzz-libro.ch
NZZ Libro ist ein Imprint der Schwabe Verlagsgruppe AG.

Inhalt

Vorwort 7

1 Aktualität und Brisanz des Themas 11

2 Ein Blick zurück: Als europäische Industrieländer Gastarbeiter aus Nordafrika anwarben 22

3 Glückssucher, Abenteurer, Desperados: Irreguläre Migranten aus dem Maghreb 31

4 Ein Fokus auf Tunesien: Kein Interesse an der Revolution 39

5 Am Brunnen der Barfüssigen: Reportage aus Bir El Hafey, Tunesien 65

6 Kaum Perspektiven, viel Frust: Der Migrationsdruck in den anderen Maghrebstaaten 91

7 Nahe dran: Drei Schauplätze der irregulären Emigration 106

8 Der Maghreb: Transitland für Migranten aus Ländern südlich der Sahara 128

9 An den Hindernissen gescheitert: Auf dem Weg nach Europa im Maghreb gestrandet 147

10 Unverzichtbar für die Ausreise: Die Schlepper und ihr Geschäft 157

11 In den Dschihad oder nach Europa: Eine absurde Alternative? 177

12 Ein neuer Limes: Der Maghreb als Schutzwall Europas? 185

13 Der doppelte Blick: Ein tunesisch-schweizerischer Jurist analysiert die irreguläre Emigration nach Europa 221

14 Schwieriger Weg: Als klandestiner Maghrebiner in Europa 235

15 Um keinen Preis zurück: Die schwierige Rückführung von maghrebinischen Migranten 246

16 Migrationspartnerschaften mit Maghrebstaaten: Gemeinsam nach Lösungen suchen? 266

17 Aufnahmezentren in Nordafrika: Ein Hirngespinst europäischer Politiker? 272

18 Eine verfahrene Situation: Sind Lösungen in Sicht? 279

19 Wie geht es weiter? 305

Anhang 309

Literaturverzeichnis 312

Bildnachweis 319

Dank 320

Vorwort

Dieses Buch ist eine Nachhilfe gegen jede Art von Realitätsverweigerung in Sachen Migration und Asylpolitik.

Massenmigration ist das wohl grösste gesellschaftliche Problem unserer Tage. Sie hat eine langfristige Sprengwirkung. Die Zuwanderung spaltet in fast allen Industrieländern die Gesellschaft und polarisiert die weltanschaulichen Überzeugungen: Die einen neigen zum Abschottungs-Kampfruf «Grenze zu». Dahinter steht das Ideal einer heilen nationalen Gemeinschaft. Die anderen pflegen ihre Willkommenskultur. Sie gehen aus vom Ideal einer multikulturellen Friedensgesellschaft. Beide Lager sind dogmatisch und beide leiden auf ihre Art an Realitätsverweigerung.

Dieses Buch begegnet solchen Wahrnehmungsverzerrungen auf zweierlei Art. Zum einen vermittelt es Information und Aufklärung über die gesellschaftlichen Verhältnisse im Maghreb, über die Milieus, aus denen irreguläre Migranten stammen, über deren Motive und über den Migrationsdruck in Nordafrika. Und zum anderen zeigt es einsichtige und pragmatische Lösungsansätze einer neuen Migrations-Aussenpolitik.

Viele Zeitgenossen sind angesichts der Asylströme mit Beklemmung hin- und hergerissen zwischen Humanität und Realität. Sie stecken unerlöst im Dilemma zwischen gelebter Mitleidskultur (Gesinnungsethik) und der Einsicht in die langfristigen Folgewirkungen für die Gesellschaft (Verantwortungsethik).

Der Autor Beat Stauffer ist ein profunder und hoch geachteter Kenner der Maghreb-Länder. Seit über zwei Jahrzehnten berichtet er über das islamische Nordafrika. Er kennt die politischen Verhältnisse, die Gesellschaftsordnungen, den rasanten Wandel und die schwierige historische Belastung im Verhältnis zwischen Maghrebstaaten und europäischen Ländern. Für verschiedene Medien analysiert er die gesellschaftlichen Brüche und Veränderungen in Nordafrika.

Beat Stauffer legt im Anschluss an eine Lageanalyse in den fünf Maghrebstaaten den Fokus auf die «irreguläre Migration», also die Massenauswanderung von meist jüngeren Männern, die weder Kriegsflüchtlinge noch politisch Verfolgte sind. Sie sind nicht an Leib und Leben bedroht, sondern Armutsflüchtlinge, die meist mit Wissen und geplanter Unterstützung ihrer Familie den Weg aus der Perspektivlosigkeit suchen.

Grossmehrheitlich werden sie dann zu Asylsuchenden, die in unserem Arbeitsmarkt nicht Fuss zu fassen vermögen. Dies nicht nur wegen Sprachdefiziten und interkulturellen Problemen, sondern weil sie zuvor noch nie in festen Anstellungen und Leistungsstrukturen gearbeitet haben. Resultat ist, dass sie fünf respektive sieben Jahre nach der Ankunft in der Schweiz oder in Deutschland zu über 80 Prozent von der Sozialhilfe abhängig sind.

Beat Stauffer konfrontiert uns mit einer zentralen, in ganz Europa heiss diskutierten These: Irreguläre Migration muss gesteuert oder gar verhindert werden. Millionen von Afrikanern haben, symbolisch gesprochen, schon ihre Koffer für die Auswanderung gepackt. Die Hälfte der Bevölkerung in den Maghreb-Staaten ist unter 25 Jahre alt. Damit wird die demographische Entwicklung in Afrika zu einer sozialen Zeitbombe auch für den europäischen Kontinent.

Europa verfügt politisch, gesellschaftlich und arbeitsmarktlich weder über die Kapazitäten noch über den Willen zur echten und dauerhaften Eingliederung einer so grossen Zahl von Armutsflüchtlingen. Das ist die eine Kehrseite der Medaille. Doch derart grosse Migrationsströme schädigen auch (Nord-)Afrika selber, weil es in den meisten Fällen aktive und initiative junge Menschen sind, die «davonlaufen» und anschliessend in ihrem Land fehlen.

Beat Stauffer konfrontiert die Leser in diesem Buch mit den praktischen Fragen der Migrationssteuerung. Etwa diese: Wie müsste die notwendige Trennung («Triage») der irregulären Migranten von jenen Flüchtlingen vor sich gehen, die an Leib und Leben bedroht und asylberechtigt sind? Wo soll diese Identifikation und Asylentscheidung stattfinden: In Auffangzentren in Südeuropa? Oder in Sammelstellen in Nordafrika?

Oder gar wieder in den Botschaften der EU-Staaten und der Schweiz in den Migrationsherkunftsländern?

Mit der Beschreibung von zehn international diskutierten Strategien zur Bewältigung der zu erwartenden grossen Migrations- und Flüchtlingsströme diskutiert Stauffer auch deren Realisierungs-Chancen. Er bringt die Forderung zur Errichtung von humanitären Korridoren ins Spiel, über die die wirklich verletzten und vulnerablen Personen aufgenommen und den Schleusern entzogen werden.

Recht und Praxis des heute gültigen Flüchtlingsrechts von 1951, das aus den Erfahrungen des Zweiten Weltkriegs abgeleitet worden ist, helfen nicht den Schwächsten, sondern bevorzugen die starken jungen Männer mit Zahlungsfähigkeit und persönlichem Durchsetzungsvermögen. Gerade die Schwachen, Verletzlichen kommen in diesem Asylsystem zu kurz. Stauffer plädiert, wie zahlreiche internationale Experten mit asylpolitischer Fronterfahrung, für eine Reform des humanitären Migrationsrechts. Bisher wurde eine solche von den etablierten Institutionen wie IKRK, UNO und auch von manchen Regierungen kategorisch verweigert.

Der Leserschaft dieses Buchs kann ich garantieren, dass die Lektüre für beide Meinungslager – für die Migrationsskeptiker wie auch für Leser mit Willkommensneigung – äusserst erkenntnisreich und gewinnbringend ist. Die länderübergreifenden Schlusskapitel bringen einen im Nachdenken über die Migrationsproblematik weiter.

Dieses Buch könnte sehr wohl zum Ausgangspunkt für eine realistischere Migrationsaussenpolitik gegenüber den Maghreb-Staaten, ja gegenüber dem afrikanischen Kontinent werden.

Dr. h.c. Rudolf Strahm, alt Nationalrat, Mai 2019

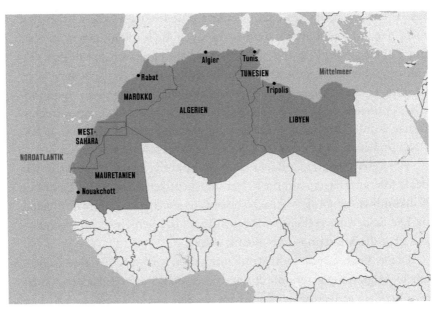

Der Maghreb umfasst die Staaten Libyen, Tunesien, Algerien, Marokko, die Westsahara (zurzeit grösstenteils von Marokko verwaltet; ehemalige Grenze zu Marokko im Norden gestrichelt) und Mauretanien.

1
Aktualität und Brisanz des Themas

An der südlichen Küste des Mittelmeers liegen vier Staaten, die kulturell eng miteinander verbunden, von ihrer Geschichte und ihren politischen Systemen her aber sehr unterschiedlich sind: Marokko, Algerien, Tunesien und Libyen. Dazu kommt das an den Atlantik grenzende Mauretanien, das geografisch ebenfalls zum Maghreb, zum äussersten Westen der arabischen Welt gezählt wird. Dieser Maghreb – auch Nordafrika genannt – ist auf dem Papier zwar durch die Union des grossen arabischen Maghreb vereint, doch in Wirklichkeit verfolgt jeder dieser fünf Staaten eine eigene Politik. Zwei von ihnen – Algerien und Marokko – pflegen seit mehr als 50 Jahren eine enge Feindschaft. Dabei geht es um die Grenzen zwischen den beiden Ländern sowie um die Frage der Westsahara.

Alle diese Maghrebstaaten bilden für Europa de facto einen doppelten Schutzwall. Sie sichern ihre südlichen Grenzen in der Sahara, die an die armen Sahelstaaten, an Senegal und im Fall Libyens an Sudan und Ägypten anstossen. Vor allem aber sichern sie mithilfe ihrer Küstenwache die Mittelmeer- und Atlantikküste. Auf diese Weise verhindern sie zum einen die massenhafte Auswanderung ihrer eigenen jungen Bürger nach Europa. Zum anderen blockieren sie die Migration auswanderungswilliger junger Menschen aus Westafrika, aus den Sahelstaaten, aus dem bevölkerungsreichen Nigeria, aus Somalia und Eritrea. Gleichzeitig erschweren sie damit auch die Flucht von politisch verfolgten Menschen aus verschiedenen Ländern und von Flüchtlingen aus Kriegsgebieten.

Dieser neue Limes – analog dem Schutzwall, den die Römer im ersten Jahrhundert unserer Zeitrechnung in Nordafrika errichteten und von dem an einzelnen Stellen immer noch Spuren zu sehen sind –, dieser Limes sichert letztlich den gegenwärtigen Wohlstand Europas. Denn allein schon das Wohlstandsgefälle zwischen den beiden Seiten des Mittelmeers ist immer noch so gross, dass daraus eine immense Sogwirkung entstanden ist. Hunderttausende junger Migranten würden die Maghrebstaaten sofort verlassen, wenn ihnen eine legale und gefahrlose Ausreise möglich wäre. Alles weist darauf hin, dass der Migrationsdruck in den Ländern der Sahara eher noch grösser ist; dort handelt es sich potenziell um Millionen von Auswanderungswilligen. Dazu kommen in vielen Ländern zahlreiche bewaffnete Konflikte und Kriege, die die Menschen zur Flucht zwingen. Den meisten Menschen in den Ländern südlich der Sahara ist es allerdings gar nicht möglich, ihre Länder zu verlassen, da sie schlicht zu arm sind.

Aus dem Maghreb sind in den vergangenen fünf bis sechs Jahrzehnten mehrere Millionen Menschen nach Europa ausgewandert. Während die europäische Wirtschaft noch bis in die 1980er-Jahre Arbeitskräfte aus dem Maghreb aktiv rekrutierte, wurde die legale Emigration spätestens seit der Unterzeichnung des Schengener Abkommens Anfang der 1990er-Jahre unmöglich gemacht. In der Folge emigrierten Hunderttausende junger Maghrebiner auf irreguläre Weise nach Europa. Zusätzlich ersuchten Zehntausende von Menschen aus dem Maghreb – meist islamistischer Ausrichtung – in den westlichen Staaten um Asyl. Dies blieb für die Ausrichtung arabischsprachiger Moscheevereine und -verbände in der Schweiz und auch in vielen anderen europäischen Staaten nicht ohne Folgen.

Seit dem Beginn der 1990er-Jahre wurde der Maghreb selbst immer mehr zur Transitzone für Migranten aus afrikanischen Ländern. Das Phänomen war anfänglich vor allem an gewissen Brennpunkten wie etwa der Stadt Tanger sichtbar, von der aus die Migranten relativ leicht nach Europa übersetzen konnten. Eine Rolle spielten dabei auch die Afrikapolitik von Oberst Gaddafi, der vor allem junge Menschen aus den Sahelstaaten zur Einreise nach Libyen ermunterte, sowie – in vermindertem Mass – auch die sehr stark international ausgerichtete Aussenpolitik Algeriens.

Mit der Schliessung der europäischen Grenzen für Arbeitskräfte aus dem Maghreb wurden auch die afrikanischen Migrationsrouten blockiert. Vor allem im Umfeld der beiden spanischen Exklaven Ceuta und Melilla kam es in der Folge regelmässig zu dramatischen Situationen. In den Fokus der Weltöffentlichkeit geriet das Problem erstmals im Jahr 2005, als Bilder von Tausenden afrikanischen Migranten veröffentlicht wurden, die unter schwierigsten Bedingungen in den nahe gelegenen Wäldern der beiden Exklaven hausten und regelmässig versuchten, die Grenzzäune zu stürmen.

Seither sind sich die Maghrebstaaten der Tatsache bewusst geworden, dass sie die Migrationsströme aus den afrikanischen Ländern in einem gewissen Mass selbst kontrollieren müssen, um zu vermeiden, dass diese «Transitmigranten» in ihren Ländern stecken bleiben. Der Umstand, dass sich im Jahr 2007 verschiedene islamistische Kampfgruppen zur al-Qaida im Maghreb (AQMI) zusammenschlossen und sich die neue Organisation im Niemandsland zwischen der Westsahara, dem Norden und Osten Mauretaniens, dem Süden Algeriens und dem Nordens Malis einnistete, trug zusätzlich dazu bei, dass die Maghrebstaaten dem Schutz ihrer südlichen Grenzen eine höhere Bedeutung beimassen. Die Zerschlagung der IS-Bastion Sirte, die allgemein chaotische Lage in Libyen sowie die Errichtung eines al-Qaida-Ablegers im Dschebel Chambi in einer gebirgigen Region zwischen Tunesien und Algerien dürfte diesem Sicherheitsaspekt zusätzlich Gewicht verliehen haben.

Die Arabellion, die im Winter 2010/11 im tunesischen Hinterland ausgelöst wurde, hat weder in Tunesien noch in den anderen Maghrebstaaten den Migrationsdruck vermindert. Im Gegenteil: Im tunesischen Hinterland hat sich die Lage in den vergangenen acht Jahren derart verschlechtert, dass mehr junge Migranten denn je das Land verlassen wollen. Sie glauben offensichtlich nicht (mehr) an die Errungenschaften der Revolution und an die Chancen einer demokratischen Erneuerung der tunesischen Gesellschaft. Stattdessen wollen viele von ihnen «abhauen» und ihr Glück in Europa suchen. Dass ein Teil der klandestinen Migranten aus Tunesien bis vor Kurzem nur noch die Wahl zwischen zwei Optionen zu erkennen vermochte, nämlich zwischen der Ausreise in den Dschihad oder der irregulären Emigration nach Europa, macht die Lage für die europäischen Länder deutlich schwieriger: Sie müssen zumindest bei gewissen Migranten mit einer mentalen Disposition rechnen, die eine islamistische Radikalisierung nicht ausschliesst.

In Libyen hat der Sturz des Gaddafi-Regimes zu einer chaotischen, bürgerkriegsähnlichen Situation geführt, in der das Gewaltmonopol des Staates aufgehoben ist. De facto haben dort schwer bewaffnete Milizen das Sagen. Dies hatte zur Folge, dass innerhalb von drei bis vier Jahren gut organisierte Schlepperbanden das Geschäft mit der irregulären Emigration ungehindert betreiben und Hunderttausende von Migranten nach Italien schleusen konnten. Damit trat ein, was Gaddafi im Jahr 2005 prophezeit hatte: dass Europa in einem noch nie gesehenen Ausmass von afrikanischen Flüchtlingen und Migranten «überschwemmt» werden würde. Die Schliessung des offenen Tors an der Südflanke Europas, die die italienische Regierung mit unorthodoxen Mitteln im Sommer 2017 bewerkstelligt hat, steht allerdings auf wackeligen Füssen. Zurzeit soll zwar der «Freundschaftspakt», der 2008 zwischen Berlusconi und Gaddafi abgeschlossen wurde, wieder aktiviert werden, und zwar mit dem vorrangigen Ziel, Migranten von Italien und damit von Europa fernzuhalten. Doch angesichts der instabilen Lage in Libyen und einer fehlenden Zentralregierung ist schwer vorauszusagen, wie sich die Dinge entwickeln werden und ob dieses Abkommen tatsächlich eingehalten wird.

In den Maghrebstaaten ist in der breiten Bevölkerung eine ambivalente oder gar klar ablehnende Haltung gegenüber den Massnahmen festzustellen, die die Migration eindämmen sollen. Einerseits erachten viele Maghrebiner die Migration als Grundrecht, und viele wünschen sich selbst, nach Europa auszuwandern, ihre Kinder zur Ausbildung dorthin zu schicken oder zumindest als Touristen nach Europa reisen zu können. Aufgrund der starken Prägung durch die Kolonialgeschichte, der immer noch vorhandenen Orientierung an Europa und des Gefühls des Eingeschlossenseins in den Grenzen ihres Landes ist dies auch gut verständlich. Doch andererseits bestehen, wie auch in Europa, Ängste vor einer starken Immigration aus Ländern südlich der Sahara und auch ein nicht zu unterschätzender Rassismus Afrikanern gegenüber.

Insgesamt gibt es in den Maghrebstaaten starke Vorbehalte gegenüber der Rolle, die die europäischen Regierungen Nordafrika bezüglich der Eindämmung der irregulären Migration zuweisen möchten: nämlich die europäischen Aussengrenzen mit einem vorgelagerten, doppelten Wall zu schützen. Der Maghreb gebe sich nicht dazu her, für Europa den «Gendarmen» zu spielen und die Drecksarbeit zu erledigen, ist in diesem Zusammenhang oft zu hören. Diese Ablehnung ist am stärksten innerhalb der Zivilgesellschaft, unter Intellektuellen und naturgemäss bei Organisationen zu spüren, die sich vor Ort für Flüchtlinge und Migranten einsetzen.

In Wirklichkeit haben die Regierungen des Maghreb aber schon seit einiger Zeit in gewissem Umfang zu einer solchen Zusammenarbeit Hand geboten. Ausschlaggebend dafür ist der enorme Druck, den die EU in dieser Hinsicht ausübt. Besonders ausgeprägt ist diese Zusammenarbeit in Migrationsfragen in Marokko. Dort wird in letzter Zeit immer häufiger die Frage aufgeworfen, ob das Land für die wichtige Rolle beim Schutz der europäischen Südgrenzen ausreichend abgegolten wird.

Angesichts des nach wie vor sehr hohen Migrationsdrucks sowohl im Maghreb als auch in den Ländern südlich der Sahara hat Europa in den kommenden Jahren oder gar Jahrzehnten wohl keine andere Möglichkeit, als irreguläre Immigration aus dem Maghreb und über den Maghreb so gut wie möglich einzudämmen. Gleichzeitig werden die europäischen Staaten – allen voran Deutschland – nicht umhin können, mit den Maghrebstaaten griffige Rücknahmeabkommen abzuschliessen und Abschiebungen von abgelehnten Asylbewerbern und anderen geduldeten Migranten aus dem Maghreb vorzunehmen. Solche Abschiebungen werden auch deshalb unumgänglich sein, weil sich nur so glaubwürdig vermitteln lässt, dass die irreguläre Migration in Europa nicht (mehr) geduldet wird und dass sie sich für die Anwärter nicht mehr lohnt.

Doch Europa muss den Maghrebstaaten, muss den Millionen von jungen Menschen, die mit Bewunderung in Richtung Norden blicken, und sei es nur wegen des Lebensstils und des relativen Wohlstands, auch etwas anbieten. Dies ist von grösster Bedeutung für die Zukunft. Schon jetzt wenden sich viele junge Maghrebiner desillusioniert von Europa, dem vermeintlichen Hort der Menschenrechte und der individuellen Freiheiten, ab. Andere, autoritäre oder explizit islamische Modelle bieten sich an.

So ist es unumgänglich, für die maghrebinische Jugend neue Fenster in Richtung Europa zu öffnen und legale Formen der Migration zuzulassen. Konkret heisst das: mehr Visa für Studienzwecke und für Praktika, für Studentenaustausch und für kulturelle Begegnungen. Des Weiteren sind Formen der zirkulären Migration voranzutreiben, bei der die Betroffenen ein paar Jahre in Europa verbringen können, dann aber in ihre Herkunfts-

Junge Männer aus Mali auf der Suche nach einem besseren Leben. Ich treffe sie im Frühjahr 2009 in Nouadhibou im Norden Mauretaniens. Doch die Route ist bereits gesperrt, und ihre Ausreise auf die Kanarischen Inseln scheitert. Amadou (Bildmitte, stehend) wird in den folgenden Jahren noch dreimal versuchen, via Algerien nach Europa zu emigrieren. Vergeblich.

länder zurückkehren müssen. Und schliesslich sollte auch darüber diskutiert werden, ob Europa den Maghrebstaaten in Zukunft nicht Kontingente für Arbeitsvisa anbieten kann.

Vor allem aber muss sich Europa im Maghreb wirtschaftlich deutlich stärker engagieren. Es muss alles daran gesetzt werden, dass der Norden Afrikas ein Ort wird, an dem die Menschen gut und würdig leben können. Alle materiellen Voraussetzungen dafür sind im Prinzip vorhanden. Die Barrieren sind weitgehend gesellschaftlicher und mentaler Art: Egoistische, nur ihrem eigenen Interesse verpflichtete Eliten, verkalkte politische Systeme ohne echte Partizipation, eine überbordende Bürokratie sowie ein unzeitgemässes, qualitativ schlechtes Erziehungswesen verhindern eine längst überfällige Entwicklung.

Die Maghrebstaaten sind die direkten Nachbarn Europas im Süden. Sie spielen für den Schutz der europäischen Aussengrenzen eine entscheidende Rolle. Angesichts der demografischen Entwicklung in Afrika, die unmöglich durch die wirtschaftliche Entwicklung aufgefangen werden kann, ist in den kommenden Jahrzehnten auch in den Ländern südlich der Sahara weiterhin von einem sehr hohen Migrationsdruck auszugehen. Wenn die Maghrebstaaten nicht stabil bleiben und ihren Bürgern nicht Lebensbedingungen anbieten können, die minimale Standards garantieren, dann wird der Norden Afrikas zu einem Unruheherd werden, der Europas Zukunft in zweierlei Hinsicht gefährden könnte: Zum einen ist es den Maghrebstaaten unter diesen Umständen nicht mehr möglich, ihre Rolle als Schutzwall am Südrand des Mittelmeers wahrzunehmen. Zum anderen wäre in einem solchen Fall damit zu rechnen, dass im Maghreb selbst grosse Fluchtbewegungen einsetzen. Europas Sicherheit und Stabilität wären damit akut in Gefahr.

Europa muss deshalb ein vitales Interesse an guten, nachbarschaftlichen Beziehungen zu den Maghrebstaaten haben und alles daran setzen, die legitimen Anliegen der schwächeren Nachbarn im Süden auf allen Ebenen zu berücksichtigen. Im Bereich der Migration bedeutet dies den Aufbau von Migrationspartnerschaften, die diesen Namen verdienen.

Im vorliegenden Buch wird zum einen versucht, die komplexen Beziehungen zwischen dem Maghreb und Europa unter dem Fokus der Migration zu analysieren. Dabei wird in einer Art Übersicht dargelegt, in welchem Ausmass in den rund 60 Jahren seit der Unabhängigkeit der Maghrebstaaten Migrationsbewegungen stattgefunden haben, die sowohl Europa als auch Nordafrika stark und unumkehrbar geprägt haben. Diese reguläre Migration geht über den Familiennachzug bis heute in einem gewissen Umfang weiter. Im Fokus dieses Buches steht aber die irreguläre Emigration, die Anfang der 1990er-Jahre eingesetzt hat und seither eine Konstante bildet. Sie ist es, die die Beziehungen zwischen Europa und den Maghrebstaaten am meisten belastet.

Das Phänomen der irregulären Emigration ist schwer zu fassen und entzieht sich auch weitgehend jeder staatlichen Kontrolle. Jahrelang war das Phänomen auch kaum ein Thema der universitären Forschung. Die Maghrebstaaten selbst hatten, so der Eindruck, weder ein Interesse an solchen Forschungen noch die dazu nötigen Instrumente. Manche Beobachter gehen davon aus, dass viele Maghrebstaaten vor dieser Form der illegalen Ausreise bewusst die Augen verschlossen haben, weil sie froh waren, dass sie sich eines Teils ihrer arbeitslosen und zum Teil auch rebellischen Jugend auf solche Weise entledigen konnten. In Europa wiederum fanden Forschungen zu diesem Thema eher selten statt, weil es schon aus sprachlichen Gründen schwierig ist, in die Netzwerke der irregulären Emigration einzudringen. Gleichzeitig hatten gewisse Kreise in Europa – etwa Grossgrundbesitzer in Spanien oder Süditalien – sehr wohl ein Interesse daran, auf solche Weise stets ausreichend billige Arbeitskräfte zur Verfügung zu haben. Es ist denn auch ein offenes Geheimnis, dass Italien gegenüber der irregulären Immigration aus dem Maghreb – vor allem aus Marokko – bis weit in die 2000er-Jahre hinein grösstenteils die Augen verschloss.

Erst in jüngster Zeit sind wichtige Forschungsprojekte zum Thema der irregulären Emigration aus dem Maghreb publiziert worden. Einige von ihnen – etwa eine an der Universität Lausanne publizierte Dissertation zu den tunesischen Harraga – haben in diesem Buch Eingang gefunden.

Dieses Buch will weder eine akademische Publikation noch eine wissenschaftliche Forschung im engeren Sinn sein. Dazu ist das Thema viel zu weit gefasst. Vielmehr will es zum einen die unbestrittenen Fakten und Resultate der jüngeren Forschung einem grösseren Publikum bekannt machen. Zum anderen will es das komplexe Thema der irregulären Emigration aus dem Maghreb in einen grösseren Zusammenhang stellen. Weiter sollen in diesem Buch auch individuelle menschliche Aspekte der irregulären Emigration beleuchtet werden. Dies geschieht mithilfe von Porträts von Migranten, denen es gelungen ist, europäischen Boden zu erreichen, oder von solchen, die gescheitert sind oder die in näherer Zukunft ausreisen möchten. Diesem Zweck dienen auch die Fallstudie aus einer Provinzstadt im tunesischen Hinterland sowie die Reportagen von drei Schauplätzen der irregulären Emigration; Orte, die der Autor alle persönlich und zum Teil mehrfach besucht hat. Auf diese Weise soll versucht werden, die Atmosphäre dieser Dreh- und Angelpunkte der irregulären Migration zu beschreiben und einen Einblick in die oft schwierige oder gar dramatische Welt dieser Menschen zu geben, die sich entschieden haben, auf irreguläre und riskante Weise den Weg nach Europa auf sich zu nehmen. Anders als die Studien, die vor allem am Schreibtisch entstanden sind, hat dieses Buch den Ehrgeiz, nahe an das Thema heranzugehen und auch die Schwierigkeiten und Dilemmata, denen sich ein europäischer Autor dabei aussetzt, zu thematisieren.

Getreu dem Grundsatz, das Phänomen der irregulären Migration aus verschiedenen Blickwinkeln zu betrachten, soll auch der Frage nachgegangen werden, wie es für irreguläre Migranten nach der Überquerung des Mittelmeers weitergeht. Mit welchen Schwierigkeiten ein junger, gut ausgebildeter Tunesier dabei konfrontiert wird und welche «Verrenkungen» er anstellen muss, bis er endlich zu einem legalen Aufenthalt kommt, wird im Fall von Marouane exemplarisch dargelegt. Viele Maghrebiner schaffen es nicht, einen legalen Status zu erhalten und leben – oder besser: vegetieren – unter schwierigsten Bedingungen am Rand der Gesellschaft: in Genf, Mailand oder Berlin. Zwar haben sie die Reise nach Europa geschafft, doch aus dem Traum von einem besseren Leben ist ein Albtraum geworden. Diese Migranten haben in den meisten Fällen weder das Anrecht auf Asyl noch die Chance, anderweitig in Europa Fuss fassen zu können. Sie haben nichts mehr zu verlieren und verhalten sich dementsprechend. Gleichzeitig ist es sehr schwierig, solche abgewiesenen Asylbewerber und andere Migranten ohne legalen Status in ihre Herkunftsländer abzuschieben.

Damit rückt das schwierige Thema der Abschiebung unweigerlich ins Blickfeld. Es ist ein Thema, das nicht nur die Beziehungen vieler europäischer Länder zu den Maghrebstaaten belastet, sondern auch die ganze Asyl- und Flüchtlingsfrage vergiftet. Die Rückführung junger Männer aus dem Maghreb ist sehr schwierig, oft auch chancenlos. Weshalb die Maghrebstaaten Rückführungen in vielen Fällen hintertreiben, welche Schwierigkeiten in den Aufnahmeländern dabei entstehen und weshalb eine Lösung in dieser Frage unverzichtbar ist, wird in einem eigenen Kapitel dargelegt.

Dieses Buch möchte auch Lösungsansätze präsentieren. Das ist ein ambitioniertes Ziel, aber dennoch wagen wir es. Es ist offensichtlich, dass die bisherige Migrations- und Asylpolitik dem Maghreb gegenüber in eine Sackgasse geraten ist. Neue Ansätze müssen her, die sowohl die Bedürfnisse und Interessen Europas als auch diejenigen des Maghreb berücksichtigen. Es braucht, mit einem Schlagwort, Migrationspartnerschaften, die diesen Namen verdienen. Und es müssen ohne jeden Zweifel massive Investitionen in ganz Nordafrika her, damit die Menschen dort bleiben und gut leben können.

Schafft es Europa nicht, neue Wege zur Steuerung der Migration aus dem Maghreb sowie aus den angrenzenden Staaten zu beschreiten und ein neues Verhältnis zu seinen Nachbarn am Südrand des Mittelmeers zu finden, sind schwierige Szenarien denkbar und lang anhaltende Konflikte zu befürchten. In diesem Sinn ist die Regelung der Migrationsbewegungen im Mittelmeerraum eine Schicksalsfrage für Europa.

Lange fanden Migrationsbewegungen in umgekehrter Richtung statt. Im 19. und 20. Jahrhundert wanderten Hunderttausende von Europäern in die französischen, spanischen und italienischen Kolonien und Protektorate aus. Sie wurden dabei von den Regierungen ihrer Heimatstaaten unterstützt. Plakat zur Feier anlässlich des Zentenariums der Besetzung von Algerien.

2
Ein Blick zurück: Als europäische Industrieländer Gastarbeiter aus Nordafrika anwarben

Die Kolonisierung des Maghreb und der Beginn der Arbeitsemigration

Um die Migrationsbewegungen vom Maghreb in Richtung Europa zu verstehen, ist es unerlässlich, einen kurzen Blick in die Vergangenheit zu werfen. Lange fanden nämlich Migrationsbewegungen in umgekehrter Richtung statt. Im 19. und 20. Jahrhundert wanderten Hunderttausende von Europäern in die französischen, spanischen sowie italienischen Kolonien und Protektorate und vor allem in die «Algérie française» aus und wurden dazu von ihren Regierungen aktiv ermutigt. Dieses Kapitel fand in den 1950er-Jahren und zu Beginn der 1960er-Jahre ein Ende; im Fall Algeriens ein brutales, ein vergleichsweise sanftes in den anderen Staaten. Das bis heute ungelöste Problem der ehemaligen spanischen Kolonie Westsahara, die seit 1975 grösstenteils von Marokko besetzt ist, soll an dieser Stelle beiseitegelassen werden. Mehr als 1,3 Millionen Algerienfranzosen, «pieds noirs» genannt, und über 100 000 Harkis, Algerier, die auf der Seite Frankreichs gekämpft hatten, mussten Algerien innerhalb von kurzer Zeit verlassen. Auch in den anderen Maghrebstaaten kehrten die meisten Europäer in mehreren Phasen wieder in ihre ehemaligen Heimatstaaten zurück.

Dieser Dekolonisierungsprozess war für beide Seiten sehr schmerzhaft, wobei die Anzahl an Opfern auf der Seite der Maghrebiner – vor allem in Algerien – sehr viel grösser war. Dennoch kam es in der Folge erstaunlicherweise nicht zu einem Abbruch der engen Beziehungen zwischen den Maghrebstaaten und Europa. Vielmehr emigrierten bereits in den 1960er-Jahren Hunderttausende von arbeitssuchenden Maghrebinern nach Europa; meist junge Männer aus den ärmsten und am wenigsten entwickelten Regionen Algeriens, Tunesiens und Marokkos.

Diese Arbeitsemigration hatte allerdings schon Jahrzehnte vorher begonnen, im Fall Marokkos bereits vor dem Ersten Weltkrieg. Im Jahr 1938 wurde im französischen Protektorat Marokko eigens ein Emigrationsamt geschaffen, um die Rekrutierung, die Auswahl und den Transport marokkanischer Arbeiter nach Europa sicherzustellen. Festzuhalten ist auch, dass Tausende maghrebinischer Soldaten im Zweiten Weltkrieg auf der Seite der Franzosen gegen Hitlerdeutschland kämpften und dass viele dabei ihr Leben verloren.

Die Arbeitsemigration im grossen Stil begann aber erst nach dem Zweiten Weltkrieg und dauerte bis Anfang der 1970er-Jahre. Maghrebinische Arbeitskräfte waren etwa in Kohleminen, in Autofabriken, in der Industrie im Allgemeinen, auf Baustellen und in der Landwirtschaft willkommen. Zu diesem Zweck wurden sie aktiv rekrutiert; ähnlich wie zur selben Zeit türkische Gastarbeiter in Deutschland angeworben wurden. Meist kamen junge Männer. Waren sie bereits verheiratet, mussten sie die Familie in ihren Dörfern oder Städten zurücklassen. Anfangs war fast ausschliesslich Frankreich das Ziel maghrebinischer Arbeiter. Später emigrierten diese auch nach Belgien, in die Niederlande, nach Spanien, Italien und in geringem Umfang auch nach Deutschland.

Ab den frühen 1970er-Jahren benötigte die französische Wirtschaft keine neuen Arbeitskräfte mehr. Doch die Gastarbeiter aus dem Maghreb kehrten nicht zurück, sondern liessen sich dauerhaft in Frankreich nieder und holten ihre Familien nach. In anderen Ländern fanden vergleichbare Entwicklungen statt. In Italien und Spanien benötigte die Landwirtschaft hingegen noch bis zur Jahrtausendwende Arbeitskräfte aus dem Maghreb. Neben Migranten aus afrikanischen Ländern stellen diese bis heute das Gros der vielen Erntehelfer auf Farmen und Plantagen, wo oft noch prekäre Arbeitsbedingungen herrschen.

Das Ende der Arbeitsmigration und die Folgen

Das Ende der legalen Arbeitsmigration fand Anfang der 1990er-Jahre statt. Paukenschlag war im Juni 1990 der Abschluss des zweiten Schengener Abkommens. Damit wurde ganz Nordafrika von der Personenfreizügigkeit ausgenommen. Als erstes Land verlangte Spanien ab dem 15. Mai 1991 von allen Marokkanern ein Visum. Andere europäische Staaten zogen wenig später nach. Maghrebiner hatten nun praktisch keine Chance mehr, in Europa legal zu arbeiten. Sie brauchten nun auch für touristische und geschäftliche Reisen sowie für Studienzwecke ein Visum. Auf diese Weise wurde der Maghreb auf brutale Weise von Europa abgetrennt. Damit begann die Hochkonjunktur der irregulären Migration aus den drei zentralen Maghrebstaaten Tunesien, Algerien und Marokko.

Die irreguläre Migration hatte zwar schon in den 1980er-Jahren eingesetzt. Doch nun schwoll sie massiv an. Exemplarisch lässt sich dies am Beispiel Spaniens aufzeigen. Zwischen 1991 und 2001 reisten schätzungsweise mehr als 200 000 Marokkaner illegal nach Spanien ein und blieben mehrheitlich dort. Im Jahr 2005 schätzten die spanischen Behörden die Zahl der illegal im Land lebenden Marokkaner auf 500 000 Personen. Die damalige Mitte-Links-Regierung unter Ministerpräsident José Luis Rodríguez Zapatero versuchte in diesem Jahr, das Problem mit einer einmaligen Legalisierung in den Griff zu bekommen. So gelangten weiterhin rund 86 000 marokkanische Staatsbürger in Spanien in den Besitz eines legalen Aufenthaltstitels. In den darauffolgenden Jahren kam es zu weiteren Legalisierungen. Dennoch ging die irreguläre Einwanderung weiter. Zurzeit leben laut offiziellen spanischen Angaben rund 740 000 Marokkaner auf legale Weise in Spanien. Die Schätzungen über die illegal in Spanien lebenden Marokkaner variieren zwischen 200 000 und 250 000 Personen. Dazu kommen rund 220 000 Personen, die in den vergangenen zehn Jahren die spanische Nationalität erhalten haben, in ihrem Heimatland aber weiterhin als Marokkaner gelten. Insgesamt zählt die marokkanische Diaspora in Spanien im Jahr 2018 knapp eine Million Menschen. Sie ist damit nach derjenigen in Frankreich die grösste marokkanische Community Europas.

In Europa leben heute schätzungsweise zwischen 4,5 und sechs Millionen Menschen mit marokkanischen Wurzeln, alle Generationen mit eingerechnet. Angesichts einer Bevölkerungszahl von rund 35 Millionen Einwohnern bedeutet dies, dass rund 15 Prozent aller Marokkaner im Ausland leben.

Auch in Algerien und Tunesien fanden sehr starke Migrationsbewegungen in Richtung Europa statt. Laut der Association internationale de la diaspora algérienne à l'étranger (AIDA) sollen insgesamt rund sechs Millionen Menschen mit algerischen Wurzeln im Ausland leben, die meisten von ihnen in Europa. Andere Schätzungen liegen allerdings deutlich niedriger. Auch im wesentlich kleineren Tunesien emigrierten Hunderttausende. Sehr viel weniger Emigranten weisen Mauretanien und Libyen auf (siehe Kasten).

Anzahl der über drei Generationen nach Europa migrierten Maghrebiner

Land	Algerien	Marokko	Tunesien	Libyen	Mauretanien
Emigranten	ca. 4–6 Mio.	ca. 4–6 Mio.	ca. 1–2 Mio.	ca. 0,3 Mio.	ca. 0,1 Mio.

Ein junger Algerier in einem Industriebetrieb in der ehemaligen DDR. Ab den 1950er-Jahren wanderten Hunderttausende von Arbeitsmigranten aus dem Maghreb nach Europa aus. Anfangs war ihr Ziel fast ausschliesslich Frankreich. Später emigrierten sie auch nach Belgien, in die Niederlande, nach Spanien, Italien und in geringerer Anzahl auch nach Deutschland.

Die Berechnung der Gesamtzahl an Migranten mit maghrebinischen Wurzeln ist aus verschiedenen Gründen sehr schwierig. Zum Ersten führt Frankreich, das wichtigste Einwanderungsland, keine nach Herkunft aufgegliederte Statistik. Zum Zweiten gibt es Hunderttausende von Bürgern mit doppelter Staatsbürgerschaft. Zum Dritten leben viele maghrebinischstämmige Migranten bereits in dritter oder vierter Generation in ihrem Gastland, werden aber in ihren Herkunftsländern – zum Beispiel in Marokko – dennoch als eigene Staatsangehörige aufgeführt. Und vor allem gibt es aufgrund der irregulären Einreise eine sehr hohe Dunkelziffer an Menschen, die in keiner Statistik auftauchen.

Aus diesem Grund können sowohl statistische Ämter als auch versierte Maghrebkenner nur Schätzungen vornehmen. So geht etwa der Politikwissenschaftler und Autor Gilles Kepel davon aus, dass in Frankreich annähernd doppelt so viele Tunesier und tunesischstämmige Menschen leben, wie die offiziellen Zahlen des nationalen statistischen Amts (INSEE) ausweisen. Dasselbe gilt für Marokkaner: Auf der Basis der offiziellen Zahlen (INSEE) aus dem Jahr 2008 schätzt der Historiker Pierre Vermeren die gesamte Zahl an Marokkanern und Menschen mit marokkanischen Wurzeln in Frankreich im Jahr 2015 auf rund 2,5 Millionen.

Demgegenüber nimmt sich die Anzahl der Maghrebiner, die in Deutschland und in der Schweiz leben, sehr bescheiden aus. Etwas mehr als 131 000 Maghrebiner weist die offizielle Statistik im Jahr 2017 für Deutschland aus (75 620 Marokkaner, 19 845 Algerier, 34 140 Tunesier), rund 20 000 Menschen aus dem Maghreb lebten Ende 2017 mit einer Aufenthaltsbewilligung in der Schweiz (7586 Marokkaner, 7726 Tunesier, 4059 Algerier, 797 Libyer und 74 Mauretanier). Dazu kommen noch etwas mehr als 400 Maghrebiner, deren Asylgesuche hängig sind, rund 900 Personen, die ausreisen müssen, sich aber noch immer in der Schweiz aufhalten, sowie eine unbekannte Anzahl «sans-papiers».

Doch die Zahlen sind nur das eine. Viel wichtiger dürfte es sein, dass die Immigration von Menschen aus dem Maghreb aufs Engste mit der Problematik in den Banlieues verknüpft ist, also mit der räumlichen Segregation und der schlechten Integration dieser Einwanderer in den armen Aussenvierteln vieler grosser Städte. Allein in Frankreich ist die Rede von rund 1500 solcher Viertel, die sich durch einen sehr hohen Anteil an maghrebinischen und afrikanischen Einwanderern, eine überdurchschnittlich hohe Arbeitslosigkeit unter den jungen Menschen, eine relativ hohe Kriminalitätsrate sowie weitere problematische Faktoren auszeichnen. Derartige Vorstadtviertel mit einem hohen maghrebinischen Bevölkerungsanteil gibt es auch in Belgien, den Niederlanden und in geringerem Ausmass in Schweden. Unabhängig von der Frage, welche Politik für die Entstehung dieser Banlieues verantwortlich ist und welche Faktoren diese begünstigt haben, steht ausser Zweifel, dass die Einwanderung von Menschen aus dem Maghreb in der Wahrnehmung von Europäern häufig damit assoziiert und tendenziell negativ gewertet wird. Die zunehmend salafistische Prägung vieler französischer Banlieues, wie sie Gilles Kepel beschreibt, verstärkt diese negative Zuschreibung erheblich.

Trotz der Barriere, die die Gründung des Schengenraums Anfang der 1990er-Jahre gegenüber dem Maghreb errichtete, ging die Einwanderung über den Familiennachzug weiter. Die Zahlen zeigen denn auch in den 1990er- und 2000er-Jahren ein starkes Ansteigen der Zahl an maghrebinischen Personen in Europa. Neben dem Familiennachzug blieb, von wenigen Ausnahmen abgesehen, einzig die Heiratsmigration, um auf legale Weise nach Europa zu gelangen: zum einen die Heirat mit einer Maghrebinerin oder einem Maghrebiner, die oder der in Europa über einen Aufenthaltstitel verfügt, zum anderen die Heirat mit einer Europäerin beziehungsweise einem Europäer. Gerade in Ländern wie Deutschland und der Schweiz, die historisch über keine engen Beziehungen zu den Maghrebstaaten verfügen, spielte die Heiratsmigration eine wichtige Rolle; dies umso mehr, als Marokko und Tunesien seit Jahrzehnten beliebte Urlaubsländer sind. Jeden Tag, so berichtete mir vor Jahren der Mitarbeiter einer Schweizer Botschaft im Maghreb, stünden Männer vor dem Eingangstor, die eine Schweizer Touristin heiraten wollten.

Islamisten aus dem Maghreb flüchten in die Schweiz und prägen Moscheen
In der Schweiz suchten seit den 1950er-Jahren zahlreiche Menschen aus islamischen Ländern Schutz, die meist aufgrund ihrer Zugehörigkeit zu den Muslimbrüdern in ihren Herkunftsländern verfolgt wurden. So flüchtete etwa der aus Ägypten stammende Said Ramadan im Jahr 1954 nach

Genf und gründete dort das erste islamische Zentrum der Schweiz, das bis heute existiert.

Auch maghrebinische Islamisten ersuchten in der Schweiz um Asyl. In den Jahren zwischen 1980 und 2010, der Zeit, in der die arabischen Aufstände ausbrachen, erhielten insgesamt 2036 Nordafrikaner in der Schweiz Asyl. Mit Ausnahme der libyschen Asylsuchenden waren die meisten Mitglieder von Ennahda (Tunesien), dem Front islamique du Salut (FIS, Algerien), der Organisation Al-Adl Wal-Ihsane (Marokko) sowie von anderen Gruppierungen aus dem islamistischen Spektrum. Vor allem in den 1990er-Jahren, als in Algerien ein blutiger Bürgerkrieg herrschte, kam es wiederholt zu heiklen Situationen, als prominente FIS-Kader trotz des ausdrücklichen Verbots, sich in der Schweiz politisch zu betätigen, öffentlich Stellungnahmen abgaben. Mehrere FIS-Mitglieder mit Asyl in der Schweiz wurden verwarnt, während Ahmed Zaoui, ein mutmasslicher Sympathisant des Groupe Islamique Armé (GIA), des Landes verwiesen und nach Burkina Faso ausgewiesen wurde. Larbi Guesmi, ein im Kanton Neuenburg wohnhafter tunesischer Asylbewerber, wurde im Februar 2011 wegen eines Gedichts über Sprengstoffgürtel zu einer bedingten Gefängnisstrafe von 90 Tagen und einer Busse von 300 Franken verurteilt. Die meisten Maghrebiner, die aus solchen Gründen in der Schweiz Asyl erhalten hatten, verzichteten allerdings auf politische Aktivitäten und führten ein unauffälliges Alltagsleben.

Auch nach Deutschland flüchteten prominente Islamisten. So lebten etwa Rabah Kebir, der Repräsentant der algerischen FIS im Ausland, sowie zwei Söhne von Abassi Madani, dem Anführer der FIS, jahrelang in der Nähe von Köln. Obwohl die deutsche Regierung Kebir jegliche politische Betätigung untersagt hatte, rief dieser mehrmals zum Sturz der Regierung in Algier auf. Laut Medienberichten richtete sich Kebir «durch eine Vielzahl an Verstössen gegen ausländerrechtliche Bestimmungen» und sorgte für «permanenten Ärger mit den deutschen Behörden».

Für die maghrebinischen Gemeinschaften in Deutschland und in der Schweiz hatte der Zustrom von zumeist islamistischen Asylsuchenden Folgen, die bis heute nachwirken. So sind zahlreiche Moscheevereine, in denen arabischsprechende Gläubige verkehren, aber auch islamische Dachverbände dadurch stark geprägt worden. Denn viele der oft intellektuellen Asylsuchenden verbreiteten ihr islamistisches Weltbild fortan in diesen Moscheen. Als Beispiel sei hier nur der aus Marokko stammende und in Saudi-Arabien ausgebildete Youssef Ibram erwähnt. Dieser war seit Beginn der 1990er-Jahre als Imam in verschiedenen Moscheen in Zürich, in Petit-Saconnex, einem Stadtteil von Genf, sowie an weiteren Orten tätig. Ibram vertritt in gesellschaftspolitischen Fragen eine ultrakonservative Haltung und gehört als einziger Schweizer Imam dem europäischen Fatwarat an.

Ein junger Mann in der Altstadt von Fes. Zeit hat er in Hülle und Fülle. Doch es fehlt an Arbeit, an Perspektiven, an Unterhaltung. Die vorherrschende Stimmung ist Lähmung, Resignation, Frust. «Mauersteher» werden diese jungen Männer in Algerien genannt. Es gibt im Maghreb Hunderttausende von ihnen. Oft träumen sie von der Emigration nach Europa.

3
Glückssucher, Abenteurer, Desperados: Irreguläre Migranten aus dem Maghreb

Harraga werden die jungen Männer genannt, die den Maghreb auf der Suche nach einem besseren Leben ohne Visum oder Arbeitsbewilligung in Richtung Europa verlassen. Der Begriff hat viele Facetten. Er stammt ursprünglich aus dem algerischen Dialektarabisch und lässt sich wie folgt übersetzen: diejenigen, die etwas hinter sich lassen, Schluss machen, brennen im selben Sinn wie auf Französisch «brûler un feux rouge» für ein Rotlicht missachten. Die meisten Autoren gehen davon aus, dass sich der Begriff aus der häufigen Praxis maghrebinischer Migranten ableitet, ihre Papiere zu verbrennen beziehungsweise zu vernichten, bevor sie europäischen Boden betreten.

Harga wiederum meint das Phänomen der irregulären Emigration. Darin enthalten ist die Bedeutungskomponente des Regelverstosses, der jugendlichen, aggressiven Energie, des Die-Welt-Eroberns. In der Tat sind die Harraga Glückssucher, Abenteurer und oft auch Desperados in allen möglichen Mischungen und Varianten; scharf unterscheiden lassen sich die Motivationen der zumeist jungen Männer ohnehin nicht.

Glückssucher, Abenteurer, Desperados: Die grobe Einteilung der tunesischen Migranten in diese drei Kategorien, die gleichzeitig auch drei wichtigen Fluchtmotiven entsprechen, ist politisch umstritten. Als der ehemalige Basler Integrationsbeauftragte Thomas Kessler in einem Interview im Jahr 2012 davon sprach, die tunesischen Migranten seien «junge Männer auf der Suche nach Arbeit und Abenteuer», brach von links-grüner Seite ein Sturm der Entrüstung los. Man nahm es Kessler offensichtlich übel, dass er auf solche Weise Zweifel äusserte an der Asylwürdigkeit dieser Migranten. Doch alles spricht dafür, dass Kessler mit seiner Einschätzung durchaus richtig lag.

Über die Einteilung in diese drei Kategorien lässt sich durchaus diskutieren. Doch die wenigen wissenschaftlichen Studien, die zur Frage der Fluchtgründe der jungen Tunesier existieren, kommen dieser These ziemlich nahe. Seit dem Sturz des Regimes von Ben Ali kann bei den meisten dieser Migranten von einer politischen Verfolgung nicht die Rede sein, und die politisch engagierten Tunesier, die zum Teil tatsächlich von den Behörden schikaniert oder gar verfolgt werden, bleiben in den meisten Fällen im Land. Denn ihnen ist es ein Anliegen, für eine Veränderung der Verhältnisse zu kämpfen.

Praktisch alle Untersuchungen kommen zu dem Schluss, dass die Perspektivlosigkeit, die fehlenden Möglichkeiten, das eigene Leben signifikant zu verbessern, die weitverbreitete Arbeitslosigkeit sowie das Leiden an der Enge der tunesischen Gesellschaft die wichtigsten Motive der jungen Migranten sind, das Land zu verlassen und in Europa ihr Glück zu suchen. Für die meisten steht dabei die Suche nach Arbeit im Vordergrund. Oft geht es ihnen auch um mehr persönliche Freiheiten.

Dass Menschen den Umständen entfliehen wollen, die sie in ihrem Alltag – vor allem im armen Hinterland – erleben, ist sehr gut nachvollziehbar. Junge Tunesier fühlen sich in ihrem Land gewissermassen «eingesperrt», können viele ihrer Bedürfnisse nicht ausleben und sind oft zu Untätigkeit verdammt. Dies stellt, vor allem in einer tendenziell patriarchalischen, machistischen Gesellschaft, ein schweres Handicap dar. Es erstaunt nicht, dass junge, kräftige Männer die Welt «erobern», Herausforderungen bestehen, Risiken eingehen wollen. Dieses Motiv ist selbstverständlich legitim, stellt aber ebenso wenig wie die Suche nach besseren Perspektiven einen Asylgrund dar.

Unter dem Stichwort «Desperados» soll in diesem Zusammenhang die schwierigste Kategorie der tunesischen Migranten beschrieben werden: «Verzweifelte», die aus verschiedenen Gründen praktisch keine Chancen auf eine berufliche oder persönliche Weiterentwicklung haben. Es handelt sich meist um junge Männer aus armen und unterprivilegierten Milieus. Sie haben häufig die Schule frühzeitig abgebrochen, weder eine Berufsausbildung noch ein Studium absolviert und fristen ein elendes Dasein am Rand der Gesellschaft, das von Demütigungen und endlosem Warten geprägt ist. Die allenfalls zur Verfügung stehenden Arbeiten –

etwa in der Landwirtschaft – sind derart schlecht bezahlt, dass sich viele aus Prinzip weigern, solche Jobs anzunehmen. Dazu kommen sozial auffällige junge Männer und solche, die kleinere oder grössere Delikte begangen haben. Alle Beobachter, die wir befragen konnten, räumten ein, dass sich ein bestimmter Teil der tunesischen Migranten aus solchen marginalisierten jungen Männern zusammensetzt. Sie wollen «abhauen», weil sie in Tunesien eh keine Chancen haben und weil es für sie nur noch besser werden kann. Es sind diese Desperados, die letztlich in Europa für den schlechten Ruf der tunesischen Migranten und Asylbewerber sorgen.

Dass sich unter den tunesischen Flüchtlingen, die vor allem in den Jahren 2011/12 das Land verliessen, überdurchschnittlich viele Personen befanden, die bereits vor ihrer Ausreise straffällig geworden waren oder aus sehr schwierigen Verhältnissen stammten, ist mittlerweile mehrfach dokumentiert. An dieser Stelle sollen lediglich die Kriminalitätsstatistik des Kantons Basel-Stadt sowie die Basler Studie über Integrationsindikatoren erwähnt werden. Sie belegen, dass junge Tunesier, deren Asylgesuche in den Jahren 2012/13 abgelehnt worden waren, im Vergleich zu anderen Asylsuchenden überdurchschnittlich häufig Delikte begangen haben.

Schweizer Studie über tunesische Harraga

Der Lausanner Ethnologe Simon Mastrangelo, der für seine Forschungsarbeit monatelang in den Cafés verkehrte, in denen viele Ausreisewillige den Tag verbringen, und der auch selbst in armen Vorstadtvierteln lebte, aus denen sie oft stammen, beschreibt diesen Typus des jungen Emigranten treffend. In seiner Dissertation *Entre désillusions et espoirs. Représentations autour des migrations et revendications des harraga tunisiens* berichtet Mastrangelo, wie Abdel, Karim und Zied, die alle von der Emigration nach Europa träumen beziehungsweise erneut nach Europa ausreisen wollen, «den ganzen Tag lang Runden drehen in Erwartung einer Ausreise». Seine Untersuchungen stellen wir ausführlich vor (siehe Kap. 4). Zwar verzichtet Mastrangelo in seiner wissenschaftlichen Arbeit auf die äusserliche Beschreibung seiner Informanten und «Studienobjekte». Der Schreibende und auch tunesische Insider sind allerdings davon überzeugt, dass sich die meisten Harraga relativ leicht aufgrund äusserlicher Merk-

Junge Harraga fotografieren sich selbst während ihrer Überfahrt in Richtung Europa und veröffentlichen ihre Bilder und Reiseberichte sogleich in sozialen Netzwerken. Die jungen Männer scheinen voller Tatendrang und wirken in ihrem piratenhaften, etwas grobschlächtigen Look wie die Verkörperung der schlecht gebildeten Tunesier aus dem Hinterland.

male – etwa ihrer Art, sich zu kleiden – und Verhaltensweisen identifizieren lassen.

Selbstverständlich lassen sich aus den Beobachtungen der mutmasslichen Kandidaten keine wissenschaftlich gesicherten Resultate über die Harraga ableiten. Dasselbe gilt für die Interpretation der Fotos, die die Harraga von sich selbst auf der Überfahrt machen und anschliessend auf sozialen Netzwerken verbreiten. Dennoch geben sowohl diese Beobachtungen als auch die erwähnten Handyfotos wichtige Hinweise auf den vorherrschenden Typus des klandestinen Emigranten in Tunesien.

Dieser Typus scheint uns auf dem Foto eines unbekannten Migranten, das dieser von seinen Kollegen auf der Überfahrt geschossen hat (siehe S. 34, oben links), sehr gut identifizierbar. Die jungen Männer auf diesem Foto sind schätzungsweise zwischen 20 und 30 Jahre alt und fast ausnahmslos kräftig gebaut. Sie tragen T-Shirts oder Kapuzenpullover, oft eine Baseballmütze, manche auch eine schwarze Lederjacke. Einige zeigen sich mit nacktem Oberkörper. Die jungen Männer scheinen voller Tatendrang und wirken in ihrem piratenhaften, etwas grobschlächtigen Look wie die Verkörperung der schlecht gebildeten Tunesier aus dem Hinterland. Einige – vor allem die älteren unter ihnen – wirken bereits etwas verlebt. Vermutlich haben sie einen schwierigen Lebensweg hinter sich oder sind bereits einmal ausgewiesen worden. Dafür gibt es zahlreiche Belege. Auf jeden Fall unterscheiden sich diese Migranten deutlich von den gebildeteren und wohlhabenderen Tunesiern, die entweder im Land bleiben oder Tunesien auf legale Weise verlassen.

Andere Handybilder erzählen ganz ähnliche Geschichten. In den Gesichtern der Harraga lässt sich die Befriedigung darüber ablesen, dass die Ausreise gelungen und dass zumindest ein erstes Hindernis überwunden ist. Auch in den geposteten Kommentaren kommt diese Stimmung zum Ausdruck. «Wir haben es geschafft und sind bereits unterwegs in Richtung Italien; Gott stehe uns bei!», heisst es da etwa. Kapitel 4 zu Tunesien befasst sich auch mit solchen Selbstdarstellungen auf den in den sozialen Medien geposteten Handybildern, Kommentaren und Tags.

Von den Harraga im engeren Sinn zu unterscheiden sind die jungen Männer, die über Kontakte mit Touristinnen und Touristen nach Europa ausreisen. In der Tat ist die sogenannte Heiratsmigration für arme, schlecht ausgebildete Tunesier der praktisch einzig legale Weg, um zu einer Niederlassungsbewilligung in einem europäischen Land zu kommen. Die jungen Männer, die diesen Weg wählen, werden in Tunesien als «bezness» bezeichnet. Das Thema wurde auch in dem gleichnamigen Film von Nouri Bouzid aufgegriffen. Von den gewöhnlichen Harraga unterscheiden sich diese Migranten meist durch ihre guten Sprachkenntnisse, ihren Charme und auch durch ihr attraktives Aussehen. Sie sind umso erfolgreicher, je mehr sie diese drei Kriterien erfüllen. Die Bezness-Migranten kommen zwar relativ leicht zu einer Einladung und in der Folge zu einem Visum für einen Kurzbesuch in Europa. Doch da ihre Suche nach einer Partnerin oder einem Partner meist von anderen Erwägungen als der gegenseitigen Zuneigung bestimmt ist, sind die Ehen oder Partnerschaften, die sie eingehen, in vielen Fällen nicht von langer Dauer.

Harraga aus dem Maghreb und Migranten aus den Sahelstaaten
In allen Ländern des Maghreb werden junge, ausreisewillige Männer Harraga genannt. Ihr Profil und ihre Motive, ihr Herkunftsland zu verlassen, sind nach allem, was wir wissen, sehr ähnlich. Der Begriff Harraga taucht auch in der Literatur auf. So hat etwa der algerische Schriftsteller Boualem Sansal einen Roman verfasst, dem er den Titel *Harraga* gegeben hat. Auch die marokkanischen Autoren Tahar Ben Jelloun und Mahi Binebine haben sich in verschiedenen Romanen mit der irregulären Emigration beschäftigt.

Im vorliegenden Buch geht es vorrangig um die Harraga aus den Maghrebstaaten. Nur am Rand wird auch die Emigration von Migranten und Flüchtlingen aus dem subsaharischen Afrika und ihre schwierige Reise durch die Maghrebstaaten thematisiert. Bei diesen Menschen ist eine Zuordnung zu den beiden Kategorien Migranten und Flüchtlinge deutlich schwieriger als im Fall der maghrebinischen Harraga. Zum einen sind die materiellen Verhältnisse bei manchen Migranten aus den Sahelstaaten derart prekär, dass man von eigentlichen Armutsflüchtlingen sprechen muss. Zum anderen gibt es in vielen dieser Länder Bürgerkriege und andere gewalttätige Konflikte, die die Menschen im Sinn der Genfer Konvention klar zu Flüchtlingen machen.

Dennoch entsprechen sehr viele der meist jungen Männer, die sich in den letzten Jahren durch die Sahara und die Maghrebstaaten auf den Weg nach Europa gemacht haben, dem Profil der maghrebinischen Harraga. Dies gilt vor allem für Menschen aus westafrikanischen Ländern wie Senegal oder Gambia. Ausschliesslich ihnen – und nicht Kriegsflüchtlingen – soll in diesem Buch das Augenmerk gelten.

Graffitis an einem Verwaltungsgebäude in Sfax, Tunesien, Frühjahr 2011. Die Aufstände, die Ende 2010 in Tunesien ihren Anfang nahmen, lösten in der ganzen arabischen Welt eine riesige Begeisterung aus. Heute dominieren Ernüchterung über das Erreichte, Resignation und Wut – auch in Tunesien.

4
Ein Fokus auf Tunesien: Kein Interesse an der Revolution

Warum ein Fokus auf Tunesien?
Im vorliegenden Buch soll ein Fokus auf Tunesien gelegt werden. Dafür gibt es mehrere Gründe. Erstens handelt es sich beim Maghreb um ein riesiges Gebiet mit mehreren Millionen Quadratkilometern Fläche. In jedem Land präsentieren sich die sozioökonomische Situation, der Migrationsdruck, die Möglichkeiten der illegalen Ausreise und der Umgang der Behörden mit diesem Phänomen etwas anders. Es würde den Rahmen dieses Buches sprengen, ein detailliertes Bild der Lage in allen fünf Staaten zu vermitteln. Zweitens ist es in Tunesien – etwa im Gegensatz zu Algerien – möglich, zu diesem schwierigen Thema Recherchen anzustellen. Drittens scheint es uns sinnvoller, anhand einer geografisch klar eingeschränkten Fallstudie zu Resultaten zu kommen, die einen echten Mehrwert gegenüber den bereits publizierten Studien und Büchern zum Thema Migration aufweisen. Aus diesem Grund haben wir uns entschieden, den Fokus auf Tunesien und dort auf eine Kleinstadt im Hinterland zu legen, in der sich die Stimmung unter der jungen Bevölkerung, die Migrationswünsche und die Schwierigkeiten beim Versuch, das Land auf irreguläre Weise zu verlassen, exemplarisch beschreiben lassen.

Tunesien ist in diesem Zusammenhang besonders interessant. Eigentlich wäre davon auszugehen, dass in diesem Land nach der Verabschiedung einer neuen, relativ fortschrittlichen Verfassung und nach der Einführung ziemlich weitgehender Reformen der Migrationsdruck sinken sollte. Doch alle Studien weisen darauf hin, dass das Gegenteil der Fall ist. Bei den jungen Tunesiern ist der Wunsch, das Land zu verlassen, noch nie so gross gewesen wie heute. Dieser Umstand hat Folgen für die europäische Migrationspolitik: Wenn selbst in relativ wohlhabenden und offenen Staaten wie in Tunesien junge Menschen emigrieren möchten, dann lässt sich erahnen, wie gross der Migrationsdruck etwa in den sehr armen Sahelstaaten oder gar in Ländern ist, in denen kriegerische Konflikte schwelen.

Zu guter Letzt ist Tunesien in dem Sinn interessant, als dass sich deren Bewohner in einem hohen Mass mit Europa verbunden fühlen. Es stellt für Europa eine grosse Herausforderung dar, diesen «Sympathiebonus» nicht zu zerstören.

Ein Paradox: Eine Revolution – und die Jugend haut ab

Die tunesische Revolution, die viele nicht mehr so nennen mögen, ist auch heute, gut acht Jahre später, voller Geheimnisse. Wer in diesen Tagen zwischen dem 17. Dezember 2010 und dem 14. Januar 2011 tatsächlich die Fäden zog, welche Umstände den damaligen Präsidenten Zine El Abidine Ben Ali zur Flucht bewegten und welche Rolle dabei General Rachid Ammar, der damalige Oberbefehlshaber der Armee, und Ali Seriati, der Chef der Präsidentengarde, spielten, ist bis heute in vielen Punkten ungeklärt. Der Hauptgrund dafür liegt im Schweigen der genannten Akteure.

Manche Beobachter halten den Begriff «Revolution» für die Vorgänge in Tunesien für unangemessen. Zu ihnen gehört etwa der französische Islamforscher und Politologe Gilles Kepel. Es habe sich um keine Revolution, um keine politische Umwälzung im eigentlichen Wortsinn gehandelt, sagt Kepel, sondern vielmehr um eine Machtverschiebung zugunsten der islamistischen Partei Ennahda. Die nach eigenen Worten gemässigt islamistische Partei Ennahda ist seit 2011 zu einer der wichtigsten politischen Kräfte des Landes geworden und Rached Ghannouchi, ihr Gründer und langjähriger Präsident, zum wohl mächtigsten Politiker des Landes. Mehrere Zehntausend Parteimitglieder, die unter Ben Ali ihre Stelle verloren oder gar inhaftiert gewesen waren, haben nach 2011 finanzielle Entschädigungen, Stellen in der staatlichen Verwaltung oder Renten erhalten. Sowohl für die Partei als auch für sehr viele ihrer Mitglieder hat sich der Regimewechsel bestens ausbezahlt.

Die meisten der jungen bis sehr jungen Menschen, die die Aufstände im Dezember 2010 im tunesischen Hinterland ausgelöst haben, die wochenlang auf die Barrikaden gegangen sind und den revolutionären Funken ins ganze Land getragen haben, sind hingegen leer ausgegangen und haben keine «Revolutionsdividende» einstreichen können. Viele haben dabei ihr Leben riskiert, manche wurden auch verletzt. Ihre Forderungen – Brot, Freiheit, Würde – sind bis in die Gegenwart grösstenteils nicht erfüllt worden. Diese Menschen sind heute mehrheitlich enttäuscht, wenn nicht sogar verbittert. Denn ihr Leben ist seither schwieriger geworden, und die Fortschritte bezüglich des Aufbaus neuer Institutionen und die Erarbeitung einer neuen Verfassung spielen in ihrem Alltag kaum eine Rolle. Gleichzeitig mussten die Revolutionsaktivisten und Aufständischen feststellen, dass sie nach der Revolution kaum oder nur peripher am politischen Prozess beteiligt wurden und dass ihre Stimme kaum zählt. Vielmehr prägen Politiker aus der Generation der 50- bis 80-Jährigen weiterhin die Politszene, und Präsident Béji Caid Essebsi ist gar über 90 Jahre alt.

Besonders frustriert sind die jungen Menschen im tunesischen Hinterland und in den armen Vorstädten von Tunis. Ihre Enttäuschung und Verbitterung sind an all diesen Orten mit Händen zu greifen. Zahlreiche Reportagen, wissenschaftliche Publikationen und Bücher kommen in dieser Hinsicht zum selben Schluss.

Als Beispiel sei hier die im Januar 2018 publizierte Studie «Dashed Hopes and Extremism in Tunisia» erwähnt. «Unsere Feldforschung bestätigt, dass der grosse Graben zwischen den Erwartungen und der Realität nach 2011 bei vielen Tunesiern eine gewaltige Desillusionierung ausgelöst hat», schreiben die beiden Autoren Geoffrey Macdonald und Luke Waggoner. «Dies haben der IS und andere radikal islamische Gruppen bewusst ausgenutzt.» Die Autoren stellen seit 2011 einen «ständigen Rückgang positiver Haltungen dem Staat gegenüber» fest. So meinten etwa 72 Prozent der befragten tunesischen Bürger, das Land bewege sich in eine falsche Richtung, und 78 Prozent der Befragten sagten aus, die Korruption habe seit der Revolution eindeutig zugenommen.

Dies sind erschreckende Zahlen, und sie haben für die tunesische Politik und Gesellschaft direkte Folgen. Nicht ohne Grund ist das kleine Tunesien zwischen 2013 und 2017 zu einem der weltweit wichtigsten «Exporteure» für Dschihadisten geworden. Die Rückkehr dieser jungen Dschihadkämpfer aus den Kriegsgebieten stellt für Tunesien mittlerweile eine gewaltige Herausforderung dar.

Die Frage des Erfolgs beziehungsweise Misserfolgs der tunesischen Revolution ist allerdings sehr komplex und im Rahmen dieses Buches nicht zu beantworten. An dieser Stelle soll vor allem der Bezug zum Thema Migration beleuchtet werden. Schon früh zeigte sich nämlich, dass viele junge Tunesier nicht an den Erfolg ihrer Revolution glaubten, sondern so rasch wie möglich «abhauen» wollten. Zwischen Mitte Januar und Mitte März 2011 profitierten über 30 000 Migranten vom Chaos und Ausfall der Polizei und Küstenwache und verliessen das Land in Richtung Europa. Darunter waren auch Häftlinge, die aus Gefängnissen entkommen waren, und Personen, die unter dem Regime von Ben Ali in untergeordneter Position für den Sicherheitsapparat gearbeitet hatten und nun Racheakte befürchteten. Dazu kamen randständige Personen und andere, die eine einmalige Gelegenheit sahen, nach Europa zu emigrieren. Es ist offensichtlich, dass alle diese Emigranten die Revolution nicht als Chance wahrnahmen, ihr Land nun selbst zu gestalten, sondern einfach wegwollten.

Ein Teil der tunesischen Jugend hat sich jahrelang sehr engagiert für die revolutionären Ziele und für eine Demokratisierung ihres Landes eingesetzt. Viele von ihnen sind heute angesichts der Wiederkehr von Politikern, die schon unter Ben Ali gedient hatten, und einer allgemein restaurativen, neoautoritären Stimmung sehr frustriert. Vieles weist darauf hin, dass es sich bei ihnen meist um gut ausgebildete Angehörige der Mittelschicht handelte, die von den unbestreitbaren Errungenschaften der Revolution – etwa der deutlichen Verbesserung der Meinungsfreiheit – profitieren konnten.

Doch die Mehrheit der jungen Tunesier ist von dem in den letzten knapp acht Jahren Erreichten und von der allgemeinen politischen Situation zutiefst enttäuscht. Viele, sehr viele haben sich von der Politik abgewendet und interessieren sich auch nicht mehr für Wahlen. Dies liess sich bei den Lokalwahlen im Mai 2018 feststellen, bei denen nach offiziellen Zahlen die Wahlbeteiligung 33,7 Prozent betrug, die bei den unter 25-Jährigen aber deutlich niedriger lag. Laut einer Mitte Dezember 2018 veröffentlichten Umfrage, die ein tunesisches Institut gemeinsam mit der deutschen Heinrich-Böll-Stiftung durchführte, nahmen 82 Prozent der jungen Tunesier nicht an diesen Wahlen teil. Gleichzeitig weist alles darauf hin, dass der Emigrationswunsch der jungen Tunesier weiterhin angestiegen ist. Alle, die können, wählen dabei die legale Emigration – etwa über Familienzusammenführung, Heirat mit einer Europäerin oder einem Studium und anschliessendem Verbleib in Europa. Allen anderen bleibt nur die irreguläre Emigration.

Es bleibt ein grosses Paradox, dass das Land, das die einzige halbwegs erfolgreiche Transformation im Gefolge der arabischen Aufstände geschafft hat und im afrikanischen Vergleich über einen ziemlich hohen Lebensstandard und über weitgehend garantierte Freiheitsrechte verfügt, mit einem derart massiven Migrationsdruck konfrontiert ist. Viele junge Tunesier ziehen es offenbar vor, ihr Land zu verlassen, als sich am Aufbau einer neuen, demokratischeren und gerechteren Gesellschaft zu beteiligen. «Die Geschwindigkeit, mit der in Tunesien der Glaube an eine demokratische Revolution einer grossen Enttäuschung und Desillusionierung Platz gemacht hat, ist weltweit einzigartig», schreiben Macdonald und Waggoner. «Vermutlich hat der schwindelerregende Anstieg der Ernüchterung über die ‹Performance› eines demokratischen Systems massgeblich dazu beigetragen, die Anziehungskraft von radikalen Alternativen zur Demokratie zu erhöhen.»

Europa: So nah und doch so fern

Die marokkanische Stadt Tanger liegt deutlich näher an Europa als der Norden Tunesiens. Die Meerenge von Gibraltar ist an der engsten Stelle nur rund 14 Kilometer breit, und Schnellboote benötigen zwischen Algeciras und Ceuta oder zwischen Tanger und Tarifa nur etwas mehr als eine Stunde. Dennoch liegt Tunesien von der Mentalität seiner Menschen her Europa deutlich näher als Marokko. Das Land hat seit rund 60 Jahren eine stark säkular geprägte Verfassung, ist eine Republik und wurde von Habib Bourguiba, dem Gründer des nachkolonialen Staates, in mancherlei Hinsicht weltlich geprägt. Bourguiba wollte, ähnlich wie Atatürk in der Türkei, die Rolle der Religion in der tunesischen Gesellschaft einschränken und griff dazu auch zu drastischen Mitteln. So trank er vor laufender Kamera mitten im Fastenmonat Ramadan ein Glas Orangensaft und ermutigte Frauen, das Kopftuch abzulegen. Frauen haben in Tunesien seit dieser Zeit mehr Rechte als in jedem anderen arabischen Land. Zwar erreichte Bourguiba mit seiner Botschaft nur einen Teil der tunesischen Gesellschaft. Doch in der Hauptstadt Tunis, in den Städten entlang der Küste und generell in den gebildeten Schichten hat das Säkularisierungsprogramm des charismatischen Staatsgründers eine grosse Wirkung erzielt.

Tunesien liegt zudem nicht nur ziemlich genau in der Mitte des mediterranen Kulturraums, sondern ist zudem auch seit Jahrtausenden ein Schmelztiegel verschiedener Völker und Kulturen. Die arabische Kultur – und damit eng verbunden: der Islam – ist dabei in den Augen vieler gebildeter Tunesier nur eine Facette einer überaus reichen kulturellen Identität, die auch phönizische, punische, römische, berberische, türkische, jüdische und französische Anteile aufweist. Mit gutem Grund weisen diese Verfechter einer «mediterranen», vielschichtigen Identität zudem darauf hin, dass Karthago einst ein bedeutendes Zentrum des Christentums war, in dem unter anderem der im äussersten Osten Algeriens geborene spätere Kirchenvater Augustinus gelehrt hatte.

Tunesien pflegte denn auch jahrhundertelang enge Kontakte mit anderen Mittelmeervölkern. Spuren davon finden sich in Küche und Alltagskultur, sowohl in Tunesien als auch im Süden Italiens. Andere Maghrebstaaten – etwa Marokko und Libyen – schotteten sich hingegen in den vergangenen Jahrhunderten sehr viel stärker ab und pflegten einen deutlich geringeren Austausch mit Europa.

Tunesien fühlt sich dem Mittelmeerraum und auch Europa in mancherlei Hinsicht nahe; deutlich näher jedenfalls als andere Maghrebstaaten. Im Gegensatz zu Algerien ist die Ablösung von der ehemaligen Protektoratsmacht Frankreich relativ sanft und unblutig vonstatten gegangen. Aus diesem Grund dürfte die «Mauer», die Europa nach dem Abschluss des Schengener Abkommens de facto um sich herum aufbaute und die Maghrebstaaten ausschloss, eine grosse Kränkung gewesen sein. Konnten tunesische Staatsangehörige noch bis 1990 ohne Visum nach Europa einreisen, sind sie seither in den allermeisten Fällen gezwungen, für jede Reise ein Visum zu beantragen. Dies erleben viele gebildete Tunesier –

und auch Menschen aus anderen Maghrebstaaten – als demütigende Prozedur, und viele verzichten aus diesem Grund auf Europareisen.

Eine besondere Nähe zu Europa hat auch der Tourismus erzeugt, der in Tunesien seit Mitte der 1960er-Jahre stark gefördert und schon bald zur wichtigsten «Industrie» des Landes wurde. «Tunesien ist mit seinem Massentourismus in einem gewissen Sinn auf Europa ausgerichtet und mit Europa verbunden», schreibt der Lausanner Ethnologe Simon Mastrangelo. In Hotels und Restaurants, an Stränden und in Diskotheken, in Souks oder Museen lernten Tunesier Menschen aus Europa und deren Lebensstil kennen. Doch im Gegensatz zu all diesen Touristen war und ist es den meisten jungen Tunesiern nicht möglich, ihrerseits eine Reise nach Europa zu unternehmen. Das führt verständlicherweise zu Frust. Einzig die Einladung von einer europäischen Touristin oder einem europäischen Touristen ermöglicht eine Reise ins «Paradies» Europa, und einzig die Heirat mit einer Europäerin bleibt seither als legale Möglichkeit offen, sich in Europa fest niederzulassen. Doch für diese Option zahlen viele junge Tunesier, die sich dafür entscheiden, einen hohen Preis, müssen sie sich doch meist rasch für eine solche Heirat entscheiden und gehen in vielen Fällen eine Ehe mit der erstbesten Frau ein, die dazu bereit ist.

Dazu kommt ein anderer Faktor. Viele jungen Tunesier fühlen sich in ihrem relativ kleinen Land wie eingeschlossen. Dies belegt auch Mastrangelo. «Die meisten Harraga haben vor ihrer Ausreise eine Situation erlebt, die sich durch ein Gefühl des Eingeschlossenseins charakterisiert.» Das Nachbarland Libyen, in dem viele Tunesier in der Gaddafizeit als Gastarbeiter tätig waren, kommt angesichts der Probleme und der prekären Sicherheitslage als Reiseziel nicht mehr infrage. Algerien macht Tunesiern zwar keine Probleme bei der Einreise, ist aber als Feriendestination vor allem für jüngere Menschen nicht sehr interessant. Das Land leidet unter ähnlichen strukturellen Problemen wie Tunesien, verfügt aber über eine deutlich geringere Lebensqualität und gilt zudem als Land, in dem man sich kaum amüsieren kann. Marokko wiederum ist vergleichsweise attraktiv, kann aber nur per Flugzeug erreicht werden, was für viele junge Tunesier aus finanziellen Gründen nicht möglich ist. Sizilien, Malta und Sardinien sind zwar zum Greifen nah, doch aufgrund ihrer Zugehörigkeit zum Schengenraum für Tunesier nur mit Visum zu erreichen. So fühlen sich

Ankunft einer Touristengruppe in Douz am Rand der tunesischen Sahara. Ein kleiner Kamelritt steht auf dem Programm. Alle wickeln sich einen *Schesch* um den Kopf und los gehts. Was dieser Kontakt mit den europäischen Touristinnen und Touristen bei den jungen Männern aus der kleinen Wüstenstadt auslöst, können wir nur erahnen.

viele Menschen in diesem Land wie eingeschlossen und erachten die illegale Ausreise in Richtung Europa als eine Art Grundrecht. Dies dürfte mit ein Grund sein, weshalb viele Tunesier den Harraga viele Sympathien entgegenbringen und weshalb sich weder Behörden noch Zivilgesellschaft wirklich an Kampagnen beteiligen, die vor den Gefahren der irregulären Emigration und vor den Risiken in Europa warnen.

Die prekäre Lage im tunesischen Hinterland

Wer die wohlhabende Hauptstadt Tunis mit ihren prächtigen Boulevards und ihren reichen nördlichen Vororten in Richtung Landesinneres verlässt, realisiert bald, dass er in einen völlig anderen Raum eindringt. Fast könnte man meinen, es handle sich um ein anderes Land. Zwar sind regelmässig auch gepflegte Olivenhaine und andere landwirtschaftliche Kulturen zu sehen. Doch insgesamt ist das Hinterland eher ärmlich und oft auch ungepflegt und schäbig. Dazu trägt auch der Landschaftstyp bei, eine Art Steppe, die an den meisten Orten erst durch künstliche Bewässerung den Anbau von Getreide oder Gemüse ermöglicht.

Auch die Siedlungen, die man auf einer Reise in Richtung der algerischen Grenze durchquert, sind meist eher bescheiden. Es ist augenfällig, dass Tunesien zu den Ländern gehört, in dem sich der ganze Reichtum in der Hauptstadt und in ein paar wenigen anderen Orten konzentriert und in dem das Hinterland mit einer bescheidenen Infrastruktur Vorlieb nehmen muss. Die Bewohner dieser Regionen haben zudem den Eindruck, dass die Hauptstadt Tunis und die Sahel genannte Küstenregion von ihren natürlichen Ressourcen profitieren, während sie selbst fast leer ausgehen. Das gilt zum einen für das Wasser, das in gewaltigen Rohrleitungen aus dem Bergland an der algerischen Grenze an die Küste geführt wird und die ganze touristische Infrastruktur – Hotels, Pools, Golfplätze – versorgt. Gleichzeitig verfügen die meisten Provinzstädte im Hinterland trotz grosser Sommerhitze über keine öffentlichen Schwimmbäder.

Dasselbe gilt zum anderen für die Phosphatvorkommen in der Region von Gafsa, die die bedeutende Phosphatindustrie mit diesem Rohstoff versorgt, wie auch für Erdöl, das etwa in der Region von Tataouine gefördert wird. Die beiden Regionen befinden sich seit mehreren Jahren in einem

Während an den gepflegten Städten entlang der Küste alles unternommen wird, um Touristen einen angenehmen Urlaub zu ermöglichen, sind die Verhältnisse im Hinterland oft karg, ärmlich und trist. Zwischen Kasserine (oben) und Hammamet (unten) liegen Welten. Viele irreguläre Migranten stammen aus den verarmten Regionen im (Nord-)Westen und Süden Tunesiens.

Zustand der Dauerrebellion gegen die Staatsmacht. Die Aufstände, Streiks und Blockaden stellen für den tunesischen Staat eine ernsthafte Bedrohung dar und verursachen gewaltige wirtschaftliche Schäden.

Zu den eher ärmlichen Verhältnissen sind in den vergangenen Jahren eine grossflächige Verhässlichung und Verschmutzung hinzugekommen. Fast überall im Umfeld von Dörfern und Städten wird der Beobachter mit wilden Abfalldeponien konfrontiert: Bauschutt, Hauskehricht, alte Fernsehgeräte, Autos oder Kühlschränke werden an der nächstbesten Stelle entsorgt. In den zahlreichen Feigenkaktushecken sammeln sich derweil Hunderttausende vom Winde verwehte Plastiksäcke an. All dies ergibt das Bild einer grossen Lieblosigkeit und eines verheerenden Desinteresses an einer sauberen und gepflegten Umwelt.

Der tiefe Graben zwischen der Küste und dem Hinterland ist jahrhundertealt, ebenso die Klischees über die jeweiligen Bewohner dieser Regionen. Es ist offensichtlich, dass die Revolution nichts oder nur sehr wenig geändert hat. Vieles weist darauf hin, dass sich dieser Graben in den letzten Jahren eher noch vertieft hat. Die Bewohner des Hinterlands fühlen sich nach wie vor vernachlässigt, und sie beklagen unisono, dass sich ihre Situation seit Januar 2011 deutlich verschlechtert habe. Viele Beobachter interpretieren denn auch den fehlenden Bürgersinn und die Nachlässigkeit im Umgang mit Abfall als eine Art Rache gegenüber dem Staat, der sich kaum um die Bewohner des Hinterlands kümmert.

Die Tristesse und Misere des tunesischen Hinterlands hat der Schriftsteller Hassouna Mosbahi in seinem Roman *Rückkehr nach Tarschisch* eindrucksvoll beschrieben. Das ärmliche Hinterland ist allerdings auch deutlich konservativer als die Hauptstadt Tunis und die Städte entlang der Küste. Dies spielt im Zusammenhang mit der irregulären Emigration eine gewisse Rolle, sind doch die Emigranten aus diesen Regionen, wenn sie nach Europa gelangen, mit einem deutlich grösseren Kulturschock konfrontiert als etwa die Einwohner von Tunis. Diese Problematik wurde etwa in der Kölner Silvesternacht augenfällig, als zahlreiche junge Maghrebiner ohne Bleiberecht in Deutschland junge Frauen begrabschten, sexuell belästigten und in Einzelfällen sogar vergewaltigten. Ihrem Frauenbild gemäss stellten die oft Alkohol konsumierenden und freizügig gekleideten jungen Frauen eine Art Freiwild dar.

Durch die starke Landflucht ist der grosse Gegensatz zwischen Stadt und Land mittlerweile etwas abgeflacht. Vor allem in Tunis, in kleinerem Umfang aber auch in anderen Städten, gibt es mittlerweile ausgedehnte, ärmliche Vorstädte wie Hay Ettadhamen, in denen Hunderttausende unter teilweise prekären Verhältnissen leben. Die meisten Bewohner dieser Viertel stammen aus dem Landesinneren. Diese armen Vororte sind mittlerweile ebenso konservativ wie Städte auf dem Land. Die Arbeitslosigkeit ist dort deutlich höher als im Landesmittel, die Infrastruktur weitaus schlechter als in anderen Stadtteilen. Die Migrationsbereitschaft ist unter den jungen Bewohnern dieser armen Vorstädte deshalb verständlicherweise entsprechend hoch. Ein weiterer Faktor verbindet das arme Hinterland und die ärmlichen Aussenviertel: Aus beiden Regionen sind sehr viele junge Männer – und vereinzelt auch Frauen – nach Syrien und Libyen in den Dschihad gezogen.

Wer mit jüngeren Menschen in Sidi Bouzid, in Kasserine, in Kef oder in Zarzis über ihre Lebensverhältnisse, über ihre Zukunftsperspektiven oder über ihre Haltung zur Politik spricht, vernimmt überall ähnliche Aussagen. Ernüchterung, Resignation und Wut sind die vorherrschende Stimmung. Die Enttäuschung über das, was aus den hochgesteckten Erwartungen im Zug der sogenannten Revolution geworden ist, ist gewaltig; ebenso die Ernüchterung über die Politiker, die seit 2011 die Geschicke des Landes steuern. Die meisten Befragten beklagen sich über eine Verschlechterung ihrer Lebensumstände in den vergangenen Jahren und meinen, dass ihnen die Revolution fast nur Nachteile gebracht habe. Nur eine Minderheit von eher intellektuellen und engagierten Bürgern glaubt weiterhin an die Demokratisierung des Landes und geht davon aus, dass ein solcher Prozess eben viel Zeit braucht. Gross sind auch die Klagen über die weitverbreitete und im Zunehmen begriffene Korruption und über den grossen Einfluss mafiöser Organisationen. Schliesslich ist der Glaube an die Gestaltungskraft der Politik sichtlich im Schwinden begriffen. Kaum einer interessiert sich noch für Politik.

Die bereits erwähnte Studie mit dem Titel «Dashed Hopes and Extremism in Tunisia» ist der Stimmung in der nordtunesischen Kleinstadt Béja nachgegangen. Dabei haben die Autoren zahlreiche ausführliche Interviews mit jungen Frauen und Männern geführt und sie nach ihrer Einschätzung der Lage, ihren Perspektiven, ihrer Haltung zur Politik und zu radikalen islamischen Organisationen befragt.

Die meisten beschreiben ihren Alltag in drastischen Worten. «Das ist kein Leben», sagt ein Mohammed. «Es gibt hier keine Arbeit. Jeden Tag nach dem Aufwachen gehe ich in ein Café. Nach ein paar Stunden kehre ich zurück und gehe wieder schlafen.» Ein junger Mann namens Suhail, der soeben den Militärdienst absolviert hat und dabei verletzt worden ist, äussert sich wie folgt: «Ich habe meinem Land alles gegeben. Doch ich habe nichts erhalten. Nun misstraue ich den staatlichen Institutionen wie etwa der lokalen Verwaltung oder dem Parlament. Ich traue keiner staatlichen Institution.» Fast alle Befragten bekunden ein grosses Misstrauen dem Staat gegenüber. Viele sagen, es gebe nirgendwo eine Möglichkeit, Kritik an den Verhältnissen und an staatlichen Institutionen anzumelden. Der Staat reagiere zudem überhaupt nicht auf die Klagen der Bürger. Eine junge Frau namens Najat kommt zu einem harten Schluss: «Das Problem ist, dass die Regierung sich nicht um das Wohlergehen der Bürger kümmert.»

Gross sind auch die Klagen über die weitverbreitete Korruption. In dieser Hinsicht habe sich nichts geändert, und korrupte Beamte seien noch immer an ihren Posten, sagten viele der in Béja Befragten. Laut der Studie sind 87 Prozent der Befragten der Auffassung, die Korruption sei heute weiter verbreitet als zu Zeiten Ben Alis. Auch Vetternwirtschaft sei sehr häufig; nur mit Vitamin B bekomme man einen Job. «Wenn du einen Job willst, bei dem du 500 Dinar pro Monat verdienst, musst du zuerst 1000 Dinar bezahlen», sagt ein junger Mann. All diese Probleme seien eng miteinander verknüpft, erklärt ein junger Informant namens Yusuf, der nach eigenem Bekunden Sympathien für radikale Gruppen hegt. Mitten drin stünden ein paar «korrupte Barone», die von diesem System profitierten und riesige Gewinne erzielten.

Viele der Befragten in Béja beklagen sich auch über gewalttätige Übergriffe durch Sicherheitskräfte. Hass auf die Polizei scheint weitverbreitet zu sein.

Zu ähnlichen Ergebnissen sind auch Journalisten gekommen, die sich in anderen Städten des tunesischen Hinterlands umgesehen haben. Gegenüber einem Reporter der Zeitung *Le Parisien* gab ein Vertreter der arbeitslosen Akademiker folgendes ernüchterndes Statement ab: «Es gibt keine Hoffnung mehr. Wir haben den politischen Kampf gewählt. Mohammed Bouazizi hat sich für die Selbsttötung entschieden. Andere versuchen, nach Europa zu emigrieren. Wieder andere haben den Weg des Terrorismus beschritten. Jeder drückt seine Verzweiflung auf seine eigene Art aus. Aber alle träumen von einem besseren Leben.»

Diese morose Stimmung spiegelt sich auch in den tunesischen Medien. So berichtete etwa die Zeitung *Al-Maghreb* am 1. August 2018 sinngemäss, der Pessimismus der Tunesier schlage alle Rekorde, ebenso ihre Unzufriedenheit mit der Staats- und Regierungsführung.

Studien zu Migrationsdruck und zu Migrationswünschen der tunesischen Jugend

In den letzten Jahren sind in Tunesien mehrere Studien von staatlichen Instituten beziehungsweise Organisationen der Zivilgesellschaft sowie auch einzelne Forschungsarbeiten zum Thema der irregulären Emigration veröffentlicht worden. Zu erwähnen sind in erster Linie die gross angelegte Studie des Forum Tunisien pour les Droits Economiques et Sociaux (FTDES), die Studie des Institut Tunisien des Etudes Stratégiques (ITES) und des Observatoire Tunisien de la Jeunesse (ONJ). Während es sich beim FTDES um eine NGO handelt, sind die anderen erwähnten Organisationen staatliche Institute. Schliesslich unternahm Mohammed Larbi Mnassri, der für dieses Buch zu Tunesien massgeblich recherchiert hat, eine Umfrage unter jungen Einwohnern von Bir El Hafey (siehe Anhang, S. 309). Zu erwähnen sind auch zwei wissenschaftliche Publikationen tunesischer Autoren, die über das Thema Migration geschrieben haben. Hassan Boubakri, Professor für Geografie an der Universität Sousse, der über Migrationsbewegungen nach der Revolution von 2011 publiziert hat, und der Soziologe Mehdi Mabrouk mit seinem Werk über die irreguläre Emigration. Eine besondere Erwähnung ist zudem die Ende 2017 veröffentlichte und bereits erwähnte Dissertation des Lausanner Soziologen Simon Mastrangelo über die tunesischen Harraga wert, auf die wir noch näher eingehen werden (siehe S. 55 ff).

Auf das umfangreichste Zahlenmaterial kann sich die Studie des ONJ stützen: Es handelt sich um 55 000 Befragungen. 1168 Personen interviewte das FTDES, 100 Personen befragte Mohammed Larbi Mnassri in Bir El Hafey. Auch die Altersgruppe der Befragten ist bei allen Studien vergleichbar. Sie liegt, mit einer Ausnahme, zwischen 17 und 35 Jahren.

Alle Studien legten ihren Fokus auf arme, vernachlässigte Regionen im Hinterland oder in der Banlieue von Tunis, in denen von einem sehr hohen Migrationsdruck auszugehen war. Das Institut für strategische Studien untersuchte ein armes Viertel der Stadt Mahdia an der Küste sowie Ettadhamen und Douar Hicher, zwei arme Vorstädte von Tunis. Junge Menschen aus den beiden zuletzt erwähnten Vierteln befragte auch das FTDES, während Mnassri sich ausschliesslich auf die Aussagen junger Männer aus der armen Provinzstadt Bir El Hafey stützte. Alle Befragten verfügten mehrheitlich über ein schlechtes Bildungsniveau.

Vergleichbare Resultate
Sozioökonomische Motive stehen bei den jungen Männern in allen Studien weit vor allen anderen Beweggründen. Erwähnt wurden vor allem die grassierende Arbeitslosigkeit und die fehlenden Perspektiven. Daneben nannten die Befragten sehr häufig als Grund für ihre Unzufriedenheit mit den Zuständen in Tunesien die Korruption und das Verhalten der Sicherheitskräfte gegenüber jungen Menschen. Laut all dieser erwähnten Studien ist der Vertrauensverlust gegenüber staatlichen Institutionen sehr gross.

Was die Migrationswünsche beziehungsweise den Migrationsdruck betrifft, so kamen alle Studien zu vergleichbaren Resultaten. In Bir El Hafey gaben 75 Prozent der Befragten an, sie wollten emigrieren. 58 Prozent erklärten, sie würden dies auch illegal tun, falls es keine andere Möglichkeit gäbe. Das FTDES ermittelte eine Zahl von rund 55 Prozent sowie von 31 Prozent, die auch illegal ausreisen würden. Deutlich niedriger ist die Zahl der Ausreisewilligen, die das ONJ ermittelte, nämlich 44 Prozent. Sie ist aber immer noch erschreckend hoch; konkret bedeutet dies, dass fast die Hälfte aller Befragten auswandern möchte. Laut Untersuchungen des FTDES hat der Migrationswunsch seit dem Ausbruch der Revolution im Jahr 2011 markant zugenommen. Gaben im Jahr 2010 noch rund 30 Prozent der Befragten an, sie wollten emigrieren, stieg diese Zahl 2017 auf die bereits erwähnte Zahl von rund 55 Prozent an. (Ein tabellarischer Vergleich der verschiedenen Studien sowie eine Zusammenfassung der Studie von Mnassri findet sich im Anhang.)

Vergleich mit der Durchschnittsbevölkerung

Wie aber steht es mit den Migrationswünschen der jungen Männer in anderen Landesteilen? Die erwähnten Studien machen dazu keine Aussagen. Doch es ist davon auszugehen, dass der Prozentsatz an emigrationswilligen jungen Männern in den wohlhabenderen Regionen und auch in der Hauptstadt Tunis insgesamt deutlich niedriger ist. Eine Anfang Dezember 2018 publizierte Umfrage des «Gallup»-Meinungsforschungsinstituts über Migrationswünsche in verschiedenen afrikanischen Staaten kam zum Schluss, dass rund 44 Prozent der jungen Tunesier auswandern würden, wenn dies legal und gefahrlos möglich wäre.

All diese Studien haben aus verschiedenen Gründen nur einen begrenzten Aussagewert. Zum einen handelt es sich vor allem um quantitative Studien, die über die tiefer liegenden Motive der Harraga kaum Aufschluss geben. Zum anderen ist die irreguläre Emigration offiziell illegal und spielt sich deshalb weitgehend im Verborgenen ab. Zudem lassen sich die Personen, die auf solche Weise ausgereist sind, zumindest in Tunesien nicht mehr befragen. Diejenigen hingegen, die in Italien angekommen sind und irgendwie Fuss fassen wollen, dürften sich nicht ohne Weiteres für Umfragen zur Verfügung stellen. Und schliesslich müssen auch die Bekundungen junger Männer bezüglich ihrer Emigrationsabsichten mit Vorbehalt zur Kenntnis genommen werden. Es ist unklar, in welchem Mass sie ihren Worten auch Taten folgen liessen, wenn sie denn die Gelegenheit hätten. Dennoch belegen diese Studien den starken Migrationsdruck in Tunesien. Für einen sehr viel grösseren Einblick in die Motive und in die Lebenssituation der jungen, ausreisewilligen Männer verweise ich hier wieder auf die Dissertation von Mastrangelo.

Profile, Motive und Weltbild tunesischer Harraga

Was sind die Motive der tunesischen Harraga, ihr Land auf zumeist gefährliche Weise zu verlassen? Was für ein Bildungsniveau haben sie? Welchen sozialen Schichten gehören sie an? Aus welchen Landesteilen stammen sie? Welches Bild von Europa haben sie, und wie legitimieren sie die nach den gängigen Gesetzen illegale Flucht? Während die meisten Autoren in den wichtigsten Punkten übereinstimmen, existieren in manchen Bereichen unterschiedliche Einschätzungen. Der umfassendste Versuch, diese Fragen wissenschaftlich zu beantworten, stammt von Simon Mastrangelo. Er hat den tunesischen Harraga seine im November 2017 eingereichte Doktorarbeit gewidmet. Die beeindruckende Arbeit, die auf eingehenden Studien vor Ort sowie auf Interviews mit tunesischen Harraga in der Schweiz und in Italien basiert, verfolgt einen interdisziplinären Ansatz. Es handelt sich, so Mastrangelo, hauptsächlich um eine ethnologische Studie, die aber auch psychologischen Aspekten viel Platz einräumt und die versucht, so nahe wie möglich an das «Studienobjekt» heranzugehen. Dies scheint uns gerade bei diesem schwer zu fassenden Thema von grosser Bedeutung zu sein. Ich habe mich deshalb entschieden, die wichtigsten Ergebnisse aus Mastrangelos Studie in diesem Kapitel stark zusammengefasst vorzustellen.

Irreguläre Emigration als Akt der Verzweiflung und der Rebellion

Die wichtigsten Eckpunkte des Profils der tunesischen Harraga sind unbestritten. Sie stammen sehr häufig aus dem vernachlässigten und teilweise verarmten Hinterland oder aber aus den armen Vorstädten von Tunis oder Sfax. «Bei den meisten Harraga handelt es sich um junge, unverheiratete Männer, die häufig über keine feste und korrekt bezahlte Arbeitsstelle verfügen», schreibt Mastrangelo. «Ihr Profil macht es ihnen unmöglich, die Kriterien für den Erhalt eines Schengenvisums zu erfüllen. De facto sind sie vom System der legalen Mobilität ausgeschlossen.» Im Gegensatz zu anderen Autoren beharrt Mastrangelo auf der Vielfältigkeit der Profile und Wege. Alle Harraga teilten aber eine ganz ähnliche Erfahrung der «Irregularisation ihres Status», des Abgleitens in die Illegalität zu einem bestimmten Zeitpunkt ihrer «Migrationskarriere». Es existiere zudem auch eine kollektive Vorstellung dessen, was Europa repräsentiert.

Die jungen Tunesier, die sich für die Harga, die irreguläre Ausreise, entscheiden, gehören unzweifelhaft zu einem diskriminierten Teil der Gesellschaft. Mastrangelo spricht von einer «doppelten sozialen Ausgrenzung», unter der diese jungen Menschen litten. Nicht nur hätten sie in ihrem Leben kaum Chancen für ein berufliches Fortkommen und eine Verbesserung ihrer materiellen Lage. Sie gehörten in den Augen vieler Mittelschichttunesier auch zu einer übel beleumdeten Kategorie junger Zeitgenossen. Es seien doch vor allem Clochards, die irregulär emigrierten, bekam Mastrangelo wiederholt zu hören.

Das Lebensgefühl der jungen Harraga ist laut dem Lausanner Forscher zudem von einem tiefen Gefühl der Ungerechtigkeit und der verächtlichen, herabwürdigenden Behandlung seitens der Machthaber im Land geprägt. Im Maghreb wird dieses Phänomen meist mit dem Begriff der Hogra umschrieben. «Die Hogra umfasst verschiedene Formen der Erniedrigung, die Menschen in ihrem Alltag erfahren müssen», schreibt Mastrangelo. «Sie ist eine starke Antriebskraft und nährt den Wunsch, sich an einem System zu rächen, das als ungerecht empfunden wird.» Viele der Ausreisewilligen litten zudem, so Mastrangelo, am Gefühl der «Inexistenz, der sozialen Bedeutungslosigkeit». Dieses Gefühl sei schlimmer als die eigentliche Armut. Die jungen Männer, die der Forscher befragen konnte, waren alle überzeugt davon, dass in Tunesien für sie keine persönliche Entfaltung, keine substanzielle Verbesserung ihrer Lebensumstände möglich sei. Sie hätten das Gefühl, in Tunesien zu «ersticken»: «Die Ausreisewilligen begründen ihre Entscheidung für die Harga oft mit der Suche nach Würde, nach Emanzipation (Selbstbefreiung) und nach Selbstverwirklichung.»

Für viele Harraga ist die Reise übers Mittelmeer darüber hinaus auch eine «Demonstration von Männlichkeit und Mut». Das kommt – ohne dass Mastrangelo diesen Begriff verwendet – dem Abenteuermotiv doch sehr nahe. Für einzelne Harraga scheint das Projekt einer Ausreise zudem auch die einzige Möglichkeit zu sein, nicht dem Wahnsinn zu verfallen.

Mastrangelo hat sich in seiner Arbeit auch sehr ausführlich mit der Art und Weise befasst, wie die jungen Migranten die illegale Ausreise legitimieren. Eine Rolle spielt dabei der Tourismus, den viele junge Tunesier an den Stränden oder auch als Angestellte in Hotels oder Restaurants erleben können. Viele stellten sich die Frage, berichtet Mastrangelo, weshalb Touristen so einfach nach Tunesien reisen könnten, sie aber nicht nach Europa. Aus dieser Ungerechtigkeit leiteten sie anschliessend ein Recht ab, ihrerseits nach Europa zu emigrieren. In Lampedusa anzukommen sei in dem Sinn ein «Erfolg und eine legitime Reaktion auf die fehlende Gastfreundschaft der Europäer». Gewisse Harraga erachteten es auch als «ihr gutes Recht, nach Europa zu emigrieren und dort, mit welchen Mitteln auch immer, Geld zu machen». Einige Harraga legitimierten ihre Emigration auch religiös, berichtet Mastrangelo: Sie sähen darin «einen positiven, lobenswerten Akt, der mit Gottes Einverständnis unternommen werden muss». Einige dieser Harraga, die ihre Ausreise religiös begründeten, gingen gar so weit, bewusst keine Schwimmwesten mitzunehmen: Ihr Leben sei so oder so in Gottes Hand; eine Rettungsweste könne daran nichts ändern.

Zu Europa – oder besser gesagt: zu dem, was sie sich unter Europa vorstellen – haben viele Harraga eine ambivalente Beziehung. Mastrangelo spricht von einer Art Hassliebe. Einerseits werfen sie den westlichen Ländern ihre Abschottungspolitik und auch ihre Nahostpolitik vor. Andererseits sind sie vom europäischen Wohlstand und von den deutlich grösseren Freiheiten angezogen. Trotzdem wollten die meisten Harraga nicht in die Golfstaaten emigrieren; es scheint, als erachteten sie die Attraktivität Europas deutlich höher als diejenige der erwähnten Länder.

Insgesamt kommt Mastrangelo zu dem Schluss, dass die irreguläre Ausreise für die zumeist jungen Männer nicht nur ein Akt der Verzweiflung ist. Er sieht darin auch eine Form der Rebellion gegen das herrschende politische System: «Auf solche Weise zu emigrieren bedeutet, die gesellschaftliche Ordnung herauszufordern.» Dabei bezieht er sich auf eine Reihe anderer Autoren, die das Phänomen ähnlich deuten.

Interessant ist auch die Beziehung der «echten» Harraga, die die Emigration nach Europa über die gefährliche Ausreise übers Mittelmeer wagen, zu denjenigen, die dies mithilfe der Einladung einer Touristin oder eines Touristen tun. «In den Augen der Ausreisewilligen besteht die beste Methode, um nach Europa zu gelangen, darin, eine Touristin kennenzu-

Das Phänomen der Heiratsmigration ist in Tunesien weit verbreitet. Einzig die Einladung von einer europäischen Touristin ermöglicht eine Reise ins «Paradies» Europa, und einzig die Heirat mit einer Europäerin bleibt als legale Möglichkeit offen, sich in Europa fest niederzulassen. Nouri Bouzid, einer der bekanntesten Filmschaffenden Tunesiens, hat zu diesem Thema einen Film mit dem Titel *Bezness* gedreht.

lernen und sie anschliessend zu heiraten», schreibt Mastrangelo. Gleichzeitig bekunden viele Harraga, die die «harte» Version der Emigration gewählt haben, eine gewisse Verachtung gegen Heiratsmigranten und sind stolz auf ihren eigenen Mut.

Das Phänomen der Heiratsmigration ist in Tunesien weitverbreitet. Nouri Bouzid, einer der bekanntesten Filmschaffenden Tunesiens, hat zu diesem Thema einen Film mit dem Titel *Bezness* gedreht. Einer von Mastrangelos Informanten berichtete etwa, dass alle seine Freunde, die in der Schweiz lebten, ihre Niederlassungsbewilligung dank der Heirat mit einer Schweizer Touristin erhalten hätten. Dies sei in den letzten Jahren allerdings deutlich schwieriger geworden. Immer mehr Touristinnen wüssten, dass es viele Tunesier auf eine solche Form der Heiratsmigration abgesehen hätten. Man müsse heute «Grossmütter» angehen, wenn man europäische Papiere bekommen wolle, zitiert Mastrangelo eine Auskunftsperson. Zudem überwachten die Hotels ihre jungen Angestellten und versuchten, diese nach Möglichkeit von Annäherungen abzuhalten. Dennoch ist das Phänomen in Tunesien weitverbreitet, und Hoteldirektoren beklagen sich, sie müssten ihr Personal häufig auswechseln, weil sich viele junge Angestellte von Touristinnen einladen liessen und dann die Arbeit im Hotel aufgäben.

Die Migrationswünsche tunesischer Jugendlicher im Spiegel sozialer Medien und Tags

Posts und Kommentare auf sozialen Netzwerken geben einen ungefilterten Eindruck von der Befindlichkeit junger Menschen. Dies gilt selbstredend auch für Tunesien, das eine der höchsten Pro-Kopf-Nutzungen von Facebook und anderen sozialen Netzwerken aufweist. Jugendliche sprayen ihre Forderungen, ihre Wut und ihren Frust häufig auch auf Mauern, an Fabrikhallen oder auf Brückenpfeiler.

Nun ist es schwierig, den Stellenwert und die Bedeutung derartiger Botschaften näher zu evaluieren. Dennoch liefern all diese Äusserungen wertvolle Hinweise auf die Befindlichkeit junger Menschen, die eine irreguläre Emigration erwägen.

Nachstehend soll eine kleine Auswahl solcher gesprayter Tags, Posts

«Eine neue Welle von Harraga aus Sidi Bouzid ist soeben angekommen», schreibt ein junger Migrant aus einem armen Quartier dieser Stadt, als Lampedusa am Horizont auftaucht (Bild links). «Sie wollen, dass wir unser Leben in Tunesien beenden, diesem Land der Verachtung», postet Tunisian Everywhere, umarmt von einer blonden Frau. «Es gibt nur eine Lösung: Die Emigration.»

und Kommentare vorgestellt und analysiert werden. Die ersten Posts betreffen die Haltung gegenüber dem tunesischen Staat. «Was für ein Interesse gibt es, in einem Staat zu leben, wenn man – koste es, was es wolle – ausreisen will?», fragt ein junger Mann. In einem anderen Post berichtet ein 27-jähriger Mann namens Hussein Akhal in sehr verkürzter Form und seltsam distanziert von seinem bisherigen Leben: «27 Jahre alt, frustriert, auf allen Ebenen gescheitert, Opfer seiner sozialen und regionalen Herkunft. 20 Jahre unter dem Regime von Ben Ali gelebt, dann sieben Jahre zwischen Mbzaa (erster Präsident der Übergangsregierung) und Ghannouchi, Béji Caid Essebsi, der Troikaregierung und der Partei Nidaa Tounes ... Ich fordere den tunesischen Staat oder das, was davon übrig geblieben ist, auf, mich zu entschädigen oder mich in die mexikanische Wüste oder an einen anderen weltverlassenen Ort zu bringen.»

Hart ins Gericht mit seinem Land geht ein anderer Facebooknutzer: «Das Vaterland für die Reichen und der Patriotismus für die Armen – in diesem Land voller Korruption.» Ähnlich äussert sich ein anderer junger Mann: «Tunesien ist ein Land, das weder gegen die Korruption noch gegen die illegale Aneignung von staatlichem Eigentum kämpft. Gleichzeitig erstickt es seine eh schon frustrierte Jugend.» Direkt an die «Herrschenden» wendet sich ein weiterer anonymer Schreiber in seinem Facebookpost: «Ihr seid nicht mal in der Lage, uns Sardinen zu geben. Dafür versorgt ihr die Meeresfische mit menschlichem Fleisch.» Voller Sarkasmus schreibt schliesslich ein junger Mann: «Lasst uns das Meer, und wir lassen euch dieses Land.»

Mit den allgemeinen Verhältnissen im Land begründet ein junger Mann aus der Stadt Mahdia die irreguläre Emigration. «Die Gruppenflucht der Söhne und Töchter Tunesiens auf Schiffen nach Italien geht weiter», heisst es in einem seiner Posts. «Sie emigrieren, weil sie in Tunesien nicht ernst genommen werden und weil sie arbeitslos sind. Möge sie Gott in ihren Plänen unterstützen.» Ein anderer schreibt kurz und bündig: «Sie wollen, dass wir weiterhin hier leben. Lasst uns doch weggehen! Wir überlassen ihnen gerne dieses ‹Loch›, um darin zu leben.» Ähnlich äussert sich ein anderer Nutzer: «Beschuldigt nicht die Emigranten, sondern vielmehr ihr Vaterland ... Wenn es ein echtes Vaterland wäre, würden es die Migranten nie verlassen.»

In anderen Posts werden persönliche Risiko-Nutzen-Abschätzungen vorgenommen: «Diejenigen, die illegal ausgereist sind und das Meer überquert haben, wissen sehr genau um das Risiko und die Gefahren. Doch sie wissen auch, dass es eine dringende Notwendigkeit geworden ist, dieses Land zu verlassen angesichts der Enttäuschungen, die uns Tag für Tag langsam zugrunde gehen lassen.»

Von ihrer persönlichen Befindlichkeit schreiben die folgenden Facebooknutzer. «Oh, mein Gott, erfülle meinen Traum, hilf mir, in Europa die junge Frau meiner Träume zu finden. Ich habe die Nase voll von Afrika.» Das grosse Tor zu den Abflughallen im Flughafen Tunis kommentiert ein Nutzer mit folgenden Worten: «Die meisten Tunesier möchten dieses Tor durchschreiten, und die Mehrheit der Tunesier im Ausland will nicht mehr zurückkehren. Dieses Tor kennt Tausende von Geschichten und hat einen tausendfachen Sinn.»

Höchst aufschlussreich sind schliesslich auch die Botschaften, die sich an die klandestinen Emigranten richten. Auf der Webseite des Fernsehsenders von Ben Guerdane waren etwa folgende Kommentare zu lesen: «Gott sei mit euch, Söhne meines Landes», schreibt ein Ali M. Ähnlich äussert sich ein Khalil H.: «In schā' Allāh komme ich in Kürze auch mit», schreibt er. «Ihr seid die Vorhut, wir werden euch folgen.»

Irreguläre Emigration von Tunesiern 2017/18

Wie viele tunesische Migranten sind in den Jahren 2017/18 in Richtung Italien ausgereist? Naturgemäss gibt es in diesem Bereich, der sich in einer Grauzone der Legalität abspielt, keine exakten Zahlen. Die Harraga, denen die Ausreise geglückt ist, erstatten keine Meldung an die tunesischen Behörden. Von denjenigen, die auf ihrer Überfahrt in Schwierigkeiten geraten sind, gibt es nur nähere Angaben, wenn sie einen Notruf ausgesendet und nachher von einem Schiff der Küstenwache gerettet worden sind. Diejenigen schliesslich, die heil in Italien angekommen sind, versuchen, einer Kontrolle durch die italienischen Behörden zu entgehen. In diesem Sinn geben die offiziellen Zahlen, die die tunesischen und italienischen Behörden kommunizieren, nur einen groben Anhaltspunkt über die Dimension des Phänomens. Eine Schwierigkeit besteht zudem darin, dass

Tunesier häufig auch über Libyen ausreisen und dass über Tunesien ausgereiste Personen eine andere Nationalität haben können.

Die offiziellen Zahlen sind deshalb mit einiger Vorsicht zu geniessen, und auch die Schätzungen von Flüchtlingsorganisationen können nur ein grobes Bild der Lage vermitteln. Laut den tunesischen Behörden legten im Jahr 2017 insgesamt 178 Flüchtlingsboote mit Ziel Italien ab. Im selben Jahr wurden in Tunesien über 300 illegale Fluchtversuche verhindert. Dabei sollen insgesamt 3424 Flüchtlinge und 129 Schleuser verhaftet sowie 150 Boote beschlagnahmt worden sein. Laut einer anderen Statistik, die die *Frankfurter Allgemeine Zeitung* zitiert, sollen Polizei und Küstenwache angeblich 7800 Personen beim Versuch der Ausreise gestoppt haben.

Das Forum Tunisien pour les Droits Economiques et Sociaux (FTDSE) schätzt, dass im Jahr 2017 insgesamt rund 8000 tunesische Flüchtlinge erfolgreich nach Italien übergesetzt haben. Deutlich höher liegt die Schätzung des Arztes Asef Ben Ammar. Er geht davon aus, dass im Jahr 2017 insgesamt rund 15 000 junge Tunesier auf irreguläre Weise nach Europa ausgereist sind.

Die italienischen Behörden registrierten im Jahr 2017 insgesamt 6100 Ankömmlinge aus Tunesien, die meisten tunesischer Nationalität. Doch es ist davon auszugehen, dass sich ein beträchtlicher Teil der Harraga der behördlichen Kontrolle und Registrierung entziehen konnte. Vermutlich dürfte die Schätzung von Asef Ben Ammar der Realität am nächsten kommen. Das würde bedeuten, dass im Jahr 2017 zwischen 10 000 und 15 000 Harraga erfolgreich nach Europa gelangt sind. Diese Zahl ist, vergleicht man sie mit den grossen Flüchtlingsbewegungen über Libyen im Jahr 2016 oder über die Türkei im Jahr 2015, nicht sehr gross. Dabei ist aber zu berücksichtigen, dass Tunesien ein relativ kleines Land ist und über eine mehr oder weniger funktionierende Küstenwache verfügt. Bemerkenswert ist zudem der starke Anstieg gegenüber 2015/16.

Im Jahr 2018 sind laut italienischen Zahlen über 5000 Tunesier auf dem Seeweg eingetroffen. Damit belegte Tunesien wiederum den ersten Platz bezüglich aller illegal in Italien eingetroffenen Flüchtlinge. Gegenüber dem Vorjahr ist die Zahl der Ankünfte in Italien somit etwas geringer. Gleichzeitig haben die tunesischen Behörden laut einem Bericht des FTDES rund 40 Prozent mehr Ausreiseversuche verhindert. Alles weist darauf hin, dass die irreguläre Emigration aus Tunesien trotz der unter europäischem Druck verstärkten Abwehrmassnahmen weiterhin anhält.

Der Umgang des tunesischen Staates mit dem Phänomen der Harga

Angesichts der ziemlich hohen und vor allem weiterhin steigenden Zahlen von Ausreisen sind die tunesischen Behörden gegenüber der EU in einen gewissen Rechtfertigungsdruck geraten. Sie begründen die hohe Zahl der Ausreisen etwa mit der langen, nur schwer zu kontrollierenden Küste oder mit der absoluten Entschlossenheit vieler Harraga. Es gibt aber ernsthafte Hinweise, dass Offiziere der tunesischen Küstenwache gegen Bezahlung von der Festnahme klandestiner Emigranten absehen beziehungsweise diese, so sie auf offener See kontrolliert werden, ziehen lassen. Mehrere Migranten erwähnten derartige Vorkommnisse, aber auch Schlepper, die im Rahmen der Recherche für dieses Buch kontaktiert werden konnten. Auch lokale Beobachter halten es für sehr wahrscheinlich, dass Polizei und Küstenwache regelmässig von Schleppern «geschmiert» werden, damit sie die Migranten ausreisen lassen. Ein im ZDF ausgestrahlter Filmbeitrag zum Thema «Menschenschmuggler» (23.11.2017) zeigte gar einen Offizier der Küstenwache in Zarzis, der vor laufender Kamera, aber mit technisch verfremdeter Stimme und von hinten gefilmt, erklärt, er leite ein- bis zweimal im Monat die Einsatzpläne der Küstenwache an einen befreundeten Schlepper weiter – gegen ein Honorar von rund 800 Euro, was etwa dem Dreifachen seines Monatseinkommens entspricht.

Mehrere Beobachter halten es auch für wahrscheinlich, dass die tunesischen Behörden irreguläre Ausreisen in einem gewissen Mass bewusst zulassen, weil damit der Druck auf dem eh schon gesättigten Arbeitsmarkt reduziert wird und potenzielle Proteste und Blockaden entschärft werden. «Tunesien hat objektiv ein Interesse an der irregulären Emigration», sagt ein Insider, der nicht genannt werden will. «Jeder junge Mann, der auswandert, ist für das Land ein Problem weniger.»

5
Am Brunnen der Barfüssigen:
Reportage aus Bir El Hafey, Tunesien

Ein Ort im Hinterland

Der 18. Oktober 2017 ist in jenem Herbst ein Tag wie kein anderer. Eine bleierne Hitze liegt schon am Morgen über der kleinen Provinzstadt Bir El Hafey, und der vom monatealten Staub graue Himmel lastet schwer. Die kleine Stadt am Fuss einer kahlen Hügelkette, seit Jahrhunderten ein Knotenpunkt der Karawanenrouten und Verkehrswege, ist wie gelähmt. Seit den Überschwemmungen im Jahr 1969, die grosse Zerstörungen anrichteten, so ein alter Mann, habe sich in Bir El Hafey keine vergleichbare Katastrophe mehr ereignet.

An diesem Morgen ist alles anders. Die Schulen und die meisten Geschäfte sind geschlossen, die Rollläden nach unten gezogen. Mehr als tausend Menschen haben sich im Zentrum der kleinen Provinzstadt eingefunden, stehen in Gruppen herum, sitzen in den Cafés. Soldaten patrouillieren in der Stadt. Die Behörden scheinen gewalttätige Demonstrationen zu befürchten. Die Spannung ist mit Händen zu greifen.

Gegen 10 Uhr am Morgen verdichtet sich das Gerücht, dass sie bald eintreffen würden. Menschen mit versteinerten Gesichtern sitzen in den Cafés, finden sich in kleinen Gruppen auf dem zentralen Platz ein. Frauen und Kinder weinen. Junge Männer scheinen zwischen bodenloser Wut und Resignation zu schwanken. Manche skandieren Parolen, andere starren teilnahmslos ins Leere.

«Sie kommen, sie kommen», schreien plötzlich ein paar Jugendliche. Die Menschen springen von den Stühlen auf, drängen aus den Seitengassen auf die Hauptstrasse, treten aus den Häusern, begeben sich an die Fenster und auf die Balkone. Langsam bewegt sich eine Menschenmenge auf den Hauptplatz zu. Junge Männer tragen Särge auf ihren Schultern, von der kleinen Krankenstation hin zum Hauptplatz, dem Platz der Unabhängigkeit, in dessen Mitte eine Skulptur steht: eine Taube auf einer Kugel. Sie stellen die Särge um die kleine Skulptur und heften Bilder der Verstorbenen daran.

Beim Anblick der einfachen Holzsärge beginnen viele Menschen zu schluchzen. Immer lauter wird das Wehklagen, es schwillt zu einer traurigen Melodie an, die immer wieder von lauten, heiseren Schreien übertönt wird.

Elf Särge. Elf junge Männer im Alter zwischen 17 und 25 Jahren, die knapp zwei Wochen zuvor Bir El Hafey verlassen hatten, um ihr Glück in Europa zu versuchen. Elf junge Männer, ertrunken vor der Insel Kerkenna. Gerammt von einer tunesischen Fregatte, der *Sadra Bal N° 509*, am Morgen des 8. Oktobers 2017.

Mit einem Mal kommt Bewegung in die Menge. Eine junge Frau ergreift ein Megafon, beschimpft die tunesische Marine und die Behörden als Mörder. «Wir fordern eine lückenlose Aufklärung», schreit sie. Ein Gemurmel geht durch die Menge. Väter und Brüder der Verstorbenen stehen auf und bringen ihre Forderungen mit spürbarer Wut vor. Viele applaudieren.

Die Stimmung wird immer aggressiver, bedrohlicher. Ein paar alte, angesehene Männer rufen zu Zurückhaltung auf und bitten, die Würde der Verstorbenen zu wahren. Doch der Fluss der Emotionen ist so stark, dass er alles wegzureissen droht. Nur mit Mühe gelingt es den Soldaten, die sich unter die Trauernden gemischt haben, eine notdürftig errichtete Absperrung rund um den kleinen Platz aufrechtzuerhalten.

Rund zwei Stunden lang erweisen die Einwohner von Bir El Hafey den elf Verstorbenen ihre Reverenz. Dann bewegt sich der Trauerzug langsam in Richtung Friedhof, der knapp einen Kilometer vom Zentrum des kleinen Städtchens entfernt liegt. Gemäss der lokalen Tradition und einer strengen Auslegung des Islam dürfen Frauen den Friedhof nicht betreten. Der Abschied der Mütter, Schwestern und Tanten von den Verstorbenen ist herzergreifend. Nur aus der Ferne können sie beobachten, wie die Männer des Dorfes die elf jungen Harraga beerdigen und wie der Imam das Totengebet spricht.

Die Kleinstadt Bir El Hafey liegt inmitten einer fruchtbaren, reichen Region. Doch die Löhne in der Landwirtschaft sind sehr niedrig, und es gibt kaum Industriebetriebe. Zudem ist das Leben im Hinterland für junge Menschen nicht attraktiv. So träumen viele lieber von einer Existenz in Europa, als sich mit harter Arbeit durchs Leben zu bringen.

Bir El Hafey ist eine kleine Provinzstadt wie Hunderte andere im tunesischen Hinterland auch. Bedeutet der Ortsname tatsächlich «Brunnen der Barfüssigen», wie sich nachlesen lässt? Ein Einheimischer macht eine abweisende Handbewegung. Dummes Zeug. Das sei ein Name aus uralter Zeit und habe keine Bedeutung.

Die kleine Provinzstadt mit etwa 5000 Einwohnern macht einen ordentlichen, aber auch etwas verschlafenen Eindruck. Da ist eine lang gezogene Hauptstrasse, die sich am zentralen Platz in zwei Achsen gabelt. Da sind Lebensmittelgeschäfte, kleinere Werkstätten von Metallbauschlossern und Schreinern, ein paar Garagen, wo der Ölwechsel auf offenem Boden vorgenommen wird, Läden für Handys und Unterhaltungselektronik sowie Friseurgeschäfte. Die meist zweistöckigen Häuser entlang der teils von Bäumen gesäumten Hauptstrasse sind ziemlich gepflegt. Auch die Gebäude der staatlichen Verwaltung sind herausgeputzt, ein neues Café und ein Festsaal für Hochzeiten bringen gar einen Hauch von Luxus in die kleine Stadt, die vor der Revolution zu den wohlhabenderen in der Provinz von Sidi Bouzid zählte. Doch heute, so erzählt ein Einheimischer, sei alles anders, überall herrsche Stillstand und Resignation.

Anfang März 2018 fahren wir erneut nach Bir El Hafey. Das Begräbnis der elf jungen Männer liegt ein halbes Jahr zurück. Ein erster Anflug sommerlicher Hitze liegt über dem Städtchen. Im Café L'Akribi und in den anderen Cafés sitzen ausschliesslich Männer, spielen stundenlang Karten, schlagen die Zeit tot. Gegen Mittag werden vor den einfachen Restaurants die Holzkohlegrills angefacht. Rauchschwaden breiten sich aus, und es riecht penetrant nach verbranntem Hammelfleisch.

Der Blick des Beobachters fällt auf die schmucklosen Fassaden der Häuser entlang der Hauptstrasse, auf die vor einzelnen Geschäften zum Verkauf ausgestellten Haushaltsgeräte, meist Schmugglerware von Ben Guerdane an der libyschen Grenze. Er erfährt, dass zwei Zivilpolizisten in das kleine Restaurant gekommen seien, um in Erfahrung zu bringen, was der Ausländer in Bir El Hafey suche; der Fremde in Begleitung eines Mannes mittleren Alters und des jungen Khlifi, von dem die ganze Stadt weiss, dass er der einzige Überlebende der tragischen Bootskatastrophe ist.

Ich beobachte das Leben auf der Strasse. Johlende, feixende Jugendliche, die soeben das Gymnasium verlassen haben, Männer, die ihren alltäglichen Verrichtungen nachgehen, Frauen mit Einkaufskörben. Ein kräftig gebauter Mann mit gestutztem Bart trägt ein Sweatshirt mit dem Aufdruck «España». Denkt er auch an Emigration? War er vielleicht in Spanien? Ist dies das Land seiner Träume? Der Mann wehrt einen Kontaktversuch ab, will nicht sprechen.

Ein alter, müde wirkender Mann geht schleppend und auf einen Stock gestützt an uns vorbei. Sein Sohn sei 2011 auf einem Flüchtlingsboot nach Italien gereist und gelte seither als verschollen, erfahre ich. Der Alte habe den Verlust seines Sohnes nicht verkraftet, sei seit dieser Katastrophe ein gebrochener Mann und habe dreimal einen Herzinfarkt erlitten.

Bir El Hafey ist weder ein Slum noch ein vollkommen vernachlässigter Ort. Doch die Provinzstadt strahlt eine Biederkeit, eine Beengtheit, eine enorme Langeweile aus, und der Beobachter kann die Jungen gut verstehen, die die Kluft zwischen ihrem Alltag und dem, was sie täglich auf ihren Handys sehen, kaum ertragen können.

Wer die beiden Hauptachsen verlässt, gerät bald in Viertel, die mehrheitlich aus unfertigen Häusern bestehen. Viele gehören Emigranten, die in Europa leben und jahrelang an ihren Eigenheimen bauen. Unverputzte Backsteinmauern, in die Höhe ragende Armierungseisen, Wäscheleinen und von den Dachterrassen herunterhängende Teppiche vermitteln einen lieblosen, unwirtlichen Eindruck. Die mit Abfällen, Bauschutt und einzelnen Autowracks übersäten Flächen ohne Bäume und ohne Grünflächen zwischen den Bauten erzeugen eine enorme, nur schwer erträgliche Tristesse.

Im tunesischen Hinterland gibt es Hunderte von Provinzstädten und grösseren Dörfern, die sich nicht von Bir El Hafey unterscheiden. Überall dieselbe deprimierte Stimmung, dieselbe Tristesse, dieselbe Unwirtlichkeit. Und überall unzählige junge Menschen, die von einem besseren Leben träumen und am liebsten emigrieren möchten.

Einer, der sehr genau weiss, wie die Jungen in Bir El Hafey ticken, ist der Sekundarlehrer Abdelkrim Brahmi. Ich treffe ihn im einzigen schicken Café des Ortes. Es ist erst vor Kurzem eröffnet worden. «Die jungen Burschen wollen fast alle weg», sagt Brahmi. Sie sähen hier keine Chancen für sich, und sie träumten von einem ganz anderen, freieren, schöneren Leben. «Die Hoffnungen, die durch die Aufstände von acht Jahren ge-

Der eine lebt in Sizilien, der andere in Bir El Hafey. Und obwohl das Leben des jungen Hani (rechts) in Italien alles andere als einfach ist, hat er Zugang zu Konsumgütern und zu einem Lebensstil, der seinem Cousin (links) versagt bleibt. So entstehen Wünsche, denen sich viele nicht entziehen können.

weckt worden sind», sagt der Pädagoge, «haben sich vollständig verflüchtigt. Hier glaubt keiner mehr, dass sich bald etwas zum Guten wendet.» Zudem seien die Lebenshaltungskosten in den letzten Jahren stark angestiegen. «Nichts hat sich zum Besseren gewendet, die Situation ist schlechter als vor acht Jahren», sagt Brahmi. Die Regierung sei nicht wirklich willens, an den Zuständen etwas zu ändern, meint er resigniert.

Wissen die jungen Männer in Bir El Hafey, dass in Europa niemand auf sie wartet? Dass die Ausreise sehr viel schwieriger geworden ist? Dass es in Europa Millionen von Arbeitslosen gibt und dass Menschen aus dem Maghreb oft in den Banlieues, in den grauen, tristen Vorstadtvierteln leben? «Sie wissen es sehr wohl», sagt der Pädagoge, «und sie sind dennoch überzeugt davon, dass es auf der anderen Seite des Mittelmeers mehr Wohlstand und mehr Freiheit gibt». Dies belegen ja all die Emigranten, die im Sommer mit modischen Kleidern, mit den neuesten Handys und oft auch mit eigenen Autos ihren neuen Status eindrucksvoll unter Beweis stellen. «Die Migration ist für viele Burschen und junge Männer die einzige Hoffnung, die ihnen noch bleibt», sagt Brahmi.

Gibt es denn in Bir El Hafey, in Sidi Bouzid und in anderen Orten im Hinterland nicht auch kleine Projekte, die den Menschen Hoffnung machen? «Nein», sagt Brahmi, ohne zu überlegen. Alle, die in der Region Geld hätten, würden dies ins Schmuggelgeschäft investieren. Und umgekehrt seien alle, die in den letzten Jahren wirklich Geld verdient hätten, in genau diesem Geschäft tätig gewesen. Dort könne man einfach zu Geld kommen und müsse zudem keine Steuern und Abgaben bezahlen. «Die gewöhnlichen Leute, die hart arbeiten, bringen es zu nichts», sagt der Sekundarlehrer resigniert. «Das wissen auch meine Schüler.»

Abdelkrim Brahmi seufzt. «Auch ich überlege mir manchmal, ob die Emigration nicht die bessere Option gewesen wäre», sagt der Mann in den Vierzigern, der über ein Doktorat in Anthropologie verfügt und mit seinem Einkommen als Lehrer seine vierköpfige Familie nur knapp über die Runden bringen kann. «Das Schiffsunglück vom Oktober 2017 war ein grosser Schock für die Stadt», sagt Brahmi. Es habe alles ans Tageslicht gebracht: die Unzufriedenheit, die Wut, die Verzweiflung. Trotzdem hätten schon wenige Wochen später wieder junge Männer aus der Region den Weg übers Meer genommen.

Auch Mohammed Aziz Khlifi will sich wieder auf den Weg machen. Er ist der Einzige aus Bir El Hafey, der die erwähnte Schiffskatastrophe überlebt hat. Ich treffe ihn im Café L'Akribi. Der 19-Jährige hat vor rund zwei Jahren die Schule verlassen; seither hängt er herum und geht Gelegenheitsarbeiten nach. Seine Lebensperspektive ist vollkommen ungewiss. Sicher ist sich Aziz nur über eines: dass er wieder ausreisen will.

Resigniert ist auch die Stimmung beim Gewerkschafter Mohammed Chouket. «Die Preise für Güter des täglichen Bedarfs sind in den vergangenen Jahren dramatisch angestiegen», sagt Chouket. Auch die generelle Situation in der Gegend sei düster und schwieriger als je zuvor. Und er nennt dieselben Stichworte, die im tunesischen Hinterland überall zu hören sind: Korruption, Arbeitslosigkeit, fehlende Perspektiven. Die meisten Jugendlichen seien besessen von der Idee, nach Europa zu emigrieren. «Die Jungen erleben Bir El Hafey als ein grosses Gefängnis, aus dem sie so rasch wie möglich entweichen wollen», ergänzt ein anderer Gast im Café. «Die einen versuchen, nach Europa zu emigrieren, die anderen wenden sich terroristischen Gruppierungen zu.»

Einige Wochen später treffen wir Zahi Khlifi, den Sprecher des kleinen Vereins, der Gerechtigkeit für die Opfer der Schiffskatastrophe vom 8. Oktober fordert. Er hat einen Prozess gegen den Kapitän der Fregatte, die vermutlich den Zusammenstoss mit dem Boot der Harraga verursacht hat, sowie gegen dessen Vorgesetzte angestrengt. Der Ausgang ist noch offen. Und Khlifi und seine Mitstreiter haben weder Vertrauen in das lokale Gericht noch in den tunesischen Staat. «Kein Vertreter der Provinzbehörden hat sich je bei uns gemeldet», sagt Khlifi verbittert. Die Familien der elf jungen Männer hätten bis zu diesem Tag vergeblich auf eine finanzielle Abgeltung oder zumindest auf eine Schuldanerkennung gewartet. Einzig die zwei ärmsten Familien, sagt Khlifi, hätten eine kleine Rente zugesprochen bekommen.

Auch Moktar Hamdi, der «délégué» (Präfekt), der als Vertreter des Innenministeriums in Bir El Hafey tätig ist, kann zu keiner Aufhellung des Bildes beitragen. Zwar wägt er seine Worte ab, doch die Botschaft unterscheidet sich letztlich kaum von den Aussagen der anderen Kleinstadtbewohner. «Die Situation ist beunruhigend», sagt der Funktionär, der Mitte 50 ist, in Anzug und Krawatte. «Viele Projekte stagnieren, die Zahl der Arbeitslosen steigt unaufhaltsam an, und auch die Kriminalität in der Gegend nimmt zu», sagt Hamdi, der genau genommen nur bis zum Sommer 2018 Präfekt war, aber sehr viel mehr weiss als sein Nachfolger, der sich erst noch einarbeiten muss.

Was müsste denn geschehen, damit die Menschen in der Region wieder Hoffnung fassen, damit die Jungen nicht unablässig von der Emigration nach Europa träumen würden? Hamdi seufzt. Der Staat müsste in die Landwirtschaft investieren und vielen Familien ermöglichen, mehr und besser zu produzieren. Zudem müssten endlich Fabriken gebaut werden, um den «Massen junger Arbeitsloser» eine Chance auf einen Verdienst und ein anständiges Leben zu geben. Doch diese Investitionen, sagt Hamdi, müssten private Unternehmer tätigen, vielleicht sogar solche aus dem Ausland. Denn es ist ein offenes Geheimnis, dass der tunesische Staat hoch verschuldet ist.

Es sei falsch, dem Staat vorzuwerfen, er unternehme nichts, sagt Hamdi am Schluss unseres Gesprächs. In den vergangenen Jahren sei durchaus Geld in neue Strassen, in eine neue Kanalisation und in andere Infrastrukturprojekte geflossen. Doch damit sei in Bir El Hafey noch kein einziger Arbeitsplatz geschaffen worden.

Wir fahren nach Sidi Bouzid, rund 25 Kilometer von Bir El Hafey entfernt. Die Kleinstadt ist der Geburtsort der tunesischen Revolution. Hier übergoss sich der junge Strassenhändler Mohammed Bouazizi am 17. Dezember 2010 vor dem Sitz des Gouverneurs mit Benzin und setzte sich in Brand. Damit löste er in der gesamten arabischen Welt eine Welle von Aufständen und Bürgerkriegen aus. Heute können die meisten Einwohner der Stadt das Wort Revolution nicht mehr hören. Es dürfte auch kein Zufall sein, dass die Familie von Bouazizi mittlerweile in Kanada lebt.

Sidi Bouzid ist zwar etwas gepflegter als die kleine Nachbarstadt Bir El Hafey, und für die Jungen gibt es mehr Möglichkeiten, sich zu vergnügen; zumindest für diejenigen, die Geld haben. Am Samstagabend wird die Hauptstrasse gegenüber dem schicken Lokal La Fabrica mit Diskomusik beschallt. Doch schon gegen 9 Uhr am Abend schliessen die meisten Lokale. Wer sich dann noch amüsieren will, muss in eines der wenigen verrufenen Lokale gehen, wo noch Alkohol ausgeschenkt wird, seitdem Salafisten Betreiber von Bars mit dem Tod bedroht haben.

Mohammed Aziz Khlifi (20) hat als Einziger in Bir El Hafey das Kentern des Boots überlebt, mit dem er nach Europa emigrieren wollte. Dennoch ist er fest entschlossen, «es» wieder zu versuchen. Seinen Alltag beschreibt Aziz als äusserst monoton: Freunde treffen, Karten spielen, Videos schauen. Seine Zukunft kann er sich nur in Europa vorstellen.

Auch in Sidi Bouzid ist die schlechte Stimmung mit Händen zu greifen, und unter der Oberfläche brodelt es. Faouzi Chrab – Chrab bedeutet Wein – sei mittlerweile der mächtigste Mann am Ort, und die Politiker tanzten nach seiner Pfeife, sagt ein Einheimischer resigniert. Ein mafiöser Typ, raunt er mir zu. Und gleichzeitig hätten die Salafisten immer mehr Zulauf. Für Hoffnung ist da nicht mehr viel Platz.

Mohammed Aziz Khlifi (20): Ein Überlebender will wieder ausreisen

Mohammed Aziz Khlifi hat als Einziger die Katastrophe überlebt. Wir treffen den jungen Mann an einem sonnigen Tag Anfang Dezember 2017. Er solle nicht mit Journalisten sprechen, hat ihm der Chef der Ortspolizei ein paar Tage zuvor eingeschärft. Aziz – so nennen ihn Familie und Freunde – tut es dennoch. Denn er hat eine grosse Wut auf die Behörden, auf die Polizei und vor allem auf die tunesische Marine. Khlifi will gesehen haben, wie die Fregatte *Sadra Bal N° 509* das überfüllte Boot der Harraga absichtlich und ohne Vorwarnung rammte. «Der Offizier der Fregatte hat den Kapitän unseres überladenen Boots weder aufgefordert, den Motor abzustellen, noch gebeten, seitlich am Schiff der Küstenwache anzulegen», sagt der junge Mann erregt, als wäre der Vorfall erst kürzlich passiert.

Aziz erinnert sich genau, wie der Rumpf des alten Fischerboots ächzte, wie die Seitenwand barst und wie ein Wasserschwall eindrang. Er erinnert sich an die Schreie der Mitreisenden, die ins Meer geschleudert wurden und innerhalb von kürzester Zeit ertranken. Keiner trug eine Schwimmweste, kaum einer konnte schwimmen.

Aziz berichtet, wie er sich an einem weggesplitterten Teil der Aussenwand festklammerte und um sein Leben kämpfte. Genauso taten es rund zwei Dutzend anderer Harraga.

Nach seiner Erinnerung entfernte sich das Schiff der Küstenwache nach dem Unglück, ohne Hilfe zu leisten und ohne nach Überlebenden zu suchen. Erst mehrere Stunden später, so erzählt Aziz, kehrte die Fregatte an den Ort zurück und den Schiffsbrüchigen wurden Rettungsringe zugeworfen.

Weshalb? Wollte der Kapitän, dass keiner der Harraga überlebte, um zu verhindern, dass ihm der Prozess gemacht werden könnte? Hatte er Anweisungen von seinen Vorgesetzten? Handelte es sich um eine technische Panne oder schlicht um fehlende Erfahrung, mit einem überladenen Flüchtlingsboot auf offener See umzugehen?

Aziz Khlifi ist im Jahr 2000 geboren. Ernstes Gesicht, Gelfrisur, eng anliegende Jogginghose, ein Kapuzenpullover mit der italienischen Flagge. Aziz weiss, wie sich Jugendliche in Europa kleiden. Und er ist sich sicher, dass er es wieder versuchen wird. «Ich bleibe unter keinen Umständen in Tunesien», sagt der junge Mann mit Nachdruck und mit einem irritierenden Lächeln. Argumente gegen eine neue Ausreise prallen an ihm ab, als hätte er sich eine Haut aus Teflon zugelegt: «Du solltest zuerst eine Ausbildung machen. Du wirst in Europa nicht das Paradies finden. In Italien haben sie nicht auf dich gewartet. Viele landen auf der Strasse, im Elend ... und vor allem: Es ist verdammt gefährlich, erinnerst du dich nicht?»

Die Einwände des Journalisten nimmt Aziz ungerührt zur Kenntnis. Auch seine Eltern haben es längst aufgegeben, ihren Sohn von einer weiteren Reise abzuhalten. «Es hat keinen Sinn, er hat einen Dickschädel», sagt Mutter Jamila, 43 Jahre alt und Hausfrau. Sie trägt einen langen Rock aus einem synthetischen, glänzenden Stoff und ein farbiges Kopftuch. Mutter Jamila steckt ihrem Sohn immer wieder mal 10 oder 20 Dinar zu, wenn er sie eindringlich darum bittet. Damit er sich Zigaretten kaufen oder ins Café gehen kann. Obwohl ihr Mann, der mit seinem Traktor Zisternenwagen mit Wasser zu den Bauernhöfen in der Umgebung fährt und gelegentlich auf einem grossen Gutsbetrieb arbeitet, strikt dagegen ist. Er will, dass sein Sohn arbeiten geht. Doch Aziz will nicht. Das seien «Drecksarbeiten», die wolle er nicht machen. So sehen es auch Hunderte anderer junger Männer in der Region. Sie haben die Grundschule verlassen, keine Berufsausbildung absolviert, keine Arbeit, keine Perspektiven – ausser schlecht bezahlten Jobs auf den Feldern und auf Baustellen. Und fast alle träumen von einem besseren Leben in Europa.

Im September 2018, als wir Aziz zum letzten Mal treffen, gäbe es eigentlich viel Arbeit. Es ist die Zeit der Oliven- und Pistazienernte, im August waren die Tomaten reif. Die Bauern der Gegend suchen im Spätsommer und Herbst händeringend nach Arbeitskräften. Derweil sitzen die jungen Männer gelangweilt in den Cafés herum und schlagen sich die Zeit um die Ohren. Er habe dieses Jahr für die Tomatenernte ausschliesslich junge Frauen gefunden, sagt ein Landwirt aus der Gegend. Und flucht über das «faule Pack» in den Cafés.

Aziz ist weiterhin fest entschlossen, nach Europa zu emigrieren. Dreimal hat er bei der konsularischen Abteilung der italienischen Botschaft in Tunis ein Gesuch für ein Visum gestellt; Mitte September 2018 erhielt er zum dritten Mal eine negative Antwort. Aziz will nach Italien, weil sein älterer Bruder dort lebt. Dieser ist im Frühjahr 2011 mit Tausenden anderer Harraga nach Italien geflüchtet und hat jahrelang unter prekären Verhältnissen gelebt. Doch vor Kurzem ist es ihm gelungen, Aufenthaltspapiere zu bekommen. «Ende August hat er mir zum ersten Mal Geld geschickt», sagt Mutter Jamila. Die Familie hat es bitter nötig; die 14-jährige Schwester und der 12-jährige Bruder von Aziz gehen noch zur Schule.

Was meint Mutter Jamila zu den neuen Reiseplänen ihres Sohnes? «Ach Gott, was soll ich sagen», antwortet sie. «Ich habe eine riesige Angst, dass er auf dem Meer umkommt.» Und sie berichtet von den Tagen im Oktober 2017, als sie und ihr Mann vom Kentern eines Boots in der Nähe der Insel Kerkenna hörten und als dann im Fernsehen gemeldet wurde, es seien Dutzende junger Harraga umgekommen. «Wir haben keinen Einfluss auf seine Entscheidung», sagt Mutter Jamila. «Möge Gott ihm auf seinem Weg helfen.» Gleichzeitig räumt Mutter Jamila ein, dass es sie freuen würde, wenn sich ihr Sohn seinen Traum erfüllen und wenn er ab und zu etwas Geld nach Hause schicken könnte. Und sie lässt auch durchblicken, dass sie Angst habe, Aziz könne auf die schiefe Bahn geraten, wenn er weiterhin untätig in Bir El Hafey herumhängen würde. Kleinkriminalität, Drogen, Schmugglergeschäfte. Sind nicht auch im tunesischen Hinterland in letzter Zeit immer mehr junge Männer in die Fänge salafistischer Gruppen geraten?

Aziz ist in diesem Herbst 2018 fest entschlossen, es erneut zu versuchen. Er ist von der Idee besessen, in Italien zu leben. Sein Alltag, so berichtet er, sei äusserst monoton. Er schläft bis 11 Uhr, geht dann zusammen mit einem Freund, der ebenfalls arbeitslos ist, in ein Café, kommt am frühen Nachmittag zurück, bleibt nach dem Essen stundenlang im Zimmer und geht am frühen Abend wieder ins Ortszentrum. Seit Kurzem spielt Aziz Karten, Rommé oder Scoppa, Spiele, die in Tunesien sehr beliebt sind. Sein eigentliches Leben spielt sich nachts ab. Dann surft er stundenlang

Radhwan Horchani (24) ist Inhaber eines kleinen Coiffeursalons in Bir El Hafey. Seine Ausreise nach Italien fand ein abruptes Ende; innerhalb von zwei Wochen wurde er wieder rückgeführt. Die «verschneiten Landschaften, den Reichtum Deutschlands und die schönen jungen Frauen in Spanien» hat er nie selber erleben können.

auf seinem Tablet, schaut sich auf Youtube und anderen Webseiten Filme an und postet auf seinem Facebookprofil Beiträge. Er interessiert sich vor allem für Geschichten und Filme von und über Harraga. Ihre Überfahrt, ihre ersten Eindrücke auf Lampedusa und Sizilien und ihre Erfahrungen in den italienischen Flüchtlingszentren. Und ganz besonders interessiert er sich für ihre Tipps, wie die Reise übers Meer trotz der schärferen Kontrollen durch die tunesische Küstenwache gelingen und wie man Polizeikontrollen in Italien verhindern kann. Und er hört Musik. Vor allem arabischen Hip-Hop und Rap.

Aziz zeigt uns einen auf Facebook gesposteten Film von tunesischen Harraga. Ihre Euphorie ist unverkennbar. Aziz lebt sichtlich auf. Bei diesen jungen Männern aus Kasserine, nur eine halbe Stunde Autofahrt von Bir El Hafey entfernt, hat es geklappt. Weshalb sollte es ihm beim zweiten Mal nicht gelingen?

Aziz bittet mich und meinen Begleiter um etwas Geld. Er will nicht erneut bei seiner Mutter betteln, möchte wieder einmal für zwei, drei Tage nach Sfax, der grössten Stadt im Süden Tunesiens, fahren. Dort ist wesentlich mehr los als in Bir El Hafey, das er als «trostloses Kaff» und als «Friedhof» beschimpft. Was er dort sucht, lässt der junge Mann offen. Vielleicht ein paar Bier trinken, in einem Einkaufszentrum spazieren gehen, etwas vom schönen, vom richtigen Leben erahnen.

Radhwan Horchani (24): Gleich wieder ausgewiesen

Direkt an der Hauptstrasse, die Bir El Hafey mit Sidi Bouzid verbindet, liegt ein kleiner Friseursalon für Herren. Ein rot bezogener Stuhl für die Kunden, eine Art Fauteuil, ein kleiner Salontisch. Die Wände sind mit Bildern von Models und von einer Fussballequipe sowie mit Seiten aus Modeheften und Magazinen tapeziert. Auf kleinen Gestellen stehen Shampooflaschen und Tuben mit Haargel.

Radhwan Horchani ist der Inhaber des kleinen Salons. Er ist 24 Jahre alt, kräftig gebaut und wirkt gut trainiert. In seiner Freizeit spielt er gerne Fussball. Radhwan schliesst die Tür seines Salons und empfängt uns mit einem breiten Lächeln zu einem Gespräch.

«Alle Jugendlichen und jungen Männer in Bir El Hafey träumen von den Lichtern von Paris oder Rom», sagt Horchani, «von verschneiten Landschaften, vom Reichtum Deutschlands oder von der Schönheit der jungen Frauen in Spanien.» Das seien enorm starke Triebkräfte für junge Menschen im tunesischen Hinterland, den Weg der Emigration zu beschreiten.

Auch Radhwan Horchani konnte dem Sog Europas nicht widerstehen. «Ich war überzeugt, dass sich mein Leben gleich nach meiner Ankunft in Europa vollkommen ändern würde», sagt der junge Mann. Mehr Wohlstand, mehr Freiheit, hübsche junge Frauen ... Horchani lächelt, als sei er nie ganz von diesen Vorstellungen überzeugt gewesen.

Im Spätsommer 2017 macht er sich daran, die für die irreguläre Ausreise nötigen 3000 Dinar, etwa 1000 Euro, aufzutreiben. Im Gegensatz zu vielen anderen Harraga, die ihre Eltern um das für die Reise benötigte Geld bitten oder diese gar unter Druck setzen, Schmuck oder Land zu verkaufen, arbeitet Horchani im Lauf des Sommers hart, um die Summe zusammenzukriegen. Ende September ist es soweit.

Über einen Freund gelingt es ihm, in der Nachbarstadt Sidi Bouzid den Mittelsmann eines Schleusers zu kontaktieren. Dieser erklärt ihm, wie er vorzugehen habe. Nach einer ersten Anzahlung fährt Horchani mit wenig Gepäck, um nicht aufzufallen, nach Sfax und von dort mit der Fähre auf die Insel Kerkenna. In einem kleinen Hotel wartet er auf weitere Anweisungen. Diese erhält er noch am selben Abend auf seinem Handy. Der Kapitän des Fischkutters, der ihn nach Italien fahren soll, ruft ihn an und vereinbart mit ihm ein Treffen in einem Café im Dorf El Attaia. Die beiden treffen sich am nächsten Morgen auf einen Kaffee. Horchani wird zu einem leer stehenden Ferienhaus begleitet, wo sich bereits andere Ausreisewillige befinden.

Die Witterungsbedingungen sind gut, und noch in der ersten Nacht erhalten die rund 40 jungen Männer die Aufforderung mitzukommen. Gegen 23 Uhr werden sie mit zwei Pick-up-Fahrzeugen zu einem abgelegenen Strand gebracht. Der Fischkutter, der die Gruppe nach Italien bringen soll, liegt rund 50 Meter vom Strand entfernt. Mit kleinen Booten werden die Ausreisewilligen hingefahren. Wenig später legt das Boot ab. Unbehelligt verlassen sie die Uferzone; ein paar andere Fischerboote grüssen die Ausreisenden sogar.

Die jungen Männer – alle stammen aus Tunesien – legen sich auf Geheiss des Kapitäns Schulter an Schulter auf Deck, einige auch in den Rumpf des Fischkutters; dort, wo üblicherweise die gefangenen Fische gelagert werden. Alle bekommen eine Flasche mit Trinkwasser. Kein Einziger hat eine Schwimmweste. «Das Meer war vollkommen ruhig und die Stimmung an Bord gut», erinnert sich Horchani; einige hätten sogar gesungen. Die meisten hören mit ihren Handys Musik.

Nach rund 15 Stunden beginnt der Motor zu stottern und stirbt wenig später ab. Der Kapitän versucht nicht einmal, ihn zu reparieren, sondern setzt mit seinem Satellitentelefon sogleich einen Notruf ab. Kaum eine Stunde später erreicht die italienische Küstenwache das Schiff mit den Emigranten. Sie werden alle sogleich auf das Boot der italienischen Küstenwache gebracht. Bevor sie in Richtung Italien ablegen, setzen die Küstenwächter den Fischkutter in Brand; eine Ladung Sprengstoff führt dazu, dass der Kahn auseinanderbricht und sofort sinkt.

Rund zwei Stunden später erreichen die Harraga die Küste Siziliens. Man bringt die jungen Männer in ein Aufnahmezentrum für Flüchtlinge und Migranten. Dort werden sie medizinisch betreut, und man registriert ihre Personalien. Kaum einer kann sich ausweisen. Die ganze Prozedur, so berichtet Horchani, habe sich in einer ruhigen Atmosphäre abgespielt, und die Beamten hätten sich korrekt verhalten.

Horchani muss rund eine Woche in einem dieser geschlossenen Zentren ausharren. Er war in dieser Zeit nie draussen und kann sich nicht erinnern, wie der Ort hiess. Anschliessend werden er und die meisten seiner Mitreisenden per Bus in ein anderes Aufnahmezentrum in der Region von Bari gebracht.

Dort erfährt Radhwan Horchani, dass er nicht in Italien bleiben könne und schon bald nach Tunesien zurückgebracht werde. Horchanis Brüder, die beide legal in Südtirol leben und dort einer Arbeit nachgehen, versuchen mithilfe eines Anwalts, die Rückführung zu verhindern. Doch der Einspruch gegen den Ausweisungsbescheid wird abgelehnt. «Ich war total deprimiert», sagt Horchani, «doch ich hatte keine Ahnung, ob es weitere rechtliche Möglichkeiten gegeben hätte, die Abschiebung zu verhindern.» Da er selbst über keine finanziellen Mittel verfügt und seine Brüder in bescheidenen Verhältnissen leben, wehrt sich der junge Friseur aus Bir El

Auch Touhami Zarâi (42) suchte ein besseres Leben in Europa. Doch er fand vor allem Ausbeutung, Rassismus und Einsamkeit. «Auch wenn ich in Tunesien vor Hunger sterbe, ich werde nie mehr nach Europa reisen», sagt Zarâi, «Italien war für mich die Hölle.» Heute rät er allen jungen Tunesiern dringend davon ab, in Europa ihr Glück zu suchen.

Hafey nicht gegen seine Rückführung. Im Dezember 2017 erreicht ein Charterflugzeug mit rund drei Dutzend abgeschobener Migranten den Flughafen von Enfidha in der Nähe von Hammamet. «Mit bitteren Gefühlen habe ich von dort aus mit einem Sammeltaxi den Heimweg angetreten», sagt Horchani. «Auf solche Weise und mit leeren Händen zu seiner Familie zurückzukehren, ist eine grosse Schande.» Doch seine Familie nimmt den Rückkehrer herzlich auf. Alle sind froh, dass er die gefährliche Reise nach Italien überlebt hat.

Ein paar Tage nach seiner Rückkehr macht Radhwan Horchani seinen Friseursalon wieder auf. Seine Kunden sind erfreut, manche necken ihn ein wenig, doch Ablehnung hat Horchani nie gespürt. In den kommenden Monaten will Horchani seinen Salon renovieren. Er hofft auch, etwas Geld auf die Seite legen zu können, um im Hochsommer, wenn das Thermometer in Bir El Hafey wochenlang über 40 Grad ansteigt, ein paar Tage am Meer verbringen zu können.

Seine Ausreisepläne hat er im Augenblick begraben. Allerdings lässt es der junge Mann offen, ob er später erneut sein Glück versuchen wird. Horchani lebt wieder in einfachen Verhältnissen bei seiner Familie in Bir El Hafey. In seiner Freizeit hört er am liebsten westliche Musik und spielt Fussball. Sein Traum von einem Leben in Europa hat sich zerschlagen. Doch seine Enttäuschung lässt der junge Mann gegenüber dem Besucher aus der Schweiz kaum durchblicken.

Touhami Zarâi (42): Nie wieder nach Europa

Touhami Zarâi ist 42 Jahre alt, verheiratet und Vater zweier Kinder. Er ist von kräftiger Statur und trägt einen Trainingsanzug; sein Bart ist grau meliert. Zarâi ist wortkarg; er spricht nur, wenn man in ausdrücklich fragt; in seinen Aussagen schwingt oft eine tiefe Trauer mit.

Von seinem Alter her ist er ein untypischer klandestiner Emigrant. Sein zerfurchtes Gesicht und seine schwieligen Hände vermitteln einen Eindruck von der Härte, der er in seinem bisherigen Leben ausgesetzt war.

Aufgewachsen in einer armen Familie mit elf Kindern – acht Brüdern und zwei Schwestern –, lernt Zarâi schon früh Armut und Entbehrungen kennen. Sein Vater arbeitet als Taglöhner auf einem landwirtschaftlichen

Betrieb in der Nähe von Bir El Hafey, seine Mutter kümmert sich um den Haushalt. Zarâi verlässt die Schule mit 14, um seine Familie zu unterstützen und arbeitet als Gehilfe bei einem Kohlenhändler. Jahrelang schuftet er als Erntearbeiter und auf Baustellen; sein Verdienst reicht gerade mal, um zu überleben. Mit 34 heiratet er eine Cousine, die ebenfalls aus der Region stammt. Doch das junge Paar kommt kaum über die Runden. Nach den Aufständen im Winter 2010/11 wird die Lage noch schwieriger. Zarâi denkt an Emigration.

«Ich träumte davon, ein Auto zu kaufen und immer genügend Geld für die täglichen Ausgaben in der Tasche zu haben», sagt Zarâi. Viele der Nachbarn aus seinem Viertel seien nach Europa ausgewandert und lebten nun deutlich besser. Die meisten hätten sich ein Haus bauen können. In den Sommerferien oder im Fastenmonat Ramadan kehren viele Emigranten in die Region von Bir El Hafey zurück. Diejenigen, die zurückgeblieben seien, blickten dann mit Neid auf diese Auswanderer, die es in ihren Augen geschafft haben.

Der Traum von einem besseren Leben konkretisiert sich für Touhami Zarâi erst im Frühjahr 2016. Ein Freund fragt ihn, ob er nicht auch nach Europa ausreisen wolle. Es sei einfach, er brauche nur einen festen Willen und ein paar Tausend Dinar. Zarâi fasst den Entschluss und bittet seinen alten Vater um finanzielle Unterstützung. Dieser stellt ihm 6000 Dinar zur Verfügung und wünscht ihm viel Glück. Die ganze Familie hofft, dass die Reise nach Europa gelingen möge und dass sich ihre materielle Situation dadurch schon bald verbessere.

In einem Café in Sidi Bouzid trifft Zarâi einen Mittelsmann, über den der Kontakt zu einem Schlepper zustande kommt. Im August 2016 begibt sich Zarâi nach Sfax. Dort wird er von einem Gehilfen des Schleppers in Empfang genommen und zu einem Sommerhaus am Meer etwas ausserhalb der Stadt gebracht. Eng zusammengepfercht warten dort mehrere Ausreisewillige fast eine Woche lang auf ein Zeichen, um sich zu einem Schiff zu begeben. «Der Mittelsmann schärfte uns ein, das Haus allenfalls nachts und nur kurz zu verlassen und keinen Lärm zu machen», sagt Zarâi. «Wir haben den ganzen Tag gedöst, Karten gespielt und manchmal auch Alkohol getrunken.»

Dann kommt das Signal zum Aufbruch. Es ist gegen 22 Uhr, als sie vom Kapitän des Fischkutters an den Strand geführt werden. Mit zwei kleinen Booten bringt man die Ausreisewilligen zu dem Fischkutter. Fast hundert Personen, darunter auch Migranten aus anderen Maghrebstaaten und aus afrikanischen Ländern, werden auf und unter das Deck gepfercht. Zarâi bekommt Angst, als er bemerkt, wie viele Reisende auf dem Boot sind. Doch nun gibt es kein Zurück mehr.

Gegen Mitternacht fährt der schwer beladene Kutter unbehelligt von der Küstenwache los. Wenige Stunden später befindet er sich bereits in internationalen Gewässern und nimmt Kurs in Richtung Norden. Kurz vor Sonnenaufgang beginnt der Motor zu stottern und setzt schliesslich aus. Der Kapitän sei nicht in der Lage gewesen, den Motor zu reparieren, berichtet Zarâi. Er habe wohl auch keine Ahnung von Navigation gehabt. In den folgenden 72 Stunden treibt der alte Fischkutter führungslos auf hoher See. Der Kapitän verfügt über kein Satellitentelefon und kann somit auch keine Hilfe anfordern. Die Lebensmittel- und Wasservorräte sind schon am Abend des ersten Tages aufgebraucht. Einige haben noch kleine persönliche Vorräte, die aber auch bald aufgezehrt sind. Nun beginnen die Reisenden Meerwasser und einzelne gar ihren eigenen Urin zu trinken. Die Verzweiflung an Bord steigt, der Geruch von Fäkalien und Erbrochenem wird von Stunde zu Stunde schlimmer. Viele verlieren die Nerven. Einzelne Harraga wollen den völlig überforderten Kapitän gar umbringen.

«Am vierten Tag hat uns endlich ein italienisches Fischerboot entdeckt», fährt Zarâi fort. Die Fischer alarmieren die italienische Küstenwache und versorgen die Migranten mit etwas Wasser. Doch es dauert nochmals fast 24 Stunden, bis diese das überfüllte Boot erreicht. Die verzweifelten Passagiere werden auf zwei Boote der Küstenwache verteilt. Dort erhalten sie endlich Wasser und Nahrung und werden mit dem Nötigsten versorgt. Alle Migranten bringt man nach Lampedusa.

Dort wird Zarâi zum ersten Mal auf brutale Weise mit der Realität des Flüchtlingswesens in Italien konfrontiert. In dem Aufnahmezentrum auf Lampedusa müssen die tunesischen Migranten im Freien und ohne Decken auf dem nackten Boden übernachten. Dann werden sie per Flugzeug nach Sizilien ausgeflogen. «Wir alle wurden 25 Tage lang in einem geschlossenen Lager unter strikter Aufsicht eingesperrt», berichtet Zarâi.

Er weiss nicht, wo sich dieses Lager befand. Anschliessend werden er und ein Teil der anderen Migranten in ein Aufnahmezentrum nach Trapani verlegt. Zum ersten Mal kann Zarâi mit seiner Familie telefonieren, sich tagsüber frei bewegen und in einem Supermarkt ein paar Besorgungen machen. In Trapani erfährt Zarâi auch, dass rund die Hälfte der Migranten, die mit ihm ausgereist waren, nach Tunesien zurückgebracht worden ist. Er selbst und alle anderen erhalten eine provisorische Aufenthaltsgenehmigung, einen sogenannten Laissez-passer. Warum er nicht zu den Abgeschobenen gehörte, weiss er nicht. Doch Zarâi ist in Sizilien verloren. Er spricht kein Wort Italienisch, hat kein Geld und weiss nicht, wie man sich in Italien durchschlagen kann. «Ich war total verloren», sagt Zarâi. «Ich irrte durch die Strassen von Trapani und wusste weder ein noch aus.» Ein anderer Tunesier gibt ihm den Rat, nach Palermo zu fahren, zahlt ihm das Busticket und rät ihm, auf einem Weingut in der Umgebung Arbeit zu suchen. Dort findet Zarâi tatsächlich einen Arbeitgeber, der ihn vierzehn Tage lang für die Weinlese engagiert. Mit dem Verdienst reist Zarâi sogleich nach Neapel weiter. Dort lebt ein ehemaliger Nachbar. Doch dieser weigert sich, Zarâi aufzunehmen aus Angst, er könne ihm längere Zeit zur Last fallen. Auf der Suche nach Arbeit und einer Unterkunft zieht er durch die Vororte von Neapel und findet für ein paar Tage bei einem anderen Tunesier Unterschlupf. Doch dann, so berichtet Zarâi weiter, habe seine Leidenszeit in Italien erst richtig begonnen. Er übernachtet in öffentlichen Parks, in Bahnhöfen, in alten Industriehallen, hat kaum mehr Geld für Lebensmittel. Mehrfach erlebt er, dass sich junge Italiener mit Motorrädern ein Vergnügen daraus machen, Migranten zu «jagen» und ihnen Angst zu machen. Über einen anderen Maghrebiner erhält er schliesslich den Hinweis auf eine Gartenbaufirma in der Nähe von Neapel, die Schwarzarbeiter anstellt. Doch der Unternehmer, so berichtet Zarâi, zahlte nur einen schäbigen Lohn und erlaubte seinem neuen tunesischen Arbeiter weder zu duschen noch seine schmutzigen Arbeitskleider zu waschen. Araber brauchten das nicht. «Er hat mir sogar gedroht, er würde mich töten, wenn ich seine Vorschriften nicht einhalte», sagt Zarâi.

Der einfache Mann aus dem tunesischen Hinterland versteht die Welt nicht mehr; Europa hat er sich anders vorgestellt. Zarâi verfällt in Depressionen. Aus Verzweiflung und aus Geldmangel – seine Familie erwartet regelmässige Überweisungen – lässt er sich auf den Verkauf von Cannabis und anderen Drogen ein, konsumiert häufig Alkohol und sucht Prostituierte auf. Zarâi ekelt sich immer mehr vor sich selbst. Ein Gespräch mit einem Landsmann, der ihm den Spiegel vorhält, führt zu einem abrupten Bruch mit seinem Leben. Er entscheidet sich, nach Tunesien zurückzukehren.

Das tunesische Konsulat in Neapel hilft ihm bei der Beschaffung von Ersatzpapieren. Auf dem Seeweg kehrt Zarâi im Oktober 2017 nach Tunesien zurück. Im Hafen von La Goulette wird er drei Tage lang inhaftiert. Dann reist er mit leeren Händen nach Bir El Hafey zurück; eine grosse Schmach für jeden Emigranten. Dennoch ist Zarâi froh, wieder bei seiner Familie zu sein.

Die schlimmen Erfahrungen im Europa haben ihn für sein Leben geprägt. «Auch wenn ich hier vor Hunger sterbe, ich werde nie mehr nach Europa reisen», sagt Zarâi grimmig. «Europa war für mich die Hölle.» Er rate allen jungen Tunesiern dringend davon ab, dort ihr Glück zu suchen. Gleichzeitig beurteilt er die Lage in Tunesien als sehr pessimistisch: die hohe Korruption, die Verteuerung der Lebenshaltungskosten, die Macht der Schmugglerbarone. An eine baldige Verbesserung der Situation im Land glaubt er nicht, und von Politik will er nichts wissen. Nun schlägt sich Zarâi wieder mit Gelegenheitsarbeiten durch, verbringt Stunden mit Freunden im Café und spielt Karten. Sein Versuch, ein besseres Leben zu finden, ist gescheitert.

Fathi Bouzidi (35): Anschaffen, um den Schlepper zu bezahlen

Fathi Bouzidi (Pseudonym) ist 35 Jahre alt und lebt in einem Armenviertel von Bir El Hafey. Sie ist von ihrem Mann geschieden und hat zwei Söhne. Der eine geht in die Primarschule, der andere ist noch im Vorschulalter. Ihr Mann, der aufgrund von schweren Delikten zu mehreren Jahren Haft verurteilt worden ist, zahlt keinen Unterhalt; ihr Vater ist gestorben und ihre fast 80-jährige Mutter leidet an einer chronischen Krankheit. Fathi Bouzidi arbeitet gelegentlich als Haushaltshilfe und hat grösste Mühe, sich und ihre beiden Kinder zu ernähren. Von ihrer Familie kann sie keine finanzielle Unterstützung erwarten. Ihr Status als geschiedene Frau macht sie in ihrem Stadtviertel zudem zur Aussenseiterin.

Bouzidi ist äusserlich eine eher unscheinbare Frau. Sie ist von mittlerer Körpergrösse, hat lange, braune Haare und hellbraune Augen. Sie trägt meist lange Röcke aus dunklem Stoff und einen Hijab, ein Kopftuch, das nur die Haare bedeckt.

Aus dem Viertel von Bir El Hafey, in dem Fathi Bouzidi lebt, sind Dutzende junger Männer irregulär nach Europa migriert. «Ein etwa 15-jähriger Nachbarjunge ist im letzten Sommer mit einer Gruppe von Freunden nach Italien gereist», sagt Fathi Bouzidi. Seine Mutter habe ihr erzählt, dass es ihm dort gut gehe und dass er oft mit anderen jungen Männern aus Bir El Hafey zusammen sei.

Nach ihrer Scheidung im Jahr 2014 habe sie immer wieder darüber nachgedacht, ob die Emigration nach Europa nicht auch für sie eine Lösung wäre, so Fathi Bouzidi. Sie habe das Geld für die Medikamente ihrer Mutter nicht mehr aufbringen können und weder ein noch aus gewusst. Eine Freundin habe ihr empfohlen, sich in Sfax oder in einer der Städte an der Küste zu prostituieren. Das sei ganz einfach, und es gebe Möglichkeiten, dies so diskret zu tun, dass niemand in Bir El Hafey davon erfahre.

Fathi Bouzidi lässt sich darauf ein. Es gelingt ihr relativ schnell, als Gelegenheitsprostituierte Geld zu verdienen. Doch sie tut sich mit dem «horizontalen Gewerbe» und ihrem Doppelleben schwer. Ihre konservative Erziehung und ihre Angst, dass in Bir El Hafey jemand davon erfahren könne, bringen sie regelmässig in Gewissensnöte.

Fathi Bouzidi beschliesst, so rasch wie möglich mit der Prostitution aufzuhören. Doch zuvor will sie noch genügend Geld verdienen, um einen Schlepper für die Ausreise nach Europa bezahlen zu können. Sie sieht in der Emigration weiterhin die einzige Lösung für ihre prekäre Situation.

Im Winter 2014/15 trifft sie für ihre Ausreise konkrete Vorbereitungen. Sie verkauft ihren Schmuck und auch den ihrer Mutter. Doch dies reicht nicht, um die vom Schlepper geforderten 3500 Dinar zu bezahlen. So nimmt sie bei einer Nachbarin Geld auf und geht mehrmals pro Woche auf dem Strich.

Ende April 2015 hat sie das «Reisegeld» beisammen. Der Mittelsmann des Schleppers gibt ihr Anweisungen, wen sie in der südtunesischen Stadt

Sfax kontaktieren solle. Der lokale Mitarbeiter des Schleppers bringt sie zusammen mit ein paar anderen Ausreisewilligen in ein geräumiges Haus mitten in El Attaia, einem Dorf auf der Insel Kerkenna. «Insgesamt waren wir 70 bis 80 Personen, darunter zwei Frauen und fünf Afrikaner, die nur Englisch sprachen», berichtet Fathi Bouzidi. Die Gruppe muss drei Tage im Haus warten. Dann tauchen mit einem Mal zwei Männer auf, die die Wartenden auffordern, sofort mitzukommen. Zu Fuss erreichen sie einen Strand, vor dem ein grosses Schiff vor Anker liegt. Als Bouzidi dort ankommt, stellt sie fest, dass sich bereits ein paar Dutzend anderer Personen auf dem Schiff befinden.

Kaum auf dem Meer setzt starker Regen ein, und hohe Wellen machen die Schifffahrt zur Tortur. «Wir alle hatten wahnsinnig Angst», sagt Bouzidi. Nach einer mehrstündigen Fahrt erreichen die Reisenden am frühen Morgen die Küste Siziliens. Der Kapitän weist die Migranten an, sich sofort ins Landesinnere zu begeben und sich möglichst unauffällig zu verhalten. «Wir mussten das Boot auf einer Strickleiter verlassen und ins Wasser springen», erinnert sich Bouzidi. Vollkommen durchnässt erreichen die Harraga den flachen Sandstrand. Sofort treten der Kapitän und ein Gehilfe mit ihrem Boot die Rückfahrt nach Tunesien an.

Bouzidi und die anderen Migranten verlassen den einsamen Strand und klettern durch die Macchia die steile Böschung hinauf. Ihre Freiheit dauert nicht lange. Kaum eine knappe halbe Stunde später werden Bouzidi und die meisten anderen Harraga von einer Patrouille der italienischen Polizei verhaftet und in ein Aufnahmezentrum für Flüchtlinge und Migranten gebracht. Bouzidi hat keine Ahnung, wo sie sich befindet. Sie spricht kein Wort Italienisch und versteht auch die Anweisungen der Zentrumsmitarbeiter nicht.

Nicht einmal zwei Wochen nach ihrer Ankunft in Italien wird Bouzidi ausgewiesen. Über die Möglichkeiten eines Einspruchs gegen die Ausweisung ist sie nicht informiert worden; es sei allerdings auch möglich, dass sie auf Italienisch kommunizierte Informationen nicht verstanden habe, räumt Bouzidi ein.

«Die Rückkehr nach Bir El Hafey war für mich eine Katastrophe», sagt Fathi Bouzidi ein paar Monate später. «Ich habe insgesamt 4500 Dinar verloren und muss nun mit dem bitteren Gefühl leben, dass ich gescheitert bin.» Im heutigen Tunesien, einem Land, in dem Korruption, Ungerechtigkeit und Ausgrenzung an der Tagesordnung seien, sei ein «gutes Leben» nicht möglich, fügt sie an. Und ja, sie sehe weiterhin keine Alternative zur Ausreise nach Europa; sobald sie das Geld beisammen habe, werde sie es erneut versuchen.

Wir treffen Fathi Bouzidi einige Wochen später wieder, diesmal im Sozialamt des Regierungsbezirks von Sidi Bouzid. Dort stellt sie ein Gesuch um finanzielle Unterstützung. Weder ihre materielle Situation noch ihre Befindlichkeit haben sich geändert. Bouzidi wirkt niedergeschlagen, ja beinahe verzweifelt. «Nichts, gar nichts hat sich geändert. Schon gar nicht zum Guten», sagt sie. Verschiedene staatliche Stellen und private Organisationen hätten ihr nach der Rückkehr im Mai 2015 Hilfe und Unterstützung zugesagt. Doch das seien alles leere Versprechungen gewesen.

«Mein Leben ist ein Albtraum», sagt Bouzidi, «es ist, als wäre ich lebendig begraben.» Vor dem Leiden der mittellosen Frau fühlen sich auch die beiden Reporter hilflos, und die Begegnung wird abrupt beendet.

Nachtrag zum Schiffsunglück vom 2. Oktober 2017 (S. 72):
Am 7. März 2019 verurteilte das Militärgericht von Sfax den Kapitän der tunesischen Küstenwache zu sechs Monaten und den Schlepper zu zwei Jahren Haft. Den Familien der Opfer wurden je 8000 tunesische Dinar Entschädigung zugesprochen.

6
Kaum Perspektiven, viel Frust: Der Migrationsdruck in den anderen Maghrebstaaten

In den beiden vorangegangenen Kapiteln ist das Thema der irregulären Emigration in Tunesien, vor allem im Hinterland, ausführlich behandelt worden. Dabei wurde festgehalten, dass sämtliche Umfragen, Recherchen und wissenschaftlichen Studien auf einen weiterhin hohen bis sehr hohen Migrationsdruck in Tunesien hinweisen.

Dies wirft die Frage auf, wie es um den Migrationsdruck in den anderen vier Maghrebstaaten steht. Wollen auch dort sehr viele junge Menschen ihr Land in Richtung Europa verlassen?

Es würde den Rahmen dieses Buchs sprengen, diese Frage im Detail zu beantworten. Hinzu kommt, dass in Algerien, Libyen und Mauretanien Recherchen äusserst schwierig sind und dass im Fall der letzten beiden Länder kaum wissenschaftliche Studien zu dem Thema existieren. Anders sieht die Lage in Marokko aus. Dort haben sich verschiedene Forscher mit dieser Frage beschäftigt, und es ist im Prinzip auch möglich, vor Ort zu recherchieren. Im Folgenden gehen wir deshalb etwas ausführlicher auf die Situation in Marokko ein. Der Gastbeitrag eines marokkanischen Autors soll dazu eine Ergänzung aus einer spezifisch maghrebinischen Perspektive liefern.

Irreguläre Emigration und Migrationsdruck in Marokko

Mitte September 2018 machte im Norden Marokkos ein Gerücht die Runde, das die jungen Menschen elektrisierte. Ein Schnellboot lande nachts an ganz bestimmten Stränden, hole Ausreisewillige ab und bringe sie unentgeltlich auf die andere Seite der Meerenge von Gibraltar. Das Gerücht wurde innerhalb kürzester Zeit zehntausend Mal auf sozialen

Netzwerken geteilt und in den lokalen Medien verbreitet. «L'harga fabor», zu Deutsch: «Gratisausreise», lautete das Stichwort. Schon bald war klar, dass an der Sache etwas dran war. Auf Facebook und auf anderen Kanälen wurden Videos verbreitet, die triumphierende junge Männer auf Booten zeigten. Sie stimmten Lieder und Sprechchöre an, wie sie Fangruppen marokkanischer Fussballmannschaften singen. Und sie schrien Sätze in die Kameras ihrer Handys, die in den Ohren marokkanischer Behörden wie Landesverrat klingen mussten. «Lieber in Würde sterben, als erniedrigt leben», «Lieber von Haien gefressen werden, als in Marokko leben» oder schlicht «Viva España».

Marokkanische Medien berichteten anfänglich von einem «Phantomboot». Doch schon bald wurde klar, dass dieses mysteriöse Boot – oder die Boote – tatsächlich existierten. Nacht für Nacht versammelten sich in diesem September zahlreiche junge Menschen an verschiedenen Stränden in der Nähe von Tanger, aber auch bei El Hoceïma an der Küste des Rifgebirges. So warteten in der Nacht des 22. September 2018 mehrere Hundert Harraga am Strand von Martil in der Nähe von Tetuan. Laut Augenzeugen sangen sie in Sprechchören: «Wir erwarten das Schiff – es lebe Spanien.»

Nun begannen die Sicherheitskräfte die Sache ernst zu nehmen. An mehreren Orten sperrten sie die Strände ab, kontrollierten die Ausreisewilligen und zwangen sie, an ihre Wohnorte zurückzukehren.

Am Strand von Martil tauchte in der Nacht des 22. September tatsächlich ein dunkles Schnellboot auf. Als die Küstenwache die Verfolgung aufnahm, raste es in Richtung Spanien davon. Den Harraga blieb nichts anderes übrig als abzuziehen.

Doch die Nachricht vom Schlepper, der Migranten gratis nach Spanien transportiere, hielt den gesamten Norden Marokkos weiterhin in Atem. Mohammed Benaïssa, Präsident der Beobachtungsstelle für Menschenrechte im Norden Marokkos und einer der besten Kenner der irregulären Emigration in dieser Region, erfuhr aus erster Hand, ein Boot habe an einem Strand in der Nähe von Tetuan ein gutes Dutzend Migranten an Bord genommen und sei wenig später mit hoher Geschwindigkeit davongerast. Allerdings drangen schon bald Nachrichten an die Öffentlichkeit, dass dieser Transport doch nicht ganz unentgeltlich gewesen sei.

Vielmehr würden die Eltern der Harraga nach deren Ankunft in Spanien zur Kasse gebeten. Die Preise, die in den lokalen Medien genannt wurden, waren auch für marokkanische Verhältnisse sehr hoch. Dies schreckte allerdings die Ausreisewilligen in keiner Weise ab.

So kam es, dass sich in der Nacht des 25. September wieder Dutzende junger Menschen an einem Strand in der Nähe von Tetuan einfanden. Es war gegen 23 Uhr, als das mysteriöse Boot am Strand auftauchte. Innerhalb kürzester Zeit stiegen etwa 20 Passagiere ein, und das Schnellboot raste davon. Doch die marokkanische Marine hatte den Küstenabschnitt scharf kontrolliert und traf schon Minuten später auf das Boot, das die Migranten transportierte. Als dieses auf die Aufforderung, sofort abzudrehen und zu stoppen, nicht reagierte, gab die Fregatte mehrere Schüsse auf das Schnellboot ab. Erst jetzt kam das ominöse Speedboat zum Stehen. Die marokkanischen Küstenwächter stellten schon bald fest, dass sich unter einer grossen Plane 18 Migranten versteckten hatten und dass eine 22-jährige Frau, Hayat B., die in Tetuan Rechtswissenschaften studierte, tödlich getroffen worden war. Drei weitere Migranten waren verletzt worden, einer von ihnen schwer. Bald wurde auch klar, dass der Kapitän des Boots ein wegen Drogenhandels mehrfach vorbestrafter Spanier war und dass es sich bei seinen beiden Gehilfen um einen in Ceuta lebenden Spanier sowie um einen in Spanien lebenden Marokkaner handelte.

Die marokkanischen Behörden versuchten zunächst, den Tod der jungen Frau zu verheimlichen und setzten ein Nachrichtenportal unter Druck, die entsprechende Meldung zu dementieren. Doch die Nachricht war längst in aller Munde, und es war nicht mehr möglich, die Situation durch «Informationsmanagement» zu entschärfen.

Die Empörung über den Tod der Studentin war ungeheuer gross. Noch nie hatte die marokkanische Küstenwache auf ein Boot mit Migranten geschossen. «Wird nun auf Menschen geschossen, wenn ökonomische Mechanismen nicht mehr wirken?», fragte Mohammed Ennaji, ein angesehener Historiker und Soziologe. Und selbst Moulay Hicham, Cousin des Königs, Publizist und Dozent an verschiedenen Universitäten der US-amerikanischen Ostküste, zeigte sich über diese neue Vorgehensweise sehr irritiert. Die marokkanischen Behörden schwiegen zunächst tagelang und gaben erst dann zu Protokoll, dass die Migranten unter der dunklen Plane

Die im Norden Marokkos gelegene Kleinstadt Fnidek ist eine Hochburg der irregulären Emigration. Von hier aus sind auch zahlreiche junge Männer in den Jihad gezogen. Fnidek steht für unzählige Provinzstädte mit bescheidener Infrastruktur im ganzen Maghreb, die den jungen Menschen nichts zu bieten haben.

nicht sichtbar gewesen seien und dass das Boot mehrere Haltebefehle der Küstenwache missachtet habe.

Das ominöse Schlepperboot und der tragische Tod der jungen Frau vor der marokkanischen Küste im September 2018 werfen die Frage auf, wie es denn um den Migrationsdruck in diesem Land steht, das sich gerne als orientalisches Paradies vermarktet. Mehrere Forscher(teams) haben dazu Umfragen und längere Interviews mit jungen Marokkanern durchgeführt. Diese haben stets eine hohe bis sehr hohe Bereitschaft zur irregulären Emigration ergeben. Das Problem besteht allerdings darin, dass sich die Ergebnisse zum einen nur schwer auf das ganze Land hochrechnen lassen und dass zum anderen junge Menschen, die irregulär ausreisen wollen, dies Forschern einer staatlichen Universität nicht unbedingt mitteilen werden.

In Marokko existiert zudem, noch ausgeprägter als in Tunesien, ein ungeheuer tiefer Graben zwischen den boomenden Regionen von Casablanca, Rabat, Tanger und Marrakesch sowie dem Rest des Landes. Während Firmen in Casablanca teilweise gar Fachkräfte aus Spanien rekrutieren, ist die Situation im armen Hinterland, in gewissen Gebirgsregionen, im äussersten Osten Marokkos und im Rif sehr angespannt. Eine sehr hohe Arbeitslosigkeit, eine marode Infrastruktur und eine generelle Lähmung prägen das Bild. In all diesen Regionen – und zum Teil auch in den armen Vorstädten der Metropolen – ist der Emigrationswunsch sehr hoch. Er sei überzeugt davon, dass in seiner Region zwei Drittel oder mehr aller jungen Menschen zwischen 16 und 25 abhauen wollten, sagt ein marokkanischer Soziologe, der seinen Namen nicht publiziert sehen will. «All diese jungen Menschen bekommen wenig bis nichts von diesem System», sagt der Informant. Zwar wüssten die meisten, dass es schwierig geworden sei, als irregulärer Migrant in Europa Fuss zu fassen. Dies halte sie aber nicht davon ab, weiterhin von einem Leben in Europa zu träumen. Auch der Journalist und Autor Ignacio Cembrero, ein hervorragender Maghrebkenner, berichtet von einem sehr hohen Migrationsdruck in Marokko. Die bereits erwähnte Studie des Meinungsforschungsinstituts Gallup vom Dezember 2018 geht davon aus, dass 29 Prozent der jungen Marokkaner emigrieren würden, wenn dies gefahrlos möglich wäre.

Besonders gross ist der Migrationsdruck im Rifgebiet. Seit der Niederschlagung der Aufstände der sogenannten Hirakbewegung und den langjährigen Gefängnisstrafen für Nasser Zefzafi, dem charismatischen Anführer des Hirak, sowie für Dutzende seiner Mitstreiter ist der Frust über den «makhzen», den Staatsapparat, und über dessen repressive Politik deutlich gewachsen. Viele junge Menschen aus der Rifregion haben sich seither nach Spanien abgesetzt, manche haben dort auch um Asyl ersucht. Viele Beobachter vor Ort gehen davon aus, dass die Rifkrise den Migrationswunsch noch angeheizt hat. «Das Thema Emigration ist für die junge Generation Marokkos zentral geworden», sagt Mohammed Benaïssa, Gymnasiallehrer und Präsident der Beobachtungsstelle für Menschenrechte im Norden Marokkos. Auch stärkere Kontrollen würden die Ausreisewilligen kaum davon abhalten, nach Europa zu emigrieren.

Die offiziellen Zahlen bestätigen einen starken Anstieg der irregulären Emigration von marokkanischen Staatsbürgern. Zählte Spanien im Jahr 2016 noch 8162 irreguläre Einreisen von Migranten, so waren es im Jahr 2017 bereits 22108, also fast dreimal so viel. Auch 2018 hat sich dieser Trend fortgesetzt: Bis Ende 2018 wurden laut dem spanischen Innenministerium insgesamt 65400 illegale Einreisen gezählt, davon 6505 über Ceuta und Melilla. Rund 23 Prozent von ihnen sollen marokkanische Staatsbürger sein. Diese Zahl machte der Journalist Ignacio Cembrero publik; das spanische Innenministerium veröffentlicht keine nach Nationalitäten aufgeschlüsselte Statistik über die Ankunft von Migranten.

Diese Zahlen geben die tatsächlichen illegalen Einreisen allerdings nur sehr beschränkt wieder. «Marokkanische und algerische Migranten unternehmen alles, um in Spanien nicht registriert zu werden», sagt Cembrero. Denn sie müssten, im Gegensatz zu den Migranten aus Ländern südlich der Sahara, damit rechnen, in ihre Herkunftsländer zurückgeschickt zu werden. Die tatsächlichen Ankunftszahlen von algerischen und marokkanischen Migranten sind laut Cembrero deutlich höher.

Hinzu kommen zwei weitere Probleme. Zum einen kehren immer häufiger Erntearbeiter, die über eine befristete Arbeitserlaubnis verfügen, nach Ablauf ihrer Bewilligung nicht mehr nach Marokko zurück. Im Jahr 2018 soll es sich um über 1500 Personen gehandelt haben. Zum anderen gelangen immer mehr minderjährige Marokkaner – fast ausschliesslich männliche Jugendliche – nach Spanien. Laut der spanischen Zeitung *El*

País ist die Zahl dieser jugendlichen Migranten in den letzten zwei Jahren sehr stark angestiegen. Ende 2018 sollen sich rund 8500 minderjährige Marokkaner illegal in Spanien aufgehalten haben. Diese stellen zahlreiche Städte und Gemeinden vor fast unlösbare Probleme. Die zuständigen Minister der beiden Länder führten im September 2018 Verhandlungen bezüglich einer Rücknahme dieser jugendlichen Migranten.

Die marokkanischen Behörden ihrerseits betonen die grossen Anstrengungen, die sie unternehmen, um die irreguläre Emigration sowohl von Marokkanern als auch von Migranten aus Drittstaaten einzudämmen. Laut dem zuständigen Minister Mustapha El Khalfi wurden 2018 fast 89 000 Versuche der irregulären Emigration verhindert, 229 Schleppernetzwerke ausgehoben, 29 715 Migranten auf hoher See gerettet und über 2000 Boote konfisziert. Erstmals gelangte im Herbst 2018 auch eine Kostenberechnung für die Sicherung der Grenzen im Norden Marokkos an die Öffentlichkeit. Khalid Zerouali, der für den Grenzschutz zuständige Generaldirektor im Innenministerium, nannte die Zahl von 13 000 Grenzwächtern und Kosten in Höhe rund von 200 Millionen Euro pro Jahr. «Wir haben alle unsere Mittel gegen die Emigration eingesetzt», sagte Zerouali in einem Interview Ende September 2018, «wir können schlicht nicht mehr tun.» Das umfassende Engagement der marokkanischen Behörden wird von spanischer Seite allerdings infrage gestellt, wenn auch bloss hinter vorgehaltener Hand: Laut einer vertraulichen Studie des spanischen Nachrichtendienstes verhindert Marokko tatsächlich nur etwa 40 Prozent der illegalen Ausreisen.

Die Situation in Algerien

Ein algerischer Journalist, der sich seit Jahren intensiv mit allen Fragen rund um die irreguläre Emigration beschäftigt, stellt in Aussicht, einen Beitrag über die Situation in seinem Land zu liefern. Er schickt einen Text, in dem er die Fakten zur irregulären Migration in den vergangenen Jahren dokumentiert. Doch dann bricht der Kontakt ab, und der Journalist reagiert weder auf Mails noch auf Anrufe. Der vereinbarte analytische Text über die Migrationspolitik seines Landes und über die Haltung der jungen Algerier zu dieser Frage trifft nie ein. Ich erfahre von anderen algerischen Journalisten, dass das Thema sehr heikel sei und dass man sich viel Ärger einhandeln könne. Offenbar passt die irreguläre Emigration der eigenen Jugend nicht ins Selbstbild des verkrusteten algerischen Regimes. Eine hohe irreguläre Emigration bedeutet ja in der Tat ein hohes Misstrauen der Harraga gegenüber dem politischen System im Land. In dem Sinn ist es nachvollziehbar, wenn Algerien dieses Thema lieber unter den Tisch kehren will.

Das Thema ist in Algerien besonders brisant, da das Land im Prinzip sehr reich ist und seiner Jugend problemlos Perspektiven bieten könnte, würden die Einnahmen aus dem Erdöl- und Erdgasgeschäft in die richtigen Kanäle fliessen. Dazu kommt, dass sich Algeriens Führung nach wie vor durch eine ausgeprägt antiwestliche Rhetorik auszeichnet. Wenn nun aber die algerische Jugend im grossen Stil in den Westen «abhauen» will, so diskreditiert dies die Machthaber ganz offensichtlich.

Hinzu kommt ein dritter Faktor. Verschiedene Informanten haben mir gegenüber glaubwürdig bestätigt, dass staatliche Gelder für die Gründung von Jungunternehmen im grossen Stil zweckentfremdet würden: mehrheitlich für den privaten Konsum – etwa für den Kauf eines Autos –, in geringerem Umfang aber auch zur Finanzierung einer illegalen Ausreise. Dies ist ein Missbrauch, der im zweiten Fall besonders infam ist, profitiert doch der algerische Staat damit in keiner Art und Weise von diesen Geldern, etwa durch die Schaffung von Arbeitsplätzen.

Alles weist darauf hin, dass auch in Algerien der Migrationsdruck hoch ist. Nicht anders als in Tunesien fühlen sich zahlreiche junge Menschen – vor allem in den Provinzstädten und auf dem Land – von vielen Dingen, die das Leben lebenswert machen, abgeschnitten. Algerien ist für das Gefühl der «mal vie» – ein algerischer Begriff – und eine gewisse Tristesse im gesamten Maghreb bekannt. Auf sozialen Medien gibt es unzählige Filme, die dieses Grundgefühl zum Ausdruck bringen. Zineddine Sekfali, ein algerischer Publizist, hat dieses Gefühl der «mal vie» in der Zeitung *Le Soir d'Algérie* wie folgt beschrieben: «Nachdem sie den Kelch des schlechten Lebens, der ‹mal vie›, angewidert und bis zum Bodensatz getrunken haben, lehnen die Harraga mit einem Mal das lähmende Gewicht des ‹mektoub›», des Schicksals, ab. Sie sprengen die schweren Ketten des traditionellen Fatalismus und legen ab in Richtung Europa. Leider sind

Patrouillenboote Tag und Nacht unterwegs, um die Migranten mit Gewalt an der Ausreise zu hindern. Die Gerichte, vor denen sie sich zu verantworten haben, behandeln diese jungen Menschen anschliessend wie Verbrecher.» Hinzu kommt, dass Algerien ein Land ist, das nach wie vor unter den Spätfolgen der «bleiernen Zeit» der 1990er-Jahre leidet, als sich der algerische Staat und bewaffnete islamistische Gruppierungen einen blutigen Bürgerkrieg lieferten.

Der Soziologe Nacer Djabi spricht von «einer Art Verzweiflung», die die jungen Algerier veranlasse, ihr Land zu verlassen, um sich in Europa eine Zukunft aufbauen zu wollen. Dafür seien nicht nur ökonomische Gründe verantwortlich, sagt Djabi. Es gebe vielmehr tiefer liegende Gründe, die mit der Lebensqualität in Algerien und der grossen Schwierigkeit zu tun hätten, eigene Projekte im Land umzusetzen. Die Stichworte, die Djabi erwähnt, sind fast mit denjenigen identisch, die der Beobachter in Tunesien oder Marokko hören kann: hohe Korruption, Bürokratie, schlechtes Schulwesen, schlechte Gesundheitsdienste, ein repressives Klima. Djabi geht von einem hohen Migrationsdruck aus; laut seriösen Schätzungen würden bis zu 25 Prozent der Algerier ernsthaft auswandern wollen, wobei der Wunsch bei jungen Menschen deutlich höher sei. Die bereits erwähnte Gallup-Studie vom Dezember 2018 hat auf der Basis von Umfragen ermittelt, dass 44 Prozent der jungen Algerier ihr Land verlassen würden, wenn sie dies legal und ohne Risiken tun könnten.

Die algerische Küstenwache verhindert derartige Ausreisen ganz konsequent. Lokale und nationale Medien berichten fast täglich von der Festnahme junger Emigranten und der Rückführung von Booten, die auf offener See kontrolliert werden. Laut der algerischen Menschenrechtsliga, einer der wenigen unabhängigen Stimmen im Land, sind im Jahr 2018 fast 4000 Ausreisen verhindert worden. Das ist ein deutlicher Anstieg gegenüber dem Jahr zuvor, als entlang der rund 1200 Kilometer langen Küste insgesamt etwas mehr als 3000 Ausreisen vereitelt wurden. Auch hier gibt es naturgemäss eine grosse Dunkelziffer, und es ist davon auszugehen, dass viele Ausreisen weder den algerischen noch den spanischen oder italienischen Behörden bekannt werden und entsprechend auch in keiner Statistik auftauchen. Dazu sind mit Sicherheit auch Flüchtlingsboote gekentert, ohne dass jemand davon Notiz genommen hätte. Angekommen in

Europa sind laut den Statistiken des UNHCR im Jahr 2017 rund 5100 Algerier, im Jahr 2018 waren es 7300. Die Union des migrants algériens schätzt die Zahl der algerischen Harraga, die 2018 Europa erreicht hatten, allerdings auf 29 000 Personen. Algerier waren im erwähnten Jahr die fünftwichtigste Gruppe aller Migranten und Flüchtlinge, die europäischen Boden erreichten.

Libyen und Mauretanien

Die beiden Länder Libyen und Mauretanien können an dieser Stelle nur summarisch behandelt werden. Die Situation im libyschen «Volksmassenstaat» unter der Führung von Oberst Gaddafi war in einem gewissen Mass mit derjenigen in Algerien vergleichbar. Die Bevölkerung konnte zumindest teilweise von den reichen Erdöleinnahmen profitieren, und die staatliche Infrastruktur befand sich bis in die 2000er-Jahre auf einem vergleichsweise hohen Niveau. Im Gegensatz zu Algerien emigrierten bis zum Sturz des Gaddafiregimes aber nur relativ wenig Libyer: eine kleine Oberschicht, Geschäftsleute sowie Oppositionelle. Zusätzlich ersuchte eine kleine Anzahl libyscher Islamisten und Regimegegner um Asyl in Europa. Libyen war somit bis 2011 kein Auswanderungsland, sondern bot vielmehr Hunderttausenden von Migranten aus den Sahelstaaten, aus Ägypten und dem Maghreb Arbeitsplätze an.

Dies änderte sich mit dem Sturz von Gaddafi schlagartig. Unzählige Libyer flüchteten nach Tunesien, in geringerem Umfang nach Ägypten und nach Malta. In den Jahren 2013/14 sollen über 500 000 Libyer in Tunesien gelebt haben. Meist brachten die Männer ihre Familien in einer Wohnung oder in einem Haus in Sicherheit und pendelten selbst wöchentlich oder monatlich zwischen Tripolis, Misrata, Bengasi und Tunis. Ganze Viertel südtunesischer Städte, ganze Hotels auf Djerba befanden und befinden sich immer noch fest in libyscher Hand. Die libysche Unterschicht und alle, die aufgrund ihres Berufs – etwa Landwirte – nicht mobil waren, blieben allerdings im Land.

Zahlen zu Asylgesuchen von Maghrebinern in der Schweiz 2018

Land	Asylgesuche eingegangen	Asyl erhalten	im Asylprozess am 31.12.2018 (Bestand Asylsuchende)	Vollzugspendenzen am 31.12.2018	Ausreisen total (Abgänge und Vollzugsmeldungen)
Libyen	161	10	66	20	196
Tunesien	281	1	34	124	460
Algerien	747	3	194	546	1241
Marokko	475	7	96	238	696
Mauretanien	7	0	1	4	15

Zum Vergleich:
- 2018 erhielten insgesamt 6358 Personen Asyl in der Schweiz.
- Insgesamt befanden sich am 31.12.2018 in der Schweiz 11594 Personen im Asylprozess. Davon stammten 391 aus den Maghrebstaaten und 2259 aus Eritrea.
- Die durchschnittliche Anerkennungsquote aller Asylbewerber im Jahr 2018 betrug 25,9 Prozent. Bei Asylbewerbern aus dem Maghreb lag sie bei 1,9 Prozent. Bei Asylbewerbern aus Eritrea lag sie bei 59 Prozent.

Asylgesuche von Maghrebinern in der Schweiz 1986–2018

Land	Libyen	Tunesien	Algerien	Marokko	Mauretanien
Asylgesuche total	2679	11276	13669	6278	911

Zum Vergleich:
- Seit 1986 reichten in der Schweiz total 49760 Personen aus Eritrea ein Asylgesuch ein.
- In der Schweiz betrug die Anerkennungsquote bei Asylbewerbern aus Algerien 0,5 Prozent, aus Tunesien 0,4 Prozent, aus Marokko 1,7 Prozent.
- In Deutschland betrug die Anerkennungsquote bei Asylbewerbern aus Algerien 1,2 Prozent, aus Tunesien 1,9 Prozent, aus Marokko 2,3 Prozent.

Nach Europa sind bis heute nur sehr wenige Libyer emigriert. In der Schweiz lebten im Jahr 2017 nur etwas mehr als knapp 800 Libyer mit einer regulären Aufenthaltsbewilligung, in Deutschland zirka 12000. In den vergangenen Jahren hat sich die Situation allerdings etwas geändert. Nun flüchten auch zunehmend Libyer nach Europa. In der Schweiz beantragten im Jahr 2018 148 Menschen aus diesem Land Asyl (siehe Kasten), in Deutschland waren es 938.

Deutlich geringer ist die Migration in Mauretanien. Das Land war bis vor Kurzem sehr arm. Dennoch suchten nur wenige Menschen ihr Glück im Exil. Mauretanier gelten als sehr traditionsverbunden. Das Land ist zudem sehr von der nomadischen und halbnomadischen Lebensweise am Rand der Wüste geprägt. Diese würde ein Leben in Europa deutlich schwieriger machen. Alles weist darauf hin, dass der Migrationsdruck in Mauretanien insgesamt deutlich geringer ist als in den anderen Maghrebstaaten.

Emigration in Marokko: Zwischen Sehnsucht und Resignation
Gastbeitrag von Omar Brouksy

Die geografische Lage des Königreichs und seine Nähe zu Europa haben dazu geführt, dass sowohl junge «subsahariens» als auch junge Marokkaner Marokko als «Sprungbrett» für die Ausreise nach Europa nutzen. Das Land ist so im Lauf der Jahre einerseits zu einer Art «Warteraum» vor der Ausreise ins europäische Eldorado geworden, andererseits auch zum letzten Schutzwall beziehungsweise Kontrollposten auf der Migrationsroute.

Die marokkanische Jugend träumte vor allem in den 1990er- und 2000er-Jahren von einem besseren Leben im Westen beziehungsweise im Norden. Den Atlantik zu überqueren auf der Suche nach dem amerikanischen Traum oder das Mittelmeer zu überwinden, um sich in Europa selbst zu verwirklichen, war in diesen Jahren ein unübersehbares gesellschaftliches Phänomen. Dabei peilten die meisten Migranten Spanien, Italien und in geringerem Mass auch Frankreich an. In der Folge stieg die Zahl der Marokkaner, die in Spanien leben und arbeiten, von 9400 im Jahr 1990 auf 223 000 Menschen im Jahr 2001 an. Es waren die Jahre, in der die Emigration ihren Höhepunkt erreichte. Heute leben laut offiziellen spanischen Angaben rund 740 000 Marokkaner in Spanien. Tatsächlich dürfte die Zahl deutlich höher sein.

Die Finanzkrise, die Europa und ganz besonders Italien und Spanien im Jahr 2008 erschütterte, hatte auch auf die Migration Auswirkungen. Die Ausreise marokkanischer Migranten in Richtung Europa ging in den darauffolgenden Jahren stark zurück. So ist laut der OECD die Zahl der ankommenden marokkanischen Migranten von 2008 bis 2012 um 17 Prozent gesunken. In Südeuropa war dieser Rückgang noch sehr viel stärker zu spüren: Die Zahlen betragen 62 Prozent für Spanien und 47 Prozent für Italien.

Eine wichtige Rolle spielte dabei auch das Aufkommen von nationalkonservativen, identitären Bewegungen, die der Migration gegenüber sehr negativ eingestellt sind. Während etwa die spanische Küstenwache zwischen 1995 und 2005 jährlich rund 15 000 Marokkaner aufgriff, die die andalusische Küste oder die Kanarischen Inseln erreichen wollten, fiel diese Zahl nach 2008 auf weniger als 1000 Menschen pro Jahr.

Diese Entwicklung war für den marokkanischen Staat keine gute Nachricht. Anstatt sich auf ein Leben ausserhalb des Landes einzustellen – vor allem in Europa –, blieben nun immer mehr junge Menschen im Land. Dies bewirkte einen starken sozialen und politischen Druck auf Marokko, ein Land, das sich durch eine autoritäre und immer noch religiös legitimierte Herrschaftsform, durch krasse Gegensätze und soziale Ungerechtigkeiten, durch eine hohe Korruption sowie Klientelismus charakterisiert.

Dies hatte weitreichende Folgen. Nur etwas mehr als zwei Jahre nach der erwähnten Veränderung sind Tunesien, aber auch Marokko durch das Phänomen des «Arabischen Frühlings» erschüttert worden. Die wichtigsten Akteure dieses Phänomens waren die Jungen. So forderten ab Februar 2011 mehrheitlich junge Menschen aus verschiedenen sozialen Schichten in zahlreichen marokkanischen Städten mehr Demokratie und mehr soziale Gerechtigkeit. Was all diese Demonstranten einte, war der Umstand, dass sie sich auf ein Leben in Marokko einstellten.

Die meisten Beobachter teilen diese Analyse. Zu ihnen gehört die Soziologin Leïla Delezenne. Sie schrieb dazu Folgendes: «Einerseits können die Jungen nicht mehr emigrieren. Die Hoffnung, eines Tages ihr Land zu verlassen, hat sich verflüchtigt. Dieser Umstand könnte die sozialen Spannungen in Marokko verstärken, weil die jungen Menschen eine Arbeit in ihrem Land fordern werden, die marokkanische Wirtschaft dazu aber nicht in der Lage ist. Dazu kommt, dass das marokkanische Bruttoinlandprodukt in hohem Mass von Geldtransfers marokkanischer Bürger im Ausland abhängig ist. (...) Im Lauf von 50 Jahren haben fast vier Millionen Marokkaner ihr Land verlassen, um sich definitiv im Ausland niederzulassen. Dies entspricht rund 13 Prozent der gesamten Bevölkerung.»

Seit Herbst 2016, als in der nordmarokkanischen Rifregion soziale Unruhen ausbrachen, hat sich diese Tendenz wieder umgekehrt. Seither versuchen fast jeden Tag Hunderte junger Marokkaner, das Land in Richtung Spanien zu verlassen. Im Lauf von zwei Jahren hat das Phänomen ein enormes Ausmass erreicht, das alle Beobachter völlig überrascht. So kamen im Jahr 2018 über 64 000 neue Migranten in Spanien an. Rund ein Viertel von ihnen sind Marokkaner. Auch die marokkanischen Zahlen sprechen eine deutliche Sprache. So wurden 2018 fast 89 000 irreguläre

Ausreisen verhindert und dabei mehr als 7000 junge Marokkaner festgenommen.

Der Grund für diese Emigrationswelle liegt zum einen in der Enttäuschung über die fehlende lokale Entwicklung im Rif, die den dortigen Bewohnern von König Mohammed versprochen worden war, zum anderen in der Verzweiflung über die harte Unterdrückung der dortigen Aufstände. Viele Junge entschieden sich in der Folge, Marokko – koste es, was es wolle – zu verlassen. Dabei ist es auch zu tragischen Vorfällen gekommen, so etwa zum Tod einer jungen Studentin aus Tetuan (siehe auch Kap. 6). Am 10. Oktober wurde zudem ein junger Marokkaner durch Schüsse der königlichen Marine schwer verletzt, als er versuchte, auf einem Boot die Meerenge von Gibraltar zu überqueren.

Der Emigrationswunsch betrifft nicht nur junge Marokkaner, die oft ohne Perspektive sind. Er ist auch unter gut ausgebildeten Menschen mit Universitäts- und Fachhochschuldiplomen – etwa Ingenieuren, Ärzten oder Informatikern – weitverbreitet. Die offiziellen Zahlen belegen einen richtiggehenden Aderlass, einen Braindrain, von dem in erster Linie Europa profitiert. So haben laut Saïd Amzazi, dem marokkanischen Minister für Erziehung und Bildung, allein im Jahr 2018 rund 600 Ingenieure, 1200 Geschäftsleute sowie 630 Ärzte das Land verlassen.

Omar Brouksy ist Politikwissenschaftler, Universitätsprofessor und Autor mehrerer Bücher über Marokko.

7
Nahe dran: Drei Schauplätze der irregulären Emigration

Unter welchen Verhältnissen leben irreguläre Migranten, die es bis an die Küste Nordafrikas geschafft haben? Wie gehen die Menschen, die an diesen Orten leben, mit Migranten und Flüchtlingen um? Wie sichtbar ist das Schleppergeschäft, und wer profitiert davon? Drei Reportagen führen uns an wichtige Dreh- und Angelpunkte der irregulären Migration: nach Tanger, der legendären Stadt an der Meerenge von Gibraltar, in die Hafenstadt Zarzis im Süden Tunesiens und schliesslich nach Zuwara, einer der Schlepperhochburgen an der libyschen Westküste. Die folgenden Reportagen sollen einen hautnahen Eindruck vom Elend vieler Migranten und von den widersprüchlichen Reaktionen der Bevölkerung sowie der Behörden an diesen wichtigen Schauplätzen der irregulären Migration vermitteln.

Tanger: Kein Platz für Migranten an der Meerenge von Gibraltar

Sommer 1988. Am Soco Chico, auf Arabisch Souk Dakhel genannt, herrscht den ganzen Tag reger Betrieb. Das legendäre Café Tingis, in dem sich Künstler, Literaten und Zivilisationsflüchtige aller Art in den 1950er- und 1960er-Jahren gerne trafen, das stets aber auch Gestalten der Halbwelt, einfachen Bewohnern aus dem Viertel und Herumlungerern als Treffpunkt diente, ist wie jeden Morgen gut besucht. Die abblätternden, verwelkten Fassaden der Gebäude um den kleinen rechteckigen Platz, die schäbigen Pensionen und Hotels, die ihn umgeben, zeugen davon, dass die Zeiten, in denen Tanger weltweit als Fluchtort und Inspirationsquelle diente, längst vorbei sind. Die Stadt zehrt mehr schlecht als recht von ihrem einst schillernden Ruf.

Jahrzehntelang war der Soco Chico, ein kleiner Platz mitten in der Altstadt von Tanger, mit seinen billigen Pensionen und Absteigen ein Treffpunkt für afrikanische Migranten. Doch seit polizeiliche Kontrollen und Übergriffe zugenommen haben, meiden sie das Stadtzentrum. Dennoch ist Tanger weiterhin ein Dreh- und Angelpunkt der irregulären Migration.

In diesem Sommer 1988 fallen dem Reisenden, der die Stadt zum ersten Mal besucht und sich ihrem morbiden Charme nur schwer entziehen kann, die unzähligen jungen Männer schwarzer Hautfarbe auf, die auf dem Soco Chico und seiner unmittelbaren Umgebung zu sehen sind. Sie sind in der Pension Becerra, der Pension Fuentes, im Hotel Palace, in anderen Absteigen und ärmlichen Wohnungen einquartiert und teilen sich die schäbigen feuchten Zimmer zu viert oder zu fünft. Alle warten sie, so ist unschwer in Erfahrung zu bringen, auf eine Ausreise nach Europa. Sie kommen aus Senegal, Mali, Gambia und vielen anderen Ländern. Das Gerücht macht die Runde, dass es bald sehr viel schwieriger werden könnte, in Europa Fuss zu fassen.

30 Jahre später ist die Stadt kaum wiederzuerkennen. König Mohammed VI. hatte schon kurz nach seinem Amtsantritt im Jahr 1999 verkündet, dass in Tanger bald ein neues Zeitalter anbrechen werde. Und so geschah es dann auch. Ein neuer Tiefseehafen, eine Freihandels- und Industriezone, gewaltige Immobilien- und Infrastrukturprojekte haben in der Stadt und in ihrem Hinterland eine unglaubliche Dynamik ausgelöst. Das direkt ans Meer grenzende Viertel und die breite Strandzone wurden vollkommen umgestaltet, die Eisenbahnlinie verlegt, die am Ufer gelegenen ehemaligen Cafés und Restaurants abgerissen. Nun säumen Hochhäuser mit bis zu 20 Stockwerken die neue attraktive Strandpromenade, und seit Kurzem verbindet ein Hochgeschwindigkeitszug Tanger mit Casablanca.

Der Soco Chico mit seinem verblichenen Charme hat sich allerdings kaum verändert, als ich ihn an diesem Tag im Mai 2018 wieder einmal aufsuche. Das legendäre Café Tingis, von dem aus man das Geschehen auf dem Platz am besten überblicken kann, besticht noch immer mit seinem Ambiente. Auch die Art der Kundschaft, soweit sich dies aus dem zeitlichen Abstand von 30 Jahren beurteilen lässt, setzt sich weiterhin aus einem Mix von Touristen, Stammkunden aus dem Viertel und gewissen Gestalten zusammen, die einen leichten Hauch von Halbwelt verbreiten. Bloss ein Unterschied sticht in die Augen: Junge Afrikaner sind kaum mehr zu sehen; weder um den Soco Chico herum noch an anderen Orten im Stadtzentrum von Tanger.

Was ist passiert? Schon bald stellt sich heraus: Im Grossraum Tanger und selbst mitten in der Altstadt leben sehr wohl Tausende von afrikanischen Migranten. Doch sie zeigen sich kaum mehr im Stadtzentrum und sind äusserst vorsichtig, wenn sie sich in der Öffentlichkeit aufhalten. Sie wissen sehr wohl, weshalb es gut ist, sich als afrikanischer Migrant unsichtbar zu machen. Denn im Jahr 2014 war es in Boukhalef, einem etwa 10 Kilometer südlich des Stadtzentrums gelegenen Stadtviertel, zu gewalttätigen Übergriffen auf junge Afrikaner gekommen. Diese hatten leer stehende Wohnungen oder Häuser gesquattet oder angeblichen Besitzern, die sich als Betrüger herausstellten, Miete bezahlt. Ein Mob junger Bewohner des Viertels und wohl auch Kleinkrimineller, die Hausbesitzer angeheuert hatten, ging auf die dunkelhäutigen Migranten los und vertrieb sie mit Gewalt aus ihren Unterkünften. Ein junger Senegalese starb, mehrere Migranten wurden schwer verletzt.

Seither sind die jungen Afrikaner sehr vorsichtig geworden. Viele haben sich nach Casablanca oder Rabat verzogen oder sich in improvisierten Camps in den bewaldeten Hügeln ausserhalb von Tanger niedergelassen. Auch ein Jahr später, im Oktober 2015, ist es im Stadtzentrum von Tanger sowie in Boukhalef erneut zu Razzien durch die Polizei und zu gewalttätigen Angriffen auf Migranten gekommen. Dabei sind auch notdürftige Unterkünfte in der Nähe von Boukhalef zerstört worden. Viele Migranten suchten in der Kathedrale von Tanger Schutz, die allerdings in keiner Art und Weise für eine Aufnahme von Menschen auf der Flucht eingerichtet ist.

Fast vier Jahre sind seither vergangen. Zumindest in Tanger hat sich die Situation etwas beruhigt, und viele junge Afrikaner haben sich um die Legalisierung ihres Status bemüht. Doch gleichzeitig gelangten Jahr für Jahr weitere Migranten in den Norden Marokkos mit dem Ziel, nach Europa auszureisen. Einer von ihnen ist Cissoko. Ich lerne ihn im Mai 2018 kennen. Er stammt aus Senegal, ist 27 Jahre alt, verheiratet, hat zwei kleine Kinder und bis Ende 2017 als Chauffeur in der Nähe von Dakar gearbeitet. Seine Mutter hat ein Stück Land verkauft, um ihrem ältesten Sohn die Ausreise nach Europa zu finanzieren. Sie hofft, dass er irgendwo in Europa so rasch wie möglich eine Arbeit finden und dann Geld nach Hause schicken wird. Cissoko wirkt bescheiden und fast schüchtern; wiederholt betont er, dass er sein Leben auf ehrliche Weise bestreiten möchte. Gemeinsam mit seinem Freund, einem 20-jährigen Malergesellen, ist er Anfang 2018 ohne Visum nach Marokko eingereist und seither geblieben. Doch die drei Monate, die sie legal im Land bleiben konnten, sind abgelaufen, und die beiden riskieren nun Probleme mit der Polizei, wenn sie kontrolliert werden.

«Wollen Sie sehen, wo ich wohne?», fragt mich Cissoko nach einem gemeinsamen Essen. Und ob. Wir gehen die Rue de la Marine zum Soco Chico hoch, zweigen in eine schmuddelige Seitengasse ab und gelangen auf einem gewundenen Weg zur Rue Alexandre Dumas. Tatsächlich: Alexandre Dumas. Dann stehen wir vor einem schäbigen Haus mit einer vergitterten Tür. Cissoko klopft, wir treten ein. Ein enger Raum, keine zwei auf drei Meter gross, darin ein kleiner Gaskocher und ein Schüttstein, ein Abtritt, ein kleiner Kasten. Es ist stickig. Vier junge Männer – der eine wäscht sich gerade mit Waschlappen und Eimer – stehen in der Küche.

Eine Leiter führt in den ersten Stock. Dort befindet sich der Schlafraum für die zehn Mieter. Nachts liegen alle eng nebeneinander – auf primitiven Matten oder auf Wolldecken; vielleicht schlafen sie sogar in Schichten. Ich traue mich nicht zu fragen. Er könne hier kaum schlafen, sagt Cissoko, es sei stickig, heiss und oft auch laut, wenn einer einen Albtraum habe. Und er fürchte sich vor Hautkrankheiten.

Ich komme mit den jungen Migranten ins Gespräch. Einer ist bereits einmal aus Spanien ausgewiesen worden. Ein anderer möchte in Europa studieren und dann wieder nach Conakry, die Hauptstadt Guineas, zurückkehren. Ein Dritter ist völlig aufgedreht; er nehme häufig Drogen, erklärt mir Cissoko nach dem Besuch.

Am Tag darauf besuchen wir das Viertel Boukhalef, wo nach wie vor die meisten Afrikaner leben. Auf den ersten Blick ein properes Vorstadtviertel mit einem sehr gepflegten Boulevard. Dort wurden kürzlich ein neues Kulturzentrum sowie ein repräsentatives Gebäude errichtet, in dem Funktionäre des Ministeriums für islamische Angelegenheiten arbeiten. Afrikaner sind in den Strassen kaum zu sehen. «Diejenigen, die nicht irgendwo schwarzarbeiten, bleiben in ihren Wohnungen», erklärt Cissoko.

Das Bild verändert sich schlagartig, als wir an den Rand des Vorstadtviertels gelangen; dort, wo die Grossstadt ins offene Land übergeht. Wir durchqueren ein sumpfiges Gebiet, das von vielen kleinen Wegen durch-

Cissoko (links) aus Senegal will mit ein paar Freunden nach Europa ausreisen. Er hat bereits Geld für den Kauf eines Schlauchboots zur Seite gelegt und zeigt mir den Strand in der Nähe von Tanger, vom dem er ausreisen will. Doch dann wird er im August 2018 bei einer Razzia festgenommen und in den Süden Marokkos verfrachtet.

Ausserhalb des Vorstadtviertels Boukhalef und in Sichtweite des Flughafens von Tanger liegt ein sumpfiges Gebiet, das von vielen kleinen Wegen durchzogen ist. Hier bereiten sich im Sommer 2018 unzählige Migranten auf ihre Ausreise nach Europa vor. Sie hausen in primitivsten Camps und sogar in Betonrohren, die mit Plastik zugedeckt sind.

zogen ist. In der Ferne ist das Meer zu sehen. Mit einem Mal stossen wir auf grosse Abwasserrohre und eine Art Kloake. Die Betonrohre sind mit Plastik zugedeckt; sie dienen Migranten als primitive Unterkunft. Wenig später erreichen wir ein alleinstehendes Gebäude, vor dem sich ein gutes Dutzend Afrikaner versammelt hat. Über einem kleinen Feuer hängt ein Kochtopf. Notdürftige Zelte, Rucksäcke, überall liegen Abfälle herum. Es sind alles Senegalesen um die 20 oder jünger. Ihr Misstrauen ist deutlich zu spüren; kürzlich haben in dieser Gegend Razzien stattgefunden. Ich sei ein Freund, sagt Cissoko auf Wolof. Einer will Näheres über mich wissen, doch wir ziehen es vor, die Gruppe zu verlassen und in Richtung Küste weiterzugehen.

«Hier versammeln sich die Migranten gegen 2 Uhr, 3 Uhr am Morgen, wenn sie ausreisen wollen», erläutert Cissoko. Manche lebten aber auch hier; zum einen die «Kapitäne», zum anderen diejenigen, die völlig mittellos seien und kein Geld hätten, um ein Zimmer zu bezahlen. Marokkaner aus der Halbwelt brächten sie per Auto aus dem Stadtzentrum hierher, ebenso die Schlauchboote und die Aussenbordmotoren.

Wir setzen unseren Weg durch die Frühlingswiesen fort, gelangen zu einem zerfallenden Gebäude, wohl einem ehemaligen Bauernhof. Es ist in der Hand von Kamerunern. Cissoko gibt ihnen aus der Ferne ein Zeichen, das ich als Solidaritätsgeste interpretiere, doch wir gehen sogleich weiter. Kameruner und Senegalesen hätten das Heu nicht immer auf derselben Bühne, so Cissoko.

Auch Cissoko will bald mit ein paar Freunden nach Europa ausreisen. Er hat bereits Geld für den Kauf eines Schlauchboots auf die Seite gelegt. Das sei zurzeit der sicherste Weg, meint er. Viel schneller und komfortabler wäre es mit einem sogenannten Jetski. Doch der kostet 2500 Euro und ist für die meisten viel zu teuer.

Monate vergehen. Ich bleibe mit Cissoko in Kontakt. Er wird im August bei einer Razzia festgenommen und rund 800 Kilometer weit in den Süden Marokkos verfrachtet. Im Norden Marokkos sei es für dunkelhäutige Migranten schwierig geworden, berichtet Cissoko. Die Polizei versuche systematisch, Afrikaner aus dem Stadtzentrum von Tanger und aus der ganzen Region zu vertreiben. Dies bestätigen auch Flüchtlings- und Menschenrechtsorganisationen. Mehr als 7720 Migranten sollen zwischen Juli und September 2018 allein aus der Region um Tanger vertrieben worden sein. Flüchtlingshelfer und -organisationen, etwa der spanische Verein Caminando Fronteras, stehen unter massivem Druck. Auch der Erzbischof von Tanger, Santiago Agrelo Martínez, klagt, die marokkanischen Behörden hätten seit Juli 2018 eine neue, wesentlich härtere Gangart gegenüber Migranten eingeschlagen.

Tanger hat es zwar geschafft, aus dem jahrzehntelangen Dämmerzustand aufzuwachen; es hat sich neue, glänzende Fassaden gegeben und neue Investoren und neue Besucher angelockt. Doch für Migranten aus den Ländern des Südens, für die diese Stadt an der Nahtstelle zweier Kontinente stets eine wichtige Etappe war, ist Tanger zu einem ungastlichen Ort geworden.

Zarzis: Dreh- und Angelpunkt für irreguläre Ausreisen im Süden Tunesiens

Seit dem Ausbruch der tunesischen Revolution im Januar 2011 ist die Hafenstadt zwischen der Insel Djerba und der libyschen Grenze zu einem der wichtigsten Schauplätze für die irreguläre Emigration in Tunesien geworden. In den Wochen nach der Flucht Ben Alis verliessen Tausende junger Männer von Zarzis und von den umliegenden Stränden aus das Land in Richtung Lampedusa oder Sizilien (siehe Kap. 4). Zwar gelang es den tunesischen Sicherheitskräften sowie der Küstenwache innerhalb weniger Wochen, die Kontrolle zurückzugewinnen. Doch Zarzis blieb auch danach ein wichtiger Dreh- und Angelpunkt für die irreguläre Emigration, wenn auch auf einem deutlich niedrigeren Niveau. Die kilometerlangen Strände in Richtung des Damms, der zur Insel Djerba führt, eignen sich denn auch hervorragend für unkontrollierte, nächtliche Ausreisen.

Dhaou Maâtoug, langjähriger Inspektor der Volksschulen und Lokaljournalist, zeigt mir die Strände, von denen aus die mehrheitlich jungen Männer 2011 abgelegt haben und immer noch ablegen. Sie heissen El Ogla, Souihel, Bennana. Im Frühjahr 2011 seien täglich Hunderte junger Männer mit Rucksäcken oder Reisetaschen aus dem Hinterland in Zarzis angekommen, berichtet Maâtoug. Vor vielen Moscheen, aber auch in einzelnen Cafés hätten Vermittler die jungen Männer direkt angesprochen und die Ausreise organisiert. «Jeder in Zarzis wusste, wer an diesem Ge-

Zarzis, gegenüber der Insel Djerba und nicht weit von der libyschen Grenze gelegen, ist ein beliebter Urlaubsort, aber auch eine Hochburg der irregulären Emigration in Tunesien. Während der Tourismus nach der Revolution einen starken Einbruch erlitten hat, floriert das Geschäft mit der illegalen Migration weiter.

schäft beteiligt war», sagt Maâtoug. Viele Fischer hätten die Gelegenheit am Schopf gepackt und die jungen Harraga nach Italien gefahren, statt zu fischen. Die Vermittler und Anwerber seien meist junge Arbeitslose gewesen, die Drahtzieher im Hintergrund stadtbekannte Gestalten mit zweifelhaftem Ruf. Namen will Maâtoug nicht nennen. Zarzis ist eine Provinzstadt, in der sich jeder kennt, und das Thema sei sehr heikel.

Dass ausgerechnet Zarzis diesen Ruf als Hochburg der irregulären Emigration im Süden Tunesiens erhielt, hat mehrere Gründe. Der eine ist die prekäre wirtschaftliche Lage in weiten Teilen des Regierungsbezirks von Medenine, zu dem Zarzis gehört. Diese Region nimmt bezüglich Emigration landesweit einen Spitzenplatz ein. Zarzis ist gewissermassen der natürliche Hafen für einen grossen Teil Südtunesiens. Im Gegensatz zu der Touristeninsel Djerba ist die Region von Zarzis weit weniger gut bewacht.

Eine grosse Rolle spielt auch die Nähe zu der Grenzstadt Ben Guerdane, die vor Jahrzehnten zu einer der wichtigsten Schmugglerhochburgen Tunesiens geworden ist. In dieser Stadt haben viele staatliche Gesetze keine Geltung. So werden hier in aller Öffentlichkeit über die libysche Grenze geschmuggelte Waren angeboten: Haushaltsgeräte, Teppiche, Wasserpumpen, Klimaanlagen. Daneben verkauft man an unzähligen improvisierten Tankstellen libysches Erdöl und Benzin. Nur die Waffen, die aus libyschen Zeughäusern stammen, werden etwas diskreter gehandelt. Es ist offensichtlich: In dieser Stadt gelten eigene Gesetze, herrschen de facto Lokalfürsten, die mit dem Schmuggel schwerreich geworden sind. Die Villen dieser Schmugglerbarone sind unübersehbar. Einige von ihnen sollen auch am Geschäft mit den Migranten beteiligt sein (siehe Kap. 10). Er kenne einen Mann aus Ben Guerdane, der ganz dick im Schleppergeschäft drin gewesen sei, sagt ein lokaler Informant, der anonym bleiben will. Heute besitze er eine Villa und zwei Kutter. «Er wollte sogar Präsident des lokalen Fussballvereins werden», berichtet der Gewährsmann. Das habe allerdings nicht funktioniert, denn die Verantwortlichen des Klubs hätten den Versuch des Schlepperbosses, sich auf solche Weise zum Ehrenmann zu machen, durchschaut.

Im Frühjahr 2011 entstand in der Nähe von Ben Guerdane ein grosses Lager namens Choucha, in dem aus Libyen geflohene Gastarbeiter und

Migranten aller Art Aufnahme fanden. Die meisten dieser Menschen wurden im Lauf dieses Jahres über den Flughafen von Djerba in ihre Herkunftsländer rückgeführt. Nur ein paar Dutzend Flüchtlinge, die vergeblich auf Asyl in Europa gehofft hatten, blieben unter schwierigsten Bedingungen noch ein paar Jahre in dem mitten in einer Halbwüste gelegenen Camp. Ende 2017 wurde Choucha endgültig aufgelöst. Dort soll laut den tunesischen Behörden in absehbarer Zeit eine neue Freihandelszone entstehen, deren Finanzierung allerdings noch nicht gesichert ist.

In Zarzis ist der Tourismus nach der Revolution stark eingebrochen. Seither hat er sich nie mehr richtig erholt. Mehrere grosse Hotels am Meer sind seit Jahren geschlossen, die Strandpromenade wirkt schmuddelig und vernachlässigt. Von Aufbruchsstimmung ist in Zarzis nichts zu spüren; die meisten neuen Projekte existieren nur auf dem Papier. «In den acht Jahren seit dem Ausbruch der Revolution hat sich die Lage in Zarzis in fast allen Bereichen massiv verschlechtert», sagt Lokaljournalist Maâtoug. «Die jungen Männer, die zu Ben Alis Zeiten noch von Emigration geträumt haben, haben heute noch triftigere Gründe, ihr Heil in der Auswanderung zu suchen.» Denn das Schmugglergeschäft im benachbarten Ben Guerdane ist schwieriger geworden, seit der Staat realisiert hat, welche Gefahren hier drohen, wenn die Grenzen nicht besser kontrolliert werden. Vor allem die illegale Einreise von Dschihadkämpfern aus dem benachbarten Libyen und die Einfuhr von Waffen machen vielen Menschen in Zarzis Angst. Unvergessen bleibt, wie ein dschihadistischer Stosstrupp Anfang März 2016 vergeblich versucht hat, in Ben Guerdane ein islamistisches Emirat zu errichten.

Zarzis spielte nach Einschätzung von Kennern auch bei der Rekrutierung von Dschihadkämpfern eine wichtige Rolle. Eine der lokalen Schlüsselfiguren, so berichtet ein Einheimischer, war N. C., ein stadtbekannter Chirurg, der unzählige junge Männer angeworben und in den Dschihad geschickt haben soll. Er wurde zwar, nachdem die Behörden mehrere Jahre untätig geblieben waren, in Untersuchungshaft genommen, doch kam Dr. C. schon nach ein paar Tagen wieder frei und wurde für das Unglück nie zur Rechenschaft gezogen, das er über Dutzende von Familien gebracht hatte. Vollkommen unklar ist bis heute, wer die Anwerbung der jungen Männer finanzierte.

Der Ausbruch der Revolution in Libyen führte im Frühjahr 2011 zu einem Massenexodus von Gastarbeitern aus zahlreichen Ländern. Viele von ihnen flüchteten über die Grenze nach Tunesien. Sie fanden Aufnahme in einem primitiven Zeltlager namens Choucha in der Nähe von Ben Guerdane. So auch dieser Mann aus Bangladesh.

Die meisten Migranten, die im Lager von Choucha Zuflucht gefunden hatten, wurden im Lauf des Jahres 2011 über den Flughafen von Djerba in ihre Herkunftsländer rückgeführt. Nur ein paar Dutzend Menschen blieben noch einige Jahre in dem mitten in einer Halbwüste gelegenen Camp. Ende 2017 wurde Choucha endgültig aufgelöst.

Zarzis ist heute auf eine andere Weise mit der Tragödie der irregulären Emigration konfrontiert. Aufgrund einer starken Strömung werden nämlich in regelmässigen Abständen die Leichen von Migranten an den Stränden der Stadt angespült. Für diese stummen Opfer der Schiffskatastrophen fühlte sich lange niemand zuständig. Die Küstenwache bestand darauf, dass die Identifikation und Bestattung der verstorbenen Flüchtlinge nicht zu ihren Aufgaben gehöre, während sich die Stadtverwaltung aufgrund fehlender Mittel ausserstande sah, die Toten zu bestatten. Da entschloss sich Chemseddine Marzoug, ein ehemaliger Fischer, der auch als Chauffeur für den Tunesischen Roten Halbmond gearbeitet hatte, den Verstorbenen die letzte Ehre zu erweisen. Seit beinahe acht Jahren kümmert er sich um die Bestattung der angeschwemmten Leichen. Mittlerweile ist das Stück Land, das ihm die Stadtverwaltung zur Verfügung gestellt hat, voll mit Gräbern.

Regelmässig landen in Zarzis auch Flüchtlingsschiffe, die von Libyen aus gestartet und später – wegen Motorenschadens oder Navigationsfehlern – von ihrem Kurs abgekommen sind. Die Flüchtlinge und Migranten wurden in einer ersten Phase in einem provisorischen Aufnahmezentrum am Rand der Stadt untergebracht. 2013 verlegte man das Zentrum in die rund 60 Kilometer entfernt gelegene Stadt Medenine. Dort werden auch Menschen aufgenommen, die aus Libyen und anderen Ländern, vor allem solchen südlich der Sahara, geflüchtet sind und die über Tunesien nach Europa emigrieren wollten und bei der Ausreise gescheitert sind. Das Zentrum steht unter der Leitung des Apothekers Mongi Slim, der gleichzeitig als Präsident des Tunesischen Roten Halbmonds in Südtunesien tätig ist. Die Schweiz finanzierte das Zentrum fünf Jahre lang massgeblich. Ende Mai 2018 lief diese Unterstützung aus. Unter anderem wegen Geldmangels wurde das Aufnahmezentrum Ende März 2019 geschlossen; zwei kleinere Häuser sind weiterhin in Betrieb.

Ende Juli 2018 lief im Hafen von Zarzis ein Boot mit 40 Migranten an Bord ein, das fast drei Wochen zuvor in Libyen mit Kurs auf Europa abgelegt hatte. Nach einem Motorschaden war die *Sarost 5* von einem tunesischen Versorgungsschiff in maltesischen Gewässern gerettet worden. Doch sowohl Malta als auch Italien weigerten sich, das Flüchtlingsboot in einen ihrer Häfen einlaufen zu lassen. Viele Flüchtlinge an Bord weiger-

In Zarzis werden regelmässig Leichen von Migranten an den Stränden der Stadt angespült. Für diese stummen Opfer der Schiffskatastrophen fühlte sich lange niemand zuständig. Chemseddine Marzoug, ein ehemaliger Fischer, kümmert sich seit Jahren ehrenamtlich um die Identifikation und Bestattung der angeschwemmten Leichen.

ten sich ihrerseits, in Tunesien an Land zu gehen, da sie Schleppern viel Geld bezahlt hätten, um nach Europa zu gelangen. Auch Tunesien war anfänglich nicht bereit, die Flüchtlinge aufzunehmen, da man sie in internationalen Gewässern aufgefunden hatte. Erst nach langen Verhandlungen willigte die tunesische Regierung «aus humanitären Gründen» ein, die *Sarost 5* in Zarzis einlaufen zu lassen. Am 1. August 2018 betraten die 40 Flüchtlinge tunesischen Boden und wurden sogleich ins Zentrum für Migranten und Flüchtlinge in der rund 60 Kilometer entfernt gelegenen Stadt Medenine gebracht.

In Zarzis existiert eine Organisation, die sich Association de Zarzis pour le développement durable et la coopération internationale nennt. Die NGO wurde bereits im Jahr 2002 gegründet und arbeitet mit verschiedenen Botschaften, NGOs und der IOM zusammen. Gründer und Präsident ist Fayçal Dchicha, ein umtriebiger Aktivist, der «seinen» Verein wie ein Kleinunternehmen führt. Nach eigenem Bekunden engagiert sich die erwähnte NGO auch in der Präventionsarbeit bei irregulärer Emigration. So drehte sie etwa einen Film, der vor den Gefahren der irregulären Ausreise über das Mittelmeer warnen sollte. Doch in Zarzis wird gegenüber dieser NGO auch Kritik geäussert: Sie unternehme in Wirklichkeit kaum Anstrengungen, um junge Tunesier von der gefährlichen Emigration abzuhalten, sondern vermittle in erster Linie gegen Bezahlung Visa für Praktika oder Austauschprogramme, bei denen junge Leute dann oft in Europa blieben. Fayçal Dchicha bestreitet dies heftig, doch es bleiben Zweifel an seiner Darstellung.

In den Cafés von Zarzis hängen unzählige junge Männer herum. Viele von ihnen, so sagen lokale Beobachter, träumen weiterhin von einer Ausreise, auch wenn der Untergang eines Boots mit fast 200 Migranten vor der Küste von Kerkenna im Juni 2018 diesen Plänen einen Dämpfer versetzt hat und die Küstenwache seither strenger kontrolliert. Zarzis ist weiterhin ein wichtiger Dreh- und Angelpunkt der irregulären Migration. Auch im Sommer und Herbst 2018 legten regelmässig kleinere Boote ab. Die Kontrollen der lokalen Behörden scheinen oft eher halbherzig zu sein. Darauf lässt zumindest ein Vorfall schliessen, den ein Einwohner von Zarzis Anfang September 2018 mitbekam.

Eines Abends kontrollierte ein Polizeioffizier eine Gruppe junger

Männer, die sich gegen 22 Uhr vor einem zerfallenen Haus versammelt hatten. «Was macht ihr hier? Wollt ihr abhauen?», fragte sie der Polizist. Sie wollten emigrieren, erklärten ihm die jungen Männer ohne Umschweife. «Ich bitte euch, reist nicht von Zarzis aus, sondern geht zum Cap Bon oder nach Monastir!», sagte er ihnen daraufhin. «Wenn ihr von Zarzis aus loszieht, bekomme ich Probleme.»

Zuwara: Die kurze Hochkonjunktur einer libyschen Schlepperhochburg

Wer den Grenzposten von Ras Jedir an der tunesisch-libyschen Grenze nach meist stundenlangem Warten hinter sich gelassen hat, durchquert auf einer schnurgeraden Strasse eine weite Landschaft, die von Lagunen, ausgetrockneten Salzseen und einer kargen Vegetation gekennzeichnet ist. In einiger Entfernung ist das Meer zu sehen. Der Reisende fährt am kleinen, eher schäbigen Ort Boukammash vorbei und gelangt gut eine halbe Stunde später nach Zuwara, der ersten grösseren Stadt im Westen Libyens.

Zuwara hat sich in den Jahren nach dem Sturz Gaddafis den Ruf einer der bedeutendsten Hochburgen des Schlepperwesens und der irregulären Emigration erworben. Von hier aus sowie von der rund 45 Kilometer östlich gelegenen Stadt Sabrata, von Zawia sowie von Garabulli aus wurden innerhalb kürzester Zeit Hunderttausende von Migranten und Flüchtlingen in Richtung Italien «verschifft». Schlepperbosse erlangten damit unendlichen Reichtum. Doch das Manna aus dem illegalen Transportgeschäft ergoss sich auch flächendeckend auf die Küstenstädte und sorgte für einen erstaunlichen Wohlstand. Diese fiebrige Phase des Schleppergeschäfts fand im Spätsommer 2017 ein abruptes Ende.

Mitte August 2017. Zuwara wirkt auf den ersten Blick wie eine vom Bürgerkrieg verschont gebliebene libysche Provinzstadt. Entlang der erstaunlich gepflegten Hauptstrasse gibt es zahlreiche Lebensmittelgeschäfte, Bäckereien, Handyshops, Cafés sowie eine Apotheke. Ein kleiner Stadtpark und ein paar Gebäude der staatlichen Verwaltung im Stil der 1970er-Jahre lassen Erinnerungen an das Libyen unter Gaddafi aufkommen. Die Frauen sind verschleiert; die Bewohner von Zuwara, mehrheitlich Berber, gehören der kleinen Glaubensgemeinschaft der Ibaditen an, die als strenggläubig, sparsam und fleissig gelten. Erstaunlich, dass ausgerechnet hier das Schleppergeschäft Fuss fassen konnte.

Wie in allen libyschen Städten gehören dunkelhäutige Migranten zum Strassenbild. Doch ansonsten ist vom Geschäft mit der irregulären Ausreise kaum etwas zu sehen. Denn alle, die über das nötige Geld für einen Platz auf einem Boot verfügen, verschwinden sogleich in Privathäusern, Garagen oder kleinen Industriehallen. Dort warten sie auf ihre Ausreise.

Auch der Fischerhafen von Zuwara ist unauffällig, und der lang gezogene breite Sandstrand ist in diesen Augusttagen erstaunlich schwach besucht. Mehrere Hundert Meter vor der Küste liegen permanent ein paar Tanker unbekannter Herkunft. Gelegentlich kurven teure Autos durch die Strassen. Sie gehören «Geschäftsleuten»; genauso wie die protzigen Villen in den ausserhalb der Stadt gelegenen Neubauvierteln.

Nachts sind die Strassen von Zuwara menschenleer. Ab und zu lassen junge Männer die Motoren ihrer Autos oder Motorräder aufheulen, ab und zu sind Schüsse zu hören, die in die Luft abgefeuert werden. Für die jungen Männer in Zuwara scheint dies eine der wenigen Möglichkeiten zu sein, etwas Spass zu haben.

Zuwara ist im August 2017 noch immer eine der wichtigsten Drehscheiben für die irreguläre Emigration in Libyen. Die Anlaufstelle für alle Fremden, die nach Europa emigrieren wollen, ist das Café Delfin an der Siahlistrasse im Zentrum der Provinzstadt. Dort verkehren die Anwerber der Schlepper und alle anderen, die ein Geschäft mit den Migranten machen wollen. Junge Männer aus rund zehn verschiedenen Ländern sprechen Neuankömmlinge in ihrer Sprache an, erkundigen sich nach ihren Plänen und unterbreiten ihnen konkrete Vorschläge. Das Café wird aber auch von jungen Libyern besucht, die ins Schleppergeschäft verwickelt sind. Sie tragen Jeans und Sonnenbrillen mit den Labeln bekannter Marken, fahren japanische Geländewagen und rauchen entspannt Wasserpfeife oder einen Joint, sofern sie nicht gerade telefonieren.

Eine Überfahrt auf einem sicheren, modernen Schiff mit einem professionellen Kapitän kostet 500 Euro. Eine Passage auf einem alten, überfüllten Kutter ist für rund 300 Euro zu haben, und per Schlauchboot geht es noch billiger. Das sind Discountpreise; im Sommer 2016 mussten Ausreisewillige rund das Doppelte hinlegen.

Zuwara war während Jahren eine Hochburg des Schlepperwesens. Viele haben vom Geschäft mit den Migranten profitiert. Doch seit der Intervention der Italiener im Sommer 2017 ist die Ausreise von Migranten und Flüchtlingen zum Erliegen gekommen. Die vier jungen Milizionäre aus Zuwara haben mit dem Schleppergeschäft nach eigenen Worten nichts zu tun.

Der Kellner des Cafés Delfin trägt im Hosenbund eine Pistole. Er ist mürrisch und wortkarg.

Auf unsere Fragen mag er anfänglich nicht antworten. Dann kommentiert er kurz und knapp: «In diesen Tagen wollen alle maximal vom Schleppergeschäft profitieren, denn sie wissen, dass es nicht mehr lange gehen wird.» Er hat recht; zwei Wochen später ist es mit dem Geschäft vorbei.

Einer, der Zuwara bestens kennt, ist der 38-jährige Farid (siehe Kap. 10). Farid stammt aus einem kleinen Dorf im tunesischen Hinterland. Nach dem Ausbruch der tunesischen Aufstände begibt er sich nach Libyen, um Arbeit zu suchen. In Zuwara stellt ihn der Unternehmer Haj Ghassen an, der mehrere grosse Fischkutter besitzt; zuerst als Gehilfe an Bord, später als Kapitän. Im Sommer 2012 bietet ihm sein Arbeitgeber einen anderen Job an: Migranten zu schleusen, statt zu fischen. Fast fünf Jahre lang ist Farid im Auftrag seines Chefs als Kapitän tätig. Dabei hat er nach eigenen Aussagen über 100 000 Euro verdient; eine astronomische Summe für einen ungelernten Arbeiter.

Farid ist beileibe nicht der einzige Tunesier, der in Libyen im Schleppergeschäft tätig ist. Fast alle Kapitäne und Bordmechaniker auf den Schlepperbooten seien Tunesier, sagt Farid. Dies bestätigen auch andere Quellen. Tunesier sind zudem in den Schmuggel von Waffen, Drogen und Benzin involviert, und mehreren schwerreichen tunesischen Geschäftsleuten werden enge Beziehungen zu diesen mafiösen Netzwerken nachgesagt.

Farid hat sich auf das Schleppergeschäft eingelassen, weil seine Familie dringend Geld gebraucht hat. Er weiss im Detail, wie das Geschäft mit Migranten und Flüchtlingen funktioniert. Er kennt die Tricks, und er weiss auch sehr genau, wer den grossen Zaster einkassiert. Irgendwie scheint sich Farid dabei schlecht zu fühlen; seinen Seelenschmerz teilt er ab und zu mit anderen Saufbrüdern, die sich in lauten und verrauchten Bars die Nächte um die Ohren schlagen.

Ein anderer Helfershelfer von Haj Ghassen heisst Maher. Er stammt aus der Gegend, ist Ende 30, ehemaliger Friseur, geschieden, liebt Tunesien, seine Frauen, das Bier und die grosse Freiheit in den Touristenorten Hammamet, Sousse oder Djerba. Täglich unternimmt er im Auftrag von

Haj Ghassen Inspektionstouren. Er zeigt uns Wohnhäuser ausserhalb der Stadt, aber auch Garagen und Gewerbebauten, in denen Migranten auf ihre Ausreise nach Europa warten. Ab und zu verteilt er auch Lebensmittel und Medikamente. Mahers Aufgabe ist es auch, für gute Kontakte zu den lokalen Milizionären zu sorgen. Diese sind sehr jung und tragen militärische Uniformen in Tarnfarben, dazu eine Kalaschnikow.

Doch wer sind die grossen Schlepperbosse von Zuwara? Für Maher und Farid, aber auch für andere Auskunftspersonen in Zuwara besteht kein Zweifel, dass Haj Ghassen einer der ganz Grossen im Geschäft ist. «Jedermann in Zuwara kennt Haj Ghassen», sagt Farid. Dieser habe nach eigenen Aussagen zwischen 50 000 und 60 000 Migranten nach Europa geschleust. Doch die gewöhnlichen Bürger hätten Angst vor ihm, viele verachteten ihn, und Haj Ghassen verkehre nicht mehr oft in der Stadt. «Er ist nett zu den Netten und hart zu denen, die sich ihm widersetzen», kommentiert ein Einwohner von Zuwara. Viele ärmere Leute sähen in ihm aber auch einen Wohltäter, weil er bei religiösen Festen grosszügig spende. Bei den Migranten sei Haj Ghassen beliebt, weil er die modernsten Schiffe besitze und zudem eine kleine Halle organisiert habe, in der die Kandidaten für die illegale Ausreise Fussball spielen könnten.

Der angebliche Schlepperboss soll in den letzten Jahren ein riesiges Vermögen angehäuft haben, Villen in Tunesien, in der Türkei und in den Emiraten besitzen und regelmässig mit seiner Familie nach England reisen. Seine Villa in Zuwara wird schwer bewacht; Maher rät dringend davon ab, sich dieser nähern oder sie gar fotografieren zu wollen.

Daneben gibt es in Zuwara weitere Familien, die am grossen Geschäft mit den Migranten verdienen. Die Einheimischen wollen sich dazu nur hinter vorgehaltener Hand äussern. Ein Name fällt wiederholt: Fahmi Salim Musa Ben Farid. Er soll einer der grössten Benzinschmuggler im Nordwesten Libyens sein, aber auch im Schleppergeschäft mitmischen.

Anfang September 2017 ist das Geschäft mit den Migranten in Zuwara mit einem Schlag vorbei. Wochenlang legen kaum mehr Boote ab. Was genau geschah, ist bis heute im Detail ungeklärt. Auf jeden Fall ist die wackelige Regierung von Fayiz as-Sarradsch von der EU massiv unter Druck gesetzt worden. Alles weist zudem darauf hin, dass italienische Emissäre den Milizen für eine Zusammenarbeit in Sachen Bekämpfung der irregulären Migration grosse Geldsummen angeboten haben. Diese Strategie hat offensichtlich funktioniert; mächtige Milizen in den westlibyschen Küstenstädten haben die Seite gewechselt. Auch in Zuwara. Die Ausreisen von Libyen in Richtung Italien brechen in der Folge stark ein.

Ein Jahr später reisen wir erneut nach Zuwara. Wir wollen wissen, wie sich die Lage vor Ort verändert hat und wie es um das Schleppergeschäft steht. Es ist Mitte September 2018. Sogleich fällt uns auf, dass noch weniger afrikanische Migranten in den Strassen der Stadt zu sehen sind als ein Jahr zuvor. Das Café Delfin, ehemals das heimliche Informationszentrum für Migranten und Flüchtlinge, existiert nicht mehr. Jetzt hat sich dort eine Kleiderboutique eingemietet.

Die Stadt wirkt noch ruhiger als ein Jahr zuvor. Jugendliche spielen Fussball, junge Männer gehen am Abend spazieren oder trainieren in Sportstudios. Die Schulen und auch die Banken haben wieder geöffnet. Nichts deutet darauf hin, dass Zuwara mehrere Jahre lang eines der wichtigsten Zentren für die irreguläre Emigration war. Die Bewohner scheinen zufrieden zu sein, dass jetzt alles wieder ruhig ist.

Doch es fällt auf, dass sehr viel mehr Polizisten unterwegs sind. Es gibt eine spezielle Polizeieinheit, die die irreguläre Migration bekämpfen soll. «Wenn wir einen Afrikaner auf den Strassen sehen, rufen wir sogleich die Polizei an», sagt ein Einwohner von Zuwara. Ein junger Senegalese, den wir antreffen, bestätigt uns, dass es hier für Migranten und Flüchtlinge sehr viel schwieriger geworden sei. «Ich bin mehrere Male kontrolliert und in eine Art Internierungslager gebracht worden», erklärt er. Er habe dann seinen Chef angerufen, und der habe ihn wieder herausgeholt. Für einen jungen Afrikaner, der keinen Arbeitgeber habe, sei es aber schwierig, wieder aus einem solchen Lager herauszukommen.

Viele Migranten und Flüchtlinge verstecken sich nun in der Umgebung von Zuwara oder arbeiten auf grossen Farmen und Baustellen. So riskieren sie keine Verhaftung durch die Migrationspolizei. Die meisten Migranten, so berichtet ein Ägypter, hätten den Plan aufgegeben, von Zuwara per Schiff nach Italien auszureisen. Sie sparten jetzt Geld, um mit einem Schmuggler die tunesisch-libysche Grenze zu überwinden und dann in Zarzis einen Schlepper zu suchen. Ein Tunesier, den wir auf der Strasse auf das Thema der irregulären Emigration ansprechen, zuckt zusammen. «Es ist sehr gefährlich, in Zuwara über die Harga zu sprechen», sagt er und verschwindet sogleich in einer Nebenstrasse.

Doch was ist mit den Schleppern von Zuwara geschehen? Haben sie sich damit abgefunden, dass die Regierung unter dem Druck Italiens und der EU das Geschäft mit den Migranten nicht mehr tolerieren will? Haben sie eine finanzielle Abgeltung erhalten und sich anschliessend neuen Aktivitäten zugewendet? Ein Gewährsmann, der selbst für Haj Ghassen gearbeitet hat, klärt uns auf. Viele der grossen Schlepper verkauften nun illegal Erdölprodukte aus der ganz in der Nähe gelegenen Raffinerie von Mellitah Oil & Gas an maltesische und türkische Händler. «Die Schiffe liegen tagsüber ein paar Meilen vor der Küste auf offener See, landen dann aber gegen Mitternacht am Terminal», erklärt der Gewährsmann. Das Geschäft funktioniere bestens, und es sei genau genommen rentabler als das Geschäft mit den armen Afrikanern, bei dem man sich ja noch moralischen Vorwürfen aussetze. Die Regierung sei im Bild, könne aber nichts dagegen unternehmen. Und er ergänzt: «Alle sind zufrieden, dass Zuwara wieder eine saubere, ruhige Stadt ist.»

Die Recherchen vor Ort zu dieser Reportage wurden von Imed Hannana durchgeführt.

8
Der Maghreb: Transitland für Migranten aus Ländern südlich der Sahara

Alte Sklavenrouten – neue Migrationsrouten

Seit dem Beginn der 1990er-Jahre drängen zunehmend Flüchtlinge und Migranten aus den Ländern Westafrikas, der Sahelregion sowie aus anderen Staaten in den Maghreb. Die Gründe sind – nicht anders als bei den Maghrebstaaten – unter anderem in der zunehmend restriktiven Einwanderungspolitik Europas, in einer Verschlechterung der wirtschaftlichen Lage in manchen Ländern sowie auch in gewalttätigen Konflikten zu suchen. Im Fall Libyens spielte die Afrikapolitik von Gaddafi sowie der Bedarf Libyens an Arbeitskräften eine wichtige Rolle. Auf diese Weise gelangten Hunderttausende von Menschen aus den Sahelstaaten nach Libyen. Ein Teil dieser Migranten hatte dabei auch Europa als Ziel vor Augen.

Algerien betrieb – zumindest auf dem Papier – eine weltoffene, internationalistische Politik, aber keine aktive Förderung der Einreise von Menschen aus dem subsaharischen Afrika. Tunesien spielt in diesem Zusammenhang eine relativ geringe Rolle, weil es nicht an einer der Migrantenhauptrouten liegt. Marokko verfügt über uralte Beziehungen zu Senegal und zu den Sahelstaaten; so pilgern etwa Angehörige der Bruderschaft der Tidschānīya jedes Jahr an das Grabmal ihres Stifters, das sich im marokkanischen Fes befindet. Diese Traditionen leben weiter und werden teilweise auch aktiv gefördert, erhofft sich Marokko doch, der sufistische Islam der Bruderschaften könne ein wirksames Mittel sein, um die Radikalisierung eines Teils seiner Jugend zu bekämpfen. Seit Jahrzehnten studieren zudem Tausende junger Menschen aus Senegal und aus benachbarten Staaten in Marokko. Mauretanien, an der Grenze zwischen dem arabisch-berberisch und dem afrikanisch geprägten Kulturraum gelegen, verfügt schliesslich über eine uralte, wenn auch nicht konfliktfreie Beziehung zu den Nachbarn im Süden: So wurden Anfang der 1990er-Jahre Zehntausende von Bewohnern aus der Grenzregion nach Senegal abgeschoben, weil sie angeblich illegal nach Mauretanien eingereist waren.

Die Flüchtlinge und Migranten, die seit dem Anfang der 1990er-Jahre vermehrt in den Maghreb strömten, stellten allerdings ein neues Phänomen dar. Der Maghreb wurde auf diese Weise vollkommen unvorbereitet zu einem Transitraum. Da Europa in diesen Jahren seine Grenzen schloss, blieben Tausende afrikanischer Migranten im Maghreb stecken. Sie gelangten meist bis an die Mittelmeerküste, kamen dort aber nicht mehr weiter. Im Folgenden soll vor allem von Marokko und Algerien die Rede sein, den beiden wichtigsten Transitländern. Libyen ist ein Sonderfall, und die Emigration über Libyen und die sogenannte zentrale Mittelmeerroute war unter dem Gaddafi-Regime vergleichsweise gering.

Ein erschreckender Aspekt der Migration von afrikanischen Flüchtlingen ist der Umstand, dass diese im Wesentlichen die uralten Sklavenrouten benutzen. Darauf hat unter anderem der Autor Fabrizio Gatti hingewiesen, der die Route von Westafrika über Niger und Libyen an die Mittelmeerküste vor rund zwölf Jahren gemeinsam mit Migranten bereist hat. Die über tausendjährige Tradition des Sklavenhandels in Nordafrika, der viele Städte reich gemacht hat und der bis zum Anfang des 20. Jahrhunderts betrieben wurde, ist in Europa kaum bekannt und wird von islamischen Autoren tendenziell sehr diskret behandelt.

Die ehemaligen Dreh- und Angelpunkte des Sklavenhandels – etwa die Städte Agadez (Niger), Sebha (Libyen), Tamanrasset (Algerien) und Ceuta (Marokko) – spielen heute in der irregulären Emigration und in dem damit eng verbundenen Schlepperwesen eine ähnliche Rolle. Und genauso wie vor Hunderten von Jahren beteiligen sich massgeblich auch Afrikaner, wenn auch meist in eher untergeordneter Rolle, an diesem einträglichen Geschäft mit Menschen. Gewisse Beobachter vertreten sogar die Überzeugung, dass die Sklavenhändler von einst mit ihren «Klienten» besser umgegangen seien als die heutigen Schlepper. Berichte über «Sklavenmärkte» in Libyen, auf denen Migranten als Arbeitssklaven «verkauft» würden, verweisen ebenfalls auf diese uralte Tradition, die unter dem Firnis der Modernität auf erschreckende Weise wieder hervorbricht.

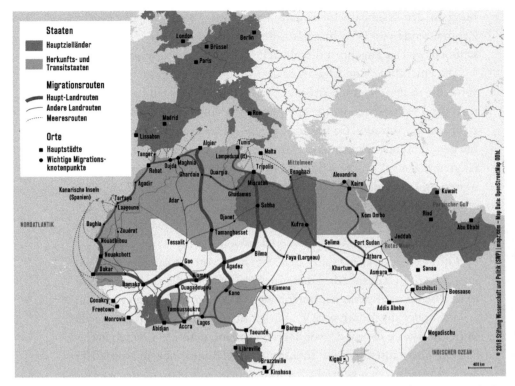

Die wichtigsten Migrationsrouten durch den Maghreb sind auf dieser Karte der Stiftung Wissenschaft und Politik (SWP) gut zu erkennen: Die westliche Mittelmeerroute führt von den Sahelstaaten über Algerien oder Marokko nach Spanien, die zentrale Mittelmeerroute führt über Niger und Libyen nach Italien oder Malta. Beide Routen weisen zahlreiche Nebenäste auf.

Die wichtigsten Migrationsrouten durch den Maghreb

Auf welchen Routen gelangen die Migranten und Flüchtlinge aus ihren Herkunftsländern in die Maghrebstaaten? Frontex, die Europäische Agentur für die Grenz- und Küstenwache, unterscheidet folgende Hauptmigrationsrouten über das Mittelmeer: erstens die westliche Mittelmeerroute über Marokko beziehungsweise Algerien nach Südspanien oder zu den Kanarischen Inseln. Zweitens die zentrale Mittelmeerroute, die über Agadez (Niger) und durch Libyen geht und nach Lampedusa oder Malta führt. Die anderen grossen Routen nach Europa führen nicht über den Maghreb und bleiben hier deshalb ausser Betracht.

Es lohnt sich, die verschiedenen Routen etwas genauer anzuschauen. Die Haupt- und Nebenrouten der Migrationsbewegungen sind auf der Karte der Stiftung Wissenschaft und Politik (SWP-Studie 2018/S 03) gut ersichtlich (siehe S. 130). Ganz im Westen, an der Atlantikküste entlang, führt eine bedeutende Route von Dakar nach Rabat und von dort weiter an die marokkanische Mittelmeerküste. Sie ist mit Zubringerrouten aus Bamako (Mali), Gao (Mali), Niamey (Niger), Ouagadougou (Burkina Faso), Abidjan (Elfenbeinküste), Lagos (Nigeria) sowie aus anderen Orten verknüpft. Diese Route, die längs der Atlantikküste durch die Westsahara (unter marokkanischer Verwaltung) und durch ganz Marokko führt, ist zumindest für die Menschen aus Senegal sowie einer Handvoll weiterer Staaten mit einem Touristenvisum zu passieren. Diese Migranten können auch direkt nach Casablanca (Marokko) fliegen. Zurzeit benutzen die meisten Migranten auf dieser Route allerdings den Landweg. Ein Nebenast, der von Senegal und Mauretanien aus auf die Kanarischen Inseln führt, hat heute fast keine Bedeutung mehr (siehe Kap. 12).

Ebenso bedeutend ist die Route, die über Agadez (Niger) nach Tamanrasset (Algerien) und dann nach Algier, Oran und weiter über die marokkanische Grenze nach Nador (Marokko) und Melilla (Spanien) führt. Jahrelang war dies der wichtigste Zweig der westlichen Mittelmeerroute. In den letzten Jahren hat er allerdings an Bedeutung verloren: Algerien geht deutlich härter gegen illegale Migranten vor, und die Grenze zwischen Marokko und Algerien ist aufgrund eines neu errichteten Grenzwalls deutlich schwieriger zu passieren.

Die zentrale Mittelmeerroute führt schliesslich von verschiedenen afrikanischen Ländern über Agadez (Niger) und Sebha (Libyen) nach Tripolis und von dort in die Küstenstädte, die den irregulären Migranten als Umschlagsplätze dienen, etwa nach Zuwara oder Sabrata. Von dort aus lässt sich die tunesische Küste, etwa die Städte Zarzis (siehe Kap. 7) oder Sfax, relativ leicht erreichen. Auch diese Route ist seit dem Sommer 2017 durch die Zusammenarbeit Italiens mit der libyschen Küstenwache beziehungsweise mit libyschen Stadtverwaltungen und Milizen deutlich schwieriger zu passieren. Zusätzlich versucht die EU durch eine enge Zusammenarbeit mit Niger zu verhindern, dass Migranten nach Libyen gelangen können.

Schliesslich ist noch ein wichtiger «Zubringer» zur zentralen Mittelmeerroute zu erwähnen. Er führt über die sudanesische Hauptstadt Khartum und über Kufra nach Bengasi (Libyen) und von dort aus weiter nach Tripolis. Diese Route wird vor allem von Flüchtlingen benutzt, die aus dem Sudan oder vom Horn von Afrika (Eritrea, Somalia) oder aus asiatischen Staaten wie Bangladesch stammen. Die EU versucht, diese Route durch die Zusammenarbeit mit dem sudanesischen Regime ebenfalls zu blockieren (siehe Kap. 12).

Riskante Reise, gefährliche Überfahrt

Flüchtlinge und Migranten sind auf ihrer Reise durch die Sahelstaaten, die Sahara und die Maghrebstaaten zahlreichen Gefahren ausgesetzt: Sie werden ausgeraubt, geschlagen, gezwungen, eine Art Wegzoll zu bezahlen oder Fronarbeit zu leisten, und zu Geldzahlungen über die eigene Familie erpresst. Frauen werden oft vergewaltigt. Die Täter sind kriminelle Banden, Polizisten, Grenzwächter, Milizionäre. Am schlimmsten ist die Lage in Libyen, wo Milizen Migranten systematisch misshandeln. In Einzelfällen sind sogar Formen von Sklavenhandel und Zwangsarbeit dokumentiert. Doch auch auf anderen Routen geraten Migranten in gefährliche und unmenschliche Situationen, so etwa im Umfeld der beiden spanischen Exklaven Ceuta und Melilla.

Die westliche Mittelmeerroute über Spanien war im Jahr 2018 die mit Abstand wichtigste Strecke über das Mittelmeer. Bis Ende 2018 sind laut der IOM mehr als 65 000 Migranten und Flüchtlinge auf diesem Weg nach

Spanien gelangt. Dies bedeutet gegenüber 2017 eine Zunahme um beinahe das Dreifache, gegenüber 2016 sogar eine Zunahme um das Siebenfache. In Italien sind laut diesen Statistiken im selben Zeitraum knapp etwas mehr als 23 000 Personen angekommen, in Malta knapp 1200. Die zentrale Mittelmeerroute über Libyen bleibt aber die weitaus gefährlichste: Dort starben über 1300 Menschen, während vor der Küste Spaniens trotz der sehr viel höheren Zahlen «nur» 769 Menschen ertranken. Insgesamt starben 2018 laut der IOM 2242 Menschen bei ihrer Flucht über das Mittelmeer.

Der Umgang der Maghrebstaaten mit Migranten und Flüchtlingen aus Ländern südlich der Sahara

Obwohl aus den Maghrebstaaten jahrzehntelang mehrere Millionen Staatsangehörige nach Europa emigrierten, taten sie sich eher schwer damit, selbst zu Transit- und Einwanderungsländern zu werden. Libyen ist dabei ein Sonderfall, weil nur vergleichsweise wenige Libyer das Land verliessen und weil Gaddafi seit den 1980er-Jahren auf Gastarbeiter aus afrikanischen Ländern setzte. Dort sind seit dieser Zeit Menschen aus den Sahelstaaten allgegenwärtig, was nicht bedeutet, dass sie auch gut behandelt werden.

Auch Mauretanien ist in dieser Hinsicht ein Sonderfall. Zum einen ist ein Teil der Bevölkerung dunkelhäutig, und Einwanderer sind somit äusserlich nicht oder nicht leicht zu identifizieren. In den drei anderen Maghrebstaaten ist die Anwesenheit von Migranten aus Ländern südlich der Sahara hingegen ein relativ neues Phänomen. Zwar kamen seit Langem junge Menschen aus diesen Ländern zu Studienzwecken in die Maghrebstaaten, vor allem nach Marokko. Doch insgesamt handelte es sich um eine geringe Zahl.

Die Präsenz von jungen Afrikanern im öffentlichen Raum nahm mit dem Beginn der Migrationsbewegung zu Beginn der 1990er-Jahre zwar zu. Doch die meisten Migranten wollten so rasch wie möglich nach Europa, verhielten sich diskret und mieden die Zentren der grossen Städte. Einzig in Tanger waren afrikanische Migranten schon um 1990 herum sehr präsent (siehe Kap. 7).

Die marokkanische Politik gegenüber Migranten aus Ländern südlich der Sahara ist im Vergleich mit anderen Maghrebstaaten relativ grosszügig: Migranten haben unter bestimmten Bedingungen die Chance auf ein Bleiberecht in Marokko. Doch viele Migranten wollen unter allen Umständen nach Europa emigrieren – so wie diese jungen Afrikaner in einem wilden «Camp» in Fes.

Dies änderte sich, als Europa in den 1990er-Jahren die Aussengrenzen – vor allem die Meerenge von Gibraltar – besser bewachte und damit die Ausreise von irregulären Migranten deutlich erschwerte. In der Folge blieben immer mehr «Transitmigranten» aus afrikanischen Ländern im Maghreb stecken. Sie blieben oft mehrere Jahre, um Geld für eine Überfahrt zu verdienen. Viele dieser Migranten lebten und leben unter prekären Verhältnissen in armen Vorstädten oder in improvisierten Camps. «Viele von ihnen haben (…) nur unzureichenden Zugang zu medizinischer Versorgung, zu sozialen Leistungen, zur Teilnahme am Arbeitsmarkt und nur eingeschränkte Möglichkeiten, Bildungseinrichtungen zu besuchen», heisst es treffend in einer Studie der Bundeszentrale für politische Bildung (BPB) über Marokko als Aufnahme- und Transitland. «Die meisten undokumentierten Migranten in Marokko leben deswegen in sehr prekären wirtschaftlichen und sozialen Verhältnissen und sind auf die Hilfe internationaler Organisationen oder lokaler karitativer Vereine angewiesen.»

Im Folgenden soll die Situation exemplarisch am Beispiel Marokko beleuchtet werden. Dafür gibt es gute Gründe: Marokko spielt in diesem Zusammenhang eine wichtige Rolle, weil sich drei bedeutende Dreh- und Angelpunkte der irregulären Emigration – die beiden spanischen Exklaven und die Region um Tanger – auf seinem Territorium befinden. Algerien und vor allem Tunesien haben eine weitaus geringere Bedeutung, und die Situation in Libyen ist zur Zeit der Niederschrift dieses Buches derart chaotisch und unübersichtlich, dass eine Bestandsaufnahme faktisch unmöglich ist. Marokko hat zudem als erstes Land gestrandeten afrikanischen Migranten die Möglichkeit geboten, ihren Aufenthalt zu legalisieren und sich eine Existenz in Marokko aufzubauen (siehe Seite 138 ff).

Ambivalenter Umgang mit Migranten aus afrikanischen Ländern

Der Umgang mit Migranten und Flüchtlingen aus dem subsaharischen Afrika ist in allen Maghrebstaaten ambivalent. Einerseits existiert ohne Zweifel eine gewisse Solidarität und Grosszügigkeit, vor allem seitens einfacherer Menschen. Andererseits sind Ängste und Vorbehalte den jungen Afrikanern gegenüber unübersehbar. Diese sprechen übereinstimmend von Rassismus, den sie in ihrem Alltag erleben. In gewissen Vorstadtvierteln – so etwa im Viertel Boukhalef in Tanger – ist es auch schon zu gewalttätigen Übergriffen, zu einzelnen Todesfällen und in der Folge zu Protesten der Migranten gekommen.

Auch in Tunesien und Algerien berichten Medien regelmässig von rassistischen Übergriffen gegenüber Migranten aus afrikanischen Ländern. Noch sehr viel ausgeprägter scheinen solche Verhaltensweisen in Libyen zu sein. Dabei ist offensichtlich, dass sich Maghrebiner nicht als Afrikaner fühlen und dass die von Sklavenhandel und Geringschätzung geprägte Geschichte zwischen dem Maghreb und dem Sahelraum tiefe Spuren hinterlassen hat.

Unzweifelhaft ist, dass das Thema Migration in Marokko durch die unübersehbare Anwesenheit afrikanischer, aber auch syrischer Migranten an Bedeutung gewonnen hat. «Während es in den 2000er-Jahren vor allem internationale Hilfsorganisationen waren, die auf die Situation der Migranten aufmerksam machten, sind es heute auch Gewerkschaften, lokale Menschenrechtsorganisationen und gemeinnützige Vereine, die sich aktiv mit der Flüchtlings- und Migrationspolitik Marokkos auseinandersetzen», heisst es in der erwähnten BPB-Studie. Auf solche Weise sind viele Projekte und Kampagnen durchgeführt worden, die sich für die Menschenrechte der Migranten einsetzen.

Fehlende Asylgesetzgebung und fehlende Aufnahmestrukturen

Obwohl alle fünf Maghrebstaaten die Genfer Flüchtlingskonvention, das Zusatzprotokoll von 1967 sowie die afrikanische Flüchtlingskonvention unterzeichnet haben, verfügt zurzeit kein einziger dieser Staaten über ein Asylgesetz noch über Strukturen, um Flüchtlinge und Asylsuchende aufzunehmen. Deshalb können diese in ganz Nordafrika kein Asyl beantragen. Ihnen bleibt nur die Möglichkeit, sich vom UN-Hochkommissariat für Flüchtlinge (UNHCR) registrieren zu lassen. In der Praxis gilt dies fast ausschliesslich für Syrer. Migranten und Flüchtlinge aus afrikanischen Staaten werden, falls sie es wünschen, von der IOM betreut. Diese bietet ihnen unter anderem Hilfe bei der freiwilligen Rückkehr in ihre Heimat an.

Das UNHCR unterstützt alle Maghrebstaaten dabei, ein nationales Schutzsystem aufzubauen und ein Asylgesetz zu erarbeiten. Doch das Interesse ist nicht allzu gross. In Algerien ist ein Gesetzentwurf zum Asylrecht seit sieben Jahren in der Schwebe. Amnesty International (AI) forderte das Land im Juni 2018 einmal mehr auf, diese Sache endlich voranzutreiben. Kritik übte AI auch an der willkürlichen Verhaftung und Ausweisung ausländischer Staatangehöriger, die sowohl dem algerischen Recht als auch internationalen Konventionen widersprechen.

In Marokko ist die Ausarbeitung eines nationalen Gesetzes zum Schutz von Asylsuchenden ebenfalls seit Jahren im Verzug. Auch der Aufruf des Nationalen Menschenrechtsrats (CNDH) im Sommer 2016, die Verabschiedung eines Asylgesetzes zu beschleunigen, hat bislang nichts bewirkt. «Asyl in Marokko: Gastfreundschaft ohne Gerechtigkeit», kommentiert dazu die Nationale Plattform zum Schutz von Migranten im Juli 2018. Andere Einschätzungen sind deutlich härter und werfen der marokkanischen Regierung eine bewusste Verschleppung des neuen Asylgesetzes vor.

Auch Tunesien verfügt bislang über kein solches Gesetz. Erst im Lauf des Jahres 2018 wurde unter der Leitung des UNHCR und in Kooperation mit dem arabischen Menschenrechtsinstitut ein entsprechender Gesetzesentwurf ausgearbeitet. Dieser wurde von Experten geprüft und anschliessend dem tunesischen Justizministerium übergeben. Er soll 2019 dem Parlament unterbreitet werden. Angesichts der schwierigen Lage im Land und anderer Prioritäten rechnen Beobachter allerdings damit, dass es noch Jahre dauern könnte, bis das Gesetz verabschiedet wird. Noch düsterer sieht die Lage in Libyen und Mauretanien aus: Dort gibt es nicht einmal Ansätze zum rechtlichen Schutz Asylsuchender.

Asylsuchende oder Arbeitsmigranten ohne legalen Status sind in den Maghrebstaaten somit kaum geschützt. In allen Maghrebstaaten versuchen aber NGOs und Vereine, den Flüchtlingen und Migranten rechtlich beizustehen. In Marokko sind dies etwa ein Verein mit dem Namen Programme d'Aide Juridique pour les Réfugiés au Maroc (AJRM) sowie die Groupe Antiraciste de Défense et d'Accompagnement des Etrangers et Migrants (GADEM). Auch in Algerien kümmern sich private Organisationen sowie das UNHCR um Flüchtlinge. Die UNO verfügt aber, so der Anwalt Noureddine Benissad, nur über ein kleines Büro in Algier. Dieses prüft die Gesuche von Flüchtlingen und stellt ihnen anschliessend einen Flüchtlingsausweis aus. Dieses Dokument werde aber von den algerischen Behörden nicht anerkannt, berichtet Benissad; wer in eine Kontrolle gerate, könne Pech haben. «Es gibt Polizisten, die wegschauen und nicht reagieren», sagt Anwalt Benissad. «Doch andere stellen sich auf den Standpunkt, dass der Flüchtlingsausweis keine Gültigkeit besitze und dass der Betroffene deshalb ausgewiesen werden müsse.» Diese Rechtsunsicherheit betrifft auch Tausende von illegalen Migranten, die jahrelang in Algerien gearbeitet und sich vergeblich um eine Legalisierung ihres Status bemüht haben. Es besteht kein Zweifel, dass das Land auf solche Weise massiv gegen internationale Konventionen verstösst. Sehr viel dramatischer ist die Lage in Libyen, wo Flüchtlinge nicht nur keinerlei Rechte besitzen, sondern auch in verschiedenster Weise ausgebeutet und misshandelt werden.

Ausnahme Marokko: Initiative zur Regulierung

Jahrelang lebten Migranten auf dem Weg nach Europa sowohl in Marokko als auch in den anderen Maghrebstaaten in schwierigen oder gar prekären Verhältnissen. Doch dann gab König Mohammed VI. Ende 2013 den Startschuss zu einer neuen, humaneren Migrationspolitik. Über die Gründe lässt sich nur spekulieren. Neben dem Leiden der Migranten, das immer augenfälliger wurde und das für das Image Marokkos als gastfreundliches Land schädlich war, sehen Beobachter auch das wirtschaftliche Interesse Marokkos an Westafrika als wichtigen Faktor. Mit Massnahmen, die jungen, gestrandeten Emigranten aus dieser Region eine Chance gaben, konnte sich Marokko in deren Herkunftsländern einigen Goodwill verschaffen.

Die marokkanische Regierung bot ab 2014 irregulären Migranten aus dem subsaharischen Afrika unter bestimmten Bedingungen einen legalen Aufenthaltsstatus an: wenn sie einen fünfjährigen Aufenthalt in Marokko oder einen Arbeitsvertrag nachweisen konnten oder aber schwer erkrankt waren. In einer ersten Phase bekamen in den Jahren 2014/15 rund 18 000 irregulär eingewanderte Personen einen ein- oder mehrjährigen Aufenthaltsstatus, einen prinzipiellen Anspruch auf den Zugang zu öffentlichen Schulen und zur Gesundheitsversorgung sowie auf den Zugang zum Arbeitsmarkt. In einer zweiten Regulierungsphase in den Jahren 2016/17 sind nochmals über 30 000 Anträge gestellt worden. Insgesamt sollen laut Angaben der marokkanischen Behörden bis Oktober 2018 rund 46 000 Gesuche bewilligt worden sein.

Diese Möglichkeit für irreguläre Migranten, ihren Status zu legalisieren, kann im Maghreb und der gesamten Region des Nahen und Mittleren Ostens als eine Pioniertat gelten. «Der marokkanische und algerische Umgang mit der wachsenden Zahl an Afrikanern aus dem Subsahararaum, die entweder auf dem Weg nach Europa ‹hängen geblieben› oder aber mit dem Ziel Marokko oder Algerien irregulär ins Land gekommen sind, könnte unterschiedlicher nicht ausfallen», heisst es in der SWP-Studie. «Marokko verfolgt als erstes und bisher einziges nordafrikanisches Land eine Politik der Legalisierung bestimmter Personengruppen.» Dagegen beliess und belässt Algerien unzählige irreguläre Migranten in quälender Unsicherheit oder lässt sie auf brutale Weise ausweisen. Laut übereinstimmenden Berichten der UNO und von Menschenrechtsorganisationen hat Algerien seit 2014 rund 28 000 Migranten und Flüchtlinge in ihre Herkunftsländer rückgeführt, in den meisten Fällen nach Niger. In einem Bericht des European Council on Refugees and Exiles von Mitte Januar 2019 ist gar von 25 000 derartigen Rückführungen allein im Jahr 2018 die Rede.

Doch die neue marokkanische Politik gegenüber Migranten aus Ländern südlich der Sahara hat auch widersprüchliche und problematische Seiten. Erstens sind die Bedingungen für viele Migranten zu restriktiv und nur schwer zu erfüllen. Zweitens ist für diejenigen, die einen legalen Aufenthaltsstatus erhalten haben, der Zugang zu staatlichen Leistungen – etwa zur Gesundheitsversorgung – in der Praxis weiterhin schwierig. Mehrere Migranten erklärten gegenüber dem Autor, dass sie grosse Einschränkungen in Kauf nehmen müssten und dass ihnen vor allem der Zugang zum Arbeitsmarkt weiterhin versperrt bleibe. Ihr Alltag gestaltet sich deshalb nach wie vor sehr schwierig. Zudem strömen Monat für Monat neue Migranten – mehrheitlich aus westafrikanischen Ländern – nach Marokko, was dazu führt, dass vor allem im Norden des Landes und in den grossen Städten weiterhin unzählige Migranten und Flüchtlinge in prekären Verhältnissen leben. Schliesslich muss auch festgehalten werden, dass sich viele junge Harraga gar nicht für einen legalen Verbleib in Marokko interessieren, sondern nach Europa weiterreisen wollen. So hielten die meisten Migranten, die ich in einem improvisierten Camp in Fes angetroffen habe, trotz mehrerer gescheiterter Versuche an ihrem Plan fest, nach Europa auszureisen.

Die relative Grosszügigkeit Marokkos kontrastiert schliesslich stark mit der vielfach dokumentierten Praxis, Migranten aus der Umgebung der beiden spanischen Exklaven Ceuta und Melilla sowie aus gewissen Stadtteilen von Tanger zu vertreiben und in andere Landesteile zu bringen. Solche Razzien finden laut Menschenrechts- und Flüchtlingsorganisationen seit Jahren statt. Alles weist darauf hin, dass die marokkanische Regierung diese Praxis im Sommer 2018 deutlich verschärft hat. Allein im Juli und August 2018 sollen laut der Organisation GADEM mehr als 7000 Migranten deportiert worden sein. Sie wurden meist in weit entfernte Regionen gefahren – etwa nach Tiznit südlich von Agadir – und dort ausgesetzt (siehe S. 144 f). Zudem sollen rund 90 Migranten gewaltsam ausgewiesen worden sein. In Tanger ging die Polizei nach Aussage von Migranten mit rabiaten Methoden gegen Menschen vor, die keine Papiere hatten. Diese systematischen Vertreibungen und das harte Vorgehen gegenüber irregulären Migranten, die zweifellos auf Druck Spaniens und der EU stattfinden, relativieren die neue und humanere Migrationspolitik Marokkos beträchtlich.

Die aktuelle Situation 2018/19

Niemand weiss, wie viele irreguläre Migranten und Flüchtlinge sich in den Maghrebstaaten aufhalten. In Mauretanien sind laut dem UNHCR rund 1400 Flüchtlinge und knapp 1200 Asylsuchende in zwei Lagern in der Hauptstadt Nouakchott sowie in Nouadhibou registriert. Dazu kommen rund 56 000 Flüchtlinge in einem Camp nahe der Grenze zu Mali. NGOs gehen von einer deutlich höheren Zahl aus. In Algerien gelangten in den vergangenen Jahren laut dem Innenministerium rund 90 000 Flüchtlinge und Migranten pro Jahr illegal ins Land. Die IOM schätzt deren Zahl im Jahr 2018 auf 50 000 bis 75 000, Menschenrechtsaktivisten gehen gar von mehr als 100 000 Personen aus. Sowohl in Marokko als auch in Algerien handelt es sich um eine sogenannte gemischte Migration von

Menschen aus den Sahelstaaten und aus Westafrika. Bei all diesen Migranten ist unklar, ob sie auf dem Weg nach Europa sind oder ob sie sich in dem betroffenen Staat niederlassen wollen.

In diesen Zahlen sind die vom UNHCR registrierten Flüchtlinge nicht enthalten. In Marokko handelte es sich im Herbst 2018 um rund 7500 Menschen, in Algerien laut dem Verantwortlichen des Hochkommissariats für Flüchtlinge vor Ort um etwa 8000 Menschen. Dazu kommen einige Zehntausend syrische Flüchtlinge, die nicht registriert sein sollen, sowie die rund 100 000 Sahraouis, die seit mehr als 40 Jahren in Lagern im algerischen Tindouf leben. In Tunesien hielten sich im Oktober 2018 laut der IOM rund 800 vom UNHCR registrierte Flüchtlinge und, je nach Quelle, zwischen 60 000 und rund 75 000 Migranten aus afrikanischen Ländern auf.

Eine ganz andere Dimension weisen die Zahlen in Libyen auf. Das IOM spricht von rund 56 000 registrierten Flüchtlingen und Asylsuchenden. Dazu kommen zwischen 700 000 und eine Million Migranten, die sich gegenwärtig in Libyen befinden.

Aufgrund der chaotischen Lage, der Abwesenheit neutraler Beobachter und der Vermischung von Arbeitsmigranten und Kandidaten für eine Weiterreise nach Europa ist es zurzeit unmöglich, Genaueres über diese Menschen und ihre Situation zu erfahren.

In den staatlichen Internierungslagern sollen laut Schätzungen des UNHCR vom Januar 2019 rund 5000 Menschen festgehalten werden. Während die Zahl der Internierten Ende 2017 durch Rückführungen in ihre Heimatländer um 80 Prozent verringert werden konnte, ist sie laut Angaben der IOM im Lauf des Jahres 2018 wieder stark angestiegen. Die Gründe dafür sind die verstärkten Kontrollen und die bessere Ausrüstung der libyschen Küstenwache. Sowohl 2017 wie auch 2018 griff diese laut Angaben des UNHCR je etwas mehr als 15 000 Migranten und Flüchtlinge auf hoher See auf. Die UNO-Mission für Libyen spricht gar von 29 000 Personen – ein Beleg mehr dafür, wie schwierig es ist, genaues Zahlenmaterial zu erhalten. Im Lauf des Jahres 2018 wurden zudem laut der IOM rund 2700 Personen aus staatlichen Haftzentren entlassen.

Über die von Milizen oder Schleppern geführten Haftanstalten und Zentren existieren keine Zahlen, sondern nur bruchstückhafte Informationen. Was bislang nach aussen gedrungen ist, ergibt das Bild einer unglaublichen Verrohung sowie einer katastrophalen humanitären Situation. Im Jahr 2018 hat die IOM insgesamt mehr als 16 000 in Libyen festsitzende Migranten und Flüchtlinge in ihre Heimatländer repatriiert. Nur gerade 1064 Flüchtlinge und Asylsuchende konnten zwischen September 2017 und Ende 2018 in eines von sieben Ländern ausgeflogen werden, die ihnen Asyl angeboten hatten. Auch die Schweiz hat solche «Resettlement»-Flüchtlinge aufgenommen.

In Zuwara wie auch in anderen Städten in Libyen arbeiten unzählige Migranten aus Ländern südlich der Sahara auf Baustellen, in Gewerbebetrieben, in der Landwirtschaft und in Reinigungsdiensten. In ganz Libyen sollen mehr als 700 000 afrikanische Migranten und Flüchtlinge leben. Niemand weiss, wie viele von ihnen nach Europa emigrieren wollen.

Was Cissoko aus Senegal im Sommer 2018 widerfuhr

Seit ein paar Wochen arbeite ich am Strand von Ain Achakar in der Nähe von Tanger. Zusammen mit einem anderen Senegalesen bin ich in einer Feriensiedlung als Putzhilfe tätig. Ich bin froh, dass ich diesen vorübergehenden Job gefunden habe. Jeden Morgen nehme ich den Bus in der Nähe des alten Bahnhofs von Tanger und fahre nach Ain Achakar. Das grosse Opferfest kann ich leider nicht mit meiner Familie feiern. Ich werde aber meinen Chef fragen, ob er mir einen Vorschuss gibt, damit ich meinen Liebsten etwas Geld schicken kann.

Hier in Tanger ist die Situation für uns Migranten in letzter Zeit schwierig geworden. Die Behörden kontrollieren die Strände und die Orte, wo sich die «subsahariens», die afrikanischen Migranten, aufhalten, sehr stark. Auch in Boukhalef gibt es jetzt keine wilden Camps mehr. Alle, die dort waren und auf die Weiterreise nach Europa gewartet haben, sind festgenommen und aus dieser Region vertrieben worden. Polizisten kontrollieren häufig, und wenn du keine Papiere hast, wirst du auf ein Kommissariat mitgenommen. Sie zwingen die Migranten dann, in Busse zu steigen. Sie sagen dir aber nicht, wohin die Reise geht.

Auch ich bin vor etwa einem Monat aufgriffen worden. Weil meine legale Aufenthaltsgenehmigung in Marokko schon vor etwa sechs Monaten abgelaufen ist – man darf ohne Visum nur drei Monate bleiben –, haben sie mich gezwungen, in einen Bus zu steigen. Ich konnte nicht einmal mehr in meine kleine Absteige in der Altstadt von Tanger zurückkehren. Wir sind über zehn Stunden lang gefahren. Als Verpflegung haben sie uns nichts als eine Flasche Wasser, ein Fladenbrot und eine Dose Sardinen gegeben. Wenn man auf die Toilette musste, hielten sie nicht an. Ich habe gehört, Migranten hätten die Heckscheibe zertrümmert und seien geflohen, als der Bus an einer Raststätte wartete.

Es war schon Nacht, als wir im Süden Marokkos ankamen. Ich glaube, es war in der Nähe von Tiznit, etwa eine Stunde südlich von Agadir. Dort mussten wir aussteigen. Erst jetzt stellte ich fest, dass es sieben Busse mit Migranten waren. Die Polizisten sagten uns, wir sollten jetzt in unsere Länder zurückreisen. Sie gaben uns aber weder Geld, noch stellten sie uns eine Unterkunft zur Verfügung. Die meisten Migranten waren völlig mittellos. Und niemand von uns wollte aus Marokko weg.

Ich habe, wie die meisten anderen, diese Nacht ohne Decke oder Schlafmatte auf dem harten Boden verbracht. Ich hatte, ehrlich gesagt, Angst, dass wir überfallen würden. Zum Glück passierte nichts. Am nächsten Tag bin ich wieder nach Casablanca zurück. Nur Gott weiss, wie ich das geschafft habe; ich hatte ja nicht einmal mehr Geld für ein Busticket. In Casablanca habe ich Freunde, sie sind auch Senegalesen. Bei ihnen konnte ich zwei Tage bleiben und mich etwas ausruhen. Dann bin ich mit dem Bus nach Tanger zurück.

Als ich in Tanger ankam, musste ich feststellen, dass der Marokkaner, bei dem wir unser Material deponiert hatten, alles verkauft hatte. Mit «Material» meine ich das Schlauchboot und die Schwimmwesten, die wir für die Überfahrt gekauft hatten. Ja, er hat uns reingelegt. Wir Armen werden ja häufig betrogen, und wir können uns kaum wehren.

Ich werde erneut versuchen, nach Europa zu gelangen. Doch es ist schwieriger geworden. Vielleicht muss ich etwas warten, bis sich die Lage wieder beruhigt hat und bis die vielen Polizisten an den Stränden von Tanger verschwunden sind.

15. September 2018

Junge Afrikaner mit perfekten Körpern, strahlende Helden: Die Migranten, die im August 2018 die Grenzzäune von Ceuta überwunden haben, freuen sich offensichtlich, in Europa angekommen zu sein. Dieses Pressebild vermittelt nicht nur eine Momentaufnahme von jungen Migranten auf ihrem Weg, sondern zeichnet auch ein überhöhtes, idealisiertes Bild von Flüchtlingen.

9
An den Hindernissen gescheitert:
Auf dem Weg nach Europa im Maghreb gestrandet

> «*Wenn die Menschen aus Afrika erst nach Europa gekommen sind, erkennen sie die Wahrheit, stecken aber in der Falle, weil die Rückkehr eine Blossstellung vor ihren Freunden wäre.*»
> Paul Collier, *NZZ am Sonntag*, August 2018

Einführung: Drei Bilder afrikanischer Flüchtlinge

Der Auftritt der fünf jungen Männer, die schräg nach vorne oder in Richtung Himmel blicken, ist auf Anhieb nicht leicht einzuordnen (Bild S. 146). Handelt es sich um die Premiere einer Ballettvorführung? Oder vielmehr um ein Shooting in einem Fitnessstudio? Die jungen Männer treten mit nackten Oberkörpern auf, haben athletische, makellose Körper, schön geschnittene Gesichter, modische Frisuren und strahlen vor Freude. Einer streckt die Arme triumphierend in die Höhe, ein anderer lächelt selig. Es sind junge Helden, die uns hier begegnen. So zumindest hat der Fotograf das Bild arrangiert. Erst auf den zweiten Blick fällt auf, dass der hinterste der jungen Migranten ein zerrissenes T-Shirt trägt. Doch blutige Hände oder Verletzungen vom Überklettern der schwer gesicherten Grenzzäune von Ceuta sind auf diesem Pressebild, das Ende August 2018 um die Welt ging, nicht zu erkennen.

Das Bild will ohne Zweifel Sympathien wecken und Mitgefühl für die jungen Männer zeigen, die ihr Leben aufs Spiel setzen und die mit Ausdauer und Mut ihr Ziel verfolgen, nach Europa zu gelangen. Die fünf jungen «Helden» sind Sympathieträger, und wer ihren Wunsch zu emigrieren infrage stellt, muss schon fast ein Unmensch sein.

Diese Botschaft ist wohl beabsichtigt; und angesichts einer zunehmend feindseligen Stimmung gegenüber Migranten ist es auch legitim, positiv besetzte Bilder zu diesem Thema zu verbreiten. Gleichzeitig beinhaltet dieses Pressebild aber auch eine Stilisierung, ja eine Idealisierung des Phänomens der irregulären Migration, die sich mit den Alltagserfahrungen der meisten Menschen in Europa in keiner Weise deckt. Und dies kann auch problematisch, wenn nicht sogar kontraproduktiv sein.

Es gibt auch andere Fotos junger Emigranten nach dem Sturm auf die Zäune von Ceuta und Melilla (Bild S. 149 oben). Sie haben weniger perfekte Körper und weniger gewinnende Gesichter. Vor allem leiden sie: Nach der Überwindung der Grenzanlagen an Händen und Füssen verletzt, sind sie erschöpft zu Boden gesunken und empfinden offensichtlich starke Schmerzen. Diese Bilder sind verstörend; denn wir wissen alle, dass letztlich die europäische Abschottungspolitik für ihre Verletzungen (mit)verantwortlich ist. Es sind diese Bilder von leidenden Migranten, die ich von meinen zahlreichen Besuchen im Norden Marokkos im Kopf gespeichert habe.

Eine dritte Kategorie von Bildern irritiert auf eine andere Weise (Bild S. 149 unten). Es sind junge Männer, die Freudentänze aufführen, sich auf den Boden werfen oder auf eine andere Art das Ende einer monate- oder gar jahrelangen Reise feiern. Es ist, als begingen sie einen Initiationsritus; das Bestehen einer schweren Prüfung, an der man scheitern oder aber eine neue Phase seines Lebens beginnen kann. In Senegal, so der Journalist und Ethnologe David Signer, betrachteten viele junge Migranten das Überwinden der Hindernisse auf der langen Reise nach Europa als ein solches Ritual, aber auch als Mutprobe.

Es sind diese Bilder, die zumindest mir die schlechtesten Gefühle vermitteln. Denn wir wissen alle: Das, was die jungen Männer in den Aufnahmezentren von Ceuta oder Melilla, später in Spanien oder sonstwo in Europa in ihrem Alltag erwartet, ist meist hart, gnadenlos und brutal. Nur eine kleine Minderheit junger Migranten aus Westafrika hat die Chance auf ein halbwegs gutes Leben, auf eine korrekt bezahlte Arbeit sowie auf stabile Verhältnisse. Viele werden wieder in ihre Herkunftsländer abgeschoben und müssen ihr Projekt eines anderen, besseren Lebens begraben. Andere tauchen unter, versuchen, sich irgendwie durchzuschlagen, leben meist in prekären Verhältnissen und suchen verzweifelt nach einer

Erschöpft vom monatelangem Warten, verletzt durch die messerscharfen Klingen des Stacheldrahts, mit blutenden Händen und zerrissenen Kleidern, sinken junge Migranten zu Boden. Soeben haben sie europäischen Boden betreten. Dieses Bild zeichnet ein sehr viel realistischeres Bild der Situation auf beiden Seiten der Zäune von Ceuta und Melilla.

Junge Männer, die soeben in Ceuta angekommen sind, führen Freudentänze auf, werfen sich auf den Boden und feiern ausgelassen das Ende einer monate- oder gar jahrelangen Reise. Noch realisieren sie nicht, dass sie in Europa zumeist nicht willkommen sind und dass ihnen ein langer und schwieriger Weg bevorsteht.

Lösung, um legal in Europa bleiben zu können. Viele dieser Migranten werden im Süden Europas auf Farmen und Plantagen gnadenlos ausgebeutet, vegetieren in improvisierten Hütten und Siedlungen am Rand der grossen Städte oder geraten gar auf die schiefe Bahn. Ein Zurück ist für viele dieser Gestrandeten nur unter grossem Gesichtsverlust möglich.

Dieses Buch setzt seinen Fokus ganz klar auf die Harraga, die irregulären Migranten aus dem Maghreb. Dennoch soll in diesem Kapitel auch ein Schlaglicht auf Migranten und Flüchtlinge aus Ländern südlich der Sahara geworfen werden. Sie durchqueren den Maghreb auf ihrer Reise nach Europa, können die verschiedenen Hindernisse oft aber nicht überwinden und bleiben im wahrsten Sinn des Wortes auf der Strecke. Viele von ihnen verharren mehrere Jahre unter schwierigsten Verhältnissen irgendwo unweit der Mittelmeerküste in einem der Maghrebstaaten. Manche versuchen immer wieder, einen Schlepper zu finden, der sie nach Europa bringt. Andere unternehmen unzählige Versuche, die Grenzbefestigungen von Ceuta oder Melilla zu überwinden, um auf diese Weise auf europäischen Boden zu gelangen. Andere werden krank und verfallen in Depressionen. Die meisten sind nach ein paar Jahren zermürbt und geben ihre Migrationspläne auf.

Ich habe in den vergangenen Jahren zahlreiche afrikanische Migranten angetroffen, die irgendwo im Maghreb gestrandet waren und ihre Reise nicht mehr fortsetzen konnten. Amadou aus Mali, der es zuerst in Mauretanien, dann mehrfach in Algerien versuchte, es aber nie bis an die Mittelmeerküste schaffte. Oder Ibrahim aus Gambia, der nach einer langen und gefährlichen Reise durch alle Sahelstaaten und durch die libysche Wüste zweimal ein Schlepperboot bestieg. Das erste Mal kenterte der alte Kahn, und die Migranten und Flüchtlinge wurden von der libyschen Küstenwache gerettet. Das zweite Mal hatte das Schiff einen Motorschaden und wurde an die tunesische Küste getrieben. Oder Mohammed aus Senegal, den ich in einem improvisierten Camp in der Nähe des Bahnhofs von Fes kennengelernt habe. Er hatte mehrfach erfolglos versucht, die Zäune von Ceuta zu überwinden und war im Oktober 2017 bei einer Razzia der marokkanischen Sicherheitskräfte aufgegriffen und nach Fes gebracht worden.

Im Folgenden schildere ich die Geschichte von Prosper Kalmogo

(Pseudonym) aus Burkina Faso. Neun Jahre lang hatte er erfolglos versucht, von Marokko aus nach Europa zu gelangen. 2014 erhielt er vom marokkanischen Staat Papiere, die ihm eine legale, wenn auch weiterhin schwierige Existenz ermöglichten.

Prosper Kalmogo, Burkina Faso: In Marokko gestrandet

Das erste Treffen mit Prosper Kalmogo und zweien seiner Freunde findet im Januar 2015 im ungeheizten Lokal der marokkanischen Menschenrechtsorganisation AMDH in Oujda statt. Die drei Männer stammen aus Burkina Faso, Elfenbeinküste und Mali; ihr Ziel ist Europa. Mehrere Male versuchten sie, die meterhohen Grenzzäune bei Melilla zu überwinden. Doch sie scheiterten stets. In Oujda, rund 10 Kilometer von der – geschlossenen – algerischen Grenze entfernt, haben sie eine ärmliche Bleibe gefunden. Die drei Freunde überlegen sich, wie es nun weitergehen soll.

Prosper Kalmogo ist zu diesem Zeitpunkt 37 Jahre alt und für seine Verhältnisse erstaunlich elegant gekleidet. Er trägt einen kurzgeschnittenen Bart; eine Narbe in seinem Gesicht und der etwas traurige Blick lassen erahnen, dass sein bisheriges Leben voller Schwierigkeiten gewesen ist.

Kalmogo stammt aus Burkina Faso. Aufgewachsen ist er in einem kleinen Dorf in der Provinz Kossi, rund 300 Kilometer von der Hauptstadt Ouagadougou entfernt. Seine Eltern sind Bauern, die Familie ist nach eigenen Angaben «sehr gross». In der Provinzstadt Nouna besuchte Prosper Kalmogo vor mehr als 20 Jahren eine Art Berufsschule, in der er zum Maurer ausgebildet wurde. Zusätzliche Ausbildungen blieben dem jungen, wissbegierigen Mann verwehrt. Doch er habe immer sehr viel gelesen – alles, was ihm eben in die Hände gefallen sei, sagt Kalmogo in ausgezeichnetem Französisch.

Mit etwas mehr als 18 Jahren verlässt er sein Dorf und sucht in Elfenbeinküste – so wie viele junge Burkinaber auch – Arbeit auf Kakao- und Kaffeeplantagen. Auf diese Weise unterstützt er seine Familie. Nach zehn Jahren harter Arbeit entschliesst sich Kalmogo, in Richtung Europa aufzubrechen. Auf einer der grossen Migrationsrouten, die über Tamanrasset durch ganz Algerien an die Mittelmeerküste führen, gelangt er an die marokkanisch-algerische Grenze. Sie sei das grösste Hindernis gewesen, sagt

Kalmogo, und seine beiden Freunde Mamadou aus Mali und Idris aus Elfenbeinküste nicken. Nur andeutungsweise berichtet er von Überfällen durch Banditen und von Schikanen brutaler Grenzwächter.

Die letzte Station auf dem Weg nach Europa ist der legendäre Wald von Gourougou in Sichtweite der spanischen Exklave Melilla. Im ersten Winter nach seiner Ankunft in Marokko lebt Kalmogo mehrere Monate lang unter äusserst prekären Verhältnissen in einem der improvisierten Camps, die sich hauptsächlich aus Migranten derselben Herkunft zusammensetzen. Mehrfach versucht er, die Grenzbefestigungen zu überwinden. Immer in der Nacht, als Stosstrupp organisiert. Ohne Erfolg. Ermattet zieht er sich schliesslich nach Oujda zurück. Auch im darauffolgenden Sommer scheitern seine Versuche.

Darauf sucht Kalmogo andere Wege, um nach Europa zu gelangen. Zuerst in Tanger, dann in Casablanca. Aber für einen Schlepper, der gefälschte Papiere oder einen Platz in einem Lastwagencontainer organisieren könnte, fehlt ihm das Geld. Kalmogo findet keine Arbeit, obwohl er nach eigenen Aussagen grosses handwerkliches Geschick besitzt. Er entscheidet sich schliesslich dafür, nach Oujda zurückzukehren. Dort lebt er mehrere Jahre lang in einer Art Lager von irregulären Migranten auf dem Universitätscampus, das von den marokkanischen Behörden toleriert wird. Seit 2014 teilt er sich mit drei anderen Migranten eine sehr einfache Wohnung in einem Aussenviertel der Stadt. Bei gesundheitlichen Problemen helfen ihnen die Mitarbeiter von Médecins du Monde, die in Oujda eine kleine Krankenstation betreiben.

Doch wovon lebt Prosper Kalmogo? Trotz mehrfacher Nachfrage erhalte ich keine klare Auskunft. Es ist zu vermuten, dass sich die jungen Männer und die wenigen Frauen mit Gelegenheitsjobs über Wasser halten und ab und zu von afrikanischen Studenten unterstützt werden, die in Oujda studieren. An Geldüberweisungen für die Familie, mit der Kalmogo hie und da telefoniert, ist nicht zu denken.

Anfang 2014 hat der marokkanische König Mohammed VI. eine neue Politik gegenüber afrikanischen Migranten und insbesondere die Regulierung des Status von länger anwesenden Flüchtlingen in Aussicht gestellt. Kalmogo hat sich beworben und tatsächlich provisorische Papiere erhalten. Nun hofft er, dass diese schon bald ohne Probleme verlängert werden.

Hoffnung auf Arbeit

Auf eine Weiterreise nach Europa hat Prosper Kalmogo schweren Herzens verzichtet. Er wolle nicht seine Gesundheit oder gar sein Leben riskieren, erklärt er. Umso mehr hofft er, sich nun in der marokkanischen Gesellschaft integrieren zu können. Das bedeutet in erster Linie, eine Arbeit zu finden, um seine prekäre Situation hinter sich zu lassen und endlich ein menschenwürdiges Dasein fristen zu können.

«Was haben Sie für eine Botschaft an Europa?», will ich wissen. Kalmogo, der gelernte Maurer aus einem Dorf in Burkina Faso, setzt zu einem kurzen, fast staatsmännischen Vortrag an, der mich einen Moment lang sprachlos macht und auch etwas beschämt. «Ich möchte Europa sagen, dass wir im 21. Jahrhundert leben und dass wir alles begriffen haben», erklärt Kalmogo. Die afrikanische Jugend sei sich der Tatsache bewusst, dass sie ihren Kontinent selbst weiterbringen könne und auch müsse. Doch die afrikanischen Herrscher, unterstützt von den Grossmächten, beuteten ihre Länder weiterhin aus und brächten das gestohlene Geld in die Schweiz. Afrika sei ein reicher Kontinent und verfüge über gewaltige Ressourcen. Diese reichten aus, um allen Menschen ein gutes und würdiges Leben zu ermöglichen. «Wir wollen nicht, dass unsere jüngeren Brüder oder sogar unsere Kinder ihre Länder auf dieselbe Weise verlassen müssen, wie wir es getan haben. Wir wollen vielmehr, dass sie so empfangen und behandelt werden wie die Europäer, wenn sie nach Afrika reisen. Verstehen Sie?»

Vier Jahre verstreichen. Ich bleibe regelmässig mit Kalmogo in Kontakt, will in Erfahrung bringen, was die Legalisierung seines Aufenthaltsstatus für ihn für Folgen hat. Seine beiden Freunde Mamadou und Idris sind mittlerweile nach Mali beziehungsweise Elfenbeinküste zurückgekehrt. Doch Prosper Kalmogo ist geblieben. Mit einer Frau aus einem anderen Sahelstaat hat er zwei Kinder; Genaueres will er nicht sagen. Seine Partnerin lebt in einer kleinen Wohnung in einem armen Vorort der Hauptstadt Rabat, Kalmogo selbst teilt sich weiterhin eine äusserst bescheidene Bleibe mit drei anderen Migranten. Während seine Partnerin etwas Geld mit dem Import von Früchten aus Mali verdient, hält sich Kalmogo mit Gelegenheitsjobs über Wasser. «Es ist hart, ein täglicher Kampf», sagt er. Im Auftrag einer international tätigen NGO betreut er zudem Migranten aus den Sahelstaaten und erhält dafür einen kleinen Lohn.

Seine Einschätzung der neuen marokkanischen Politik gegenüber den afrikanischen Migranten fällt sehr zwiespältig aus. «Ich habe als klandestiner Migrant jahrelang gelitten und bin dankbar, dass ich nun nicht mehr rechtelos bin», sagt er. Wie wilde Tiere würden die jungen Afrikaner in der Umgebung von Ceuta und Melilla gejagt und vertrieben. Dennoch ist Kalmogo nicht zufrieden. «Man hat uns viel versprochen, nicht zuletzt die Integration in die marokkanische Gesellschaft.» Doch das habe nicht funktioniert. Es mangle an der Umsetzung, vielleicht auch am politischen Willen; er wisse es nicht. Der Zugang zu Schulen, zu medizinischer Versorgung, zu anderen staatlichen Angeboten sei «eher theoretisch als praktisch». In Rage kommt Kalmogo, wenn es um die Vereine geht, die sich die Unterstützung afrikanischer Migranten auf die Fahne geschrieben haben. Das sei reine Augenwischerei und oft auch Betrug. «Man soll mir einen einzigen Migranten zeigen, der dank dieser NGO-Gelder ein Projekt hätte realisieren können», sagt Kalmogo erregt. Und er erzählt die Geschichte eines französischen Paares, das 1,5 Millionen Euro beantragt hat, um Projekte von Migranten zu unterstützen. Doch kein einziger Migrant habe bis jetzt von diesem Geld profitiert.

«Warum braucht es all diese karitativen Vereine?», fragt Kalmogo. «Warum können wir uns nicht direkt bei Ausschreibungen oder um staatliche Stellen bewerben?» Für afrikanische Migranten sei es weiterhin sehr schwierig, ein kleines Unternehmen aufzubauen oder sonst ein Projekt zu realisieren. Dazu fehle ihnen das Kapital, und es sei sehr schwierig, einen Kredit zu erhalten. Darum lebten die meisten Migranten trotz ihres legalen Status weiterhin unter schwierigen Verhältnissen am Rand der marokkanischen Gesellschaft.

«Wenn ich die Möglichkeit hätte, nach Europa zu gehen, würde ich es tun», sagt Kalmogo bei unserem letzten Telefongespräch. «Im Moment lebe ich zwar in Marokko. Aber mittelfristig denke ich an eine Ausreise nach Europa.»

Am 5. November 2018 trifft eine WhatsApp-Nachricht von Prosper Kalomogo ein. Er sei in Spanien angekommen und befinde sich in einem Aufnahmezentrum für Flüchtlinge, seine Frau und ihr gemeinsames Kind ebenfalls, allerdings an einem anderen Ort. Die Reise geht weiter.

Welche Zukunft für die Jugend Afrikas?

Geschichten wie diejenige von Kalmogo gibt es unzählige. Wie auch bei den Harraga aus dem Maghreb haben mich die persönlichen Begegnungen mit diesen Migranten und ihre oft erschütternden Geschichten berührt. Die unwahrscheinliche Bescheidenheit und Duldungsbereitschaft vieler afrikanischer Migranten, ihre Dankbarkeit schon für die geringste Zuwendung sowie ihr Engagement für ihre Familien haben mich mehr als einmal beschämt. Die enorme Ungerechtigkeit, die allein schon darin besteht, dass die einen für ein paar Hundert Euro ein Charterflugzeug nach Senegal, Gambia oder Elfenbeinküste besteigen können, während die anderen eine lange und gefährliche Reise mit ungewissem Ausgang unternehmen müssen, ist nur schwer zu ertragen. Auch der Umstand, dass sich viele junge Europäer in beachtlichem Umfang selbst verwirklichen können, während die gleichaltrigen jungen Maghrebiner und Afrikaner mit grossen Anstrengungen ihre Eltern oder ihre Geschwister unterstützen müssen, ist extrem ungerecht.

Und dennoch muss die Frage erlaubt sein, ob die Emigration einer grossen Zahl von jungen Afrikanern nach Europa wirklich sinnvoll ist. Dies gilt für die Betroffenen selbst, die in Europa oft nicht finden, was sie sich erträumen, sondern vielmehr unter schwierigen Bedingungen am Rand der Gesellschaft leben. Es gilt aber auch für die Herkunftsländer der Migranten, die auf diese Weise nicht nur initiative und mutige junge Menschen verlieren, sondern Entwicklungschancen anderer Art verpassen. Schliesslich gilt es für die Aufnahmegesellschaften, die ab einem gewissen Ausmass an Zuwanderung überfordert sein können. Der britische Entwicklungsökonom Paul Collier hat diesen Sachverhalt – etwa in seinem Buch *Exodus* – treffend formuliert: «Afrika muss Millionen von Arbeitsplätzen schaffen. Stattdessen verführen wir Tausende von Afrikanern dazu, in Boote zu steigen. Das ist überaus verantwortungslos und unethisch, denn wenn die Menschen aus Afrika erst nach Europa gekommen sind, erkennen sie die Wahrheit, stecken aber in der Falle, weil die Rückkehr eine Blossstellung vor ihren Freunden wäre. So feiern wir uns selbst als gute Menschen und sind im Grund zutiefst unethisch. Was Afrika braucht, ist die Stärkung seiner Produktion und nicht ein Anrecht auf Konsum.»

Der Migrationsdruck aus zahlreichen Ländern Afrikas ist so gross, dass sich das Problem nicht mit ein wenig mehr Grosszügigkeit lösen lässt. Es braucht – nicht anders als im Maghreb – eine neue Migrationspolitik, radikale Reformen in zahlreichen afrikanischen Ländern und vor allem eine bessere Nutzung und Verteilung der natürlichen Ressourcen und des gesellschaftlichen Reichtums in Afrika.

Viele Beobachter und Analytiker gehen davon aus, dass das Bevölkerungswachstum in den meisten Ländern Afrikas noch jahrzehntelang so hoch und das Wirtschaftswachstum so bescheiden sein wird, dass unweigerlich Hunderttausende oder gar mehrere Millionen junger Männer versucht sein werden, zu emigrieren. Es wird eine gewaltige Herausforderung sein, darauf eine ethisch vertretbare und praktikable Lösung zu finden. Allein die Sympathie für die jungen Afrikaner, die ein besseres Leben suchen, kann darauf keine Antwort sein.

10
Unverzichtbar für die Ausreise: Die Schlepper und ihr Geschäft

Die irreguläre Emigration ist, zumindest in der heutigen Zeit, aufs Engste mit dem Schlepperwesen verknüpft. Allein schon aus diesem Grund können wir in diesem Buch nicht darauf verzichten, auf dieses heikle Thema einzugehen. Dabei soll erneut ein Fokus auf Tunesien gelegt werden. Der Grund ist eher pragmatischer Natur: Zwei Mitarbeiter, die uns bei unseren Recherchen vor Ort massgeblich unterstützt haben, Mohammed Larbi Mnassri und Imed Hannana, haben auch Kontakte zu Schleppern aufgenommen. Diese waren nur unter der Bedingung bereit zu reden, dass alle Spuren, die zu ihrer Identifikation führen könnten, verwischt würden. Gewisse Details, die für die Recherche keine Bedeutung haben – etwa die Grösse der Familie des Schleppers oder dessen Alter –, mussten deshalb leicht verändert werden.

Im Folgenden werden zwei tunesische Schlepper porträtiert. Beide Menschenhändler – «Farid» und «Béchir» – haben ihr Aktionsfeld über Tunesien hinaus ausgedehnt und sind auch in den Küstenstädten im Westen Libyens tätig geworden. Sie stehen stellvertretend für Hunderte anderer Schleuser, die in diesem lukrativen Feld tätig sind. Was wir aus anderen Quellen sowie aus der Literatur erfahren haben, deckt sich in weiten Teilen mit den Geschichten von Béchir und Farid. In diesem Sinn wagen wir zu sagen, dass die beiden Schleuser das in vielen Teilen treffende Bild eines Geschäfts und dessen Akteuren wiedergeben, das untrennbar mit der irregulären Emigration verknüpft ist.

Die aufwendige Recherche zu den beiden Schleppern, die mehr als ein Jahr dauerte und im Fall von Farid mit einer Tragödie endet, scheint uns wichtig. Immer häufiger stützen sich Publikationen zum Thema Migration nicht mehr auf Recherchen vor Ort, sondern in erster Linie auf Literaturstudien. Doch letztlich können nur präzise Fakten und ein detailliertes Wissen, wie genau und aus welchen Gründen wichtige Akteure der irregulären Migration handeln, einen wirklichen Erkenntnisgewinn bringen. In einem ersten Schritt wollen wir einen Überblick über das Schlepperwesen in Tunesien vermitteln.

Das Schlepperwesen in Tunesien: Mechanismen, Akteure, Zahlen, Netzwerke

Ein Post auf einem tunesischen Facebookprofil, das wir im März 2018 einsehen konnten (Bild S. 159 oben), lässt eine doppelte Erkenntnis zu. Zum einen muss sich dieser Vermittler eines Schleppers vor behördlicher Verfolgung ziemlich sicher fühlen, sonst würde er kaum mit einer identifizierbaren Handynummer offen für seine Schlepperdienste werben. Zum anderen lässt sich daraus entnehmen, dass es in Tunesien heute üblich oder gar unverzichtbar geworden ist, bei einer irregulären Ausreise auf die Dienste eines Schleppers zurückzugreifen. Während ein gewisses Wegschauen der tunesischen Behörden kaum zu bestreiten ist, lässt sich die Notwendigkeit, auf die Dienste eines Schleppers zurückzugreifen, mit verstärkten Abwehrmassnahmen und einer besseren Ausrüstung der tunesischen (wie auch der algerischen und marokkanischen) Küstenwache erklären. Dieser Widerspruch kann nicht ohne Weiteres aufgelöst werden; er gilt wohl auch für andere Aspekte der irregulären Emigration.

Noch vor rund zehn oder 20 Jahren war es deutlich einfacher, als klandestiner Migrant aus Tunesien auszureisen. Viele Ausreisewillige, so berichtet der Soziologe Mehdi Mabrouk, organisierten die Harga damals auf eigene Faust. Mabrouk unterteilte in einer seiner Arbeiten aus dem Jahr 2010 die irregulär Ausreisenden in vier Gruppen:

1) Einzelreisende oder eine kleine Gruppe von zwei bis drei Personen. Sie leben meist in der Nähe eines Hafens, versuchen Sicherheitskräfte oder Funktionäre (Hafenbehörden, Zollbehörden) zu bestechen und unternehmen anschliessend die Reise auf eigene Faust, etwa indem sie sich auf einem Containerschiff verstecken.

2) Kleine Nachbarschaftsnetzwerke, die sich selbst organisieren und gemeinsam einen kleinen Fischkutter oder ein vergleichbares Boot kaufen.

Ein Schlepper wirbt auf seiner Facebookseite offen für seine Dienste: «An alle diejenigen, die Tunesien verlassen wollen ab Tunis–Sfax–Kerkenna für 3500 Dinar (rund 1200 Schweizer Franken). Bitte Telefon +216 23 40 29 52 kontaktieren. Sie werden – In schā' Allāh – nicht enttäuscht werden.» Facebookpost vom März 2018.

Die gesamte Küste der Maghrebstaaten erstreckt sich über mehrere tausend Kilometer. Tatsächlich konzentriert sich das Geschäft mit der irregulären Ausreise aber auf gewisse Regionen, von denen aus Boote der Harraga ablegen. In Tunesien sind es die Halbinsel des Cap Bon, die Kerkenna-Inseln sowie die Regionen von Bizerte, Mahdia (Bild), Sfax und Zarzis.

3) Migranten, die die Dienste einer Schlepperorganisation mittlerer Grösse in Anspruch nehmen, bei der bereits eine gewisse Arbeitsteilung besteht.

4) Migranten, die mithilfe einer hoch professionellen Schlepperorganisation ausreisen. Diese zeichnet sich durch eine internationale Arbeitsteilung, durch eine meist hochwertige Ausrüstung und nicht zuletzt durch enge Verbindungen zu kriminellen Milieus aus.

Alles weist darauf hin, dass sich die meisten Migranten in Tunesien – und wohl auch in den anderen Maghrebstaaten – an Schlepperorganisationen der «Kategorien» 3 und 4 wenden, um nach Europa gelangen zu können. Denn ohne Schlepper läuft heute nichts mehr. Doch wer sind diese Schlepper, wie sind sie organisiert und wie funktioniert ihr Geschäft? Dies soll im Folgenden am Beispiel Tunesiens näher beleuchtet werden.

Anwerber, Vermittler, Kapitäne ... und Schlepperbosse

Die Schlepper und ihre Mitarbeiter handeln auf allen Ebenen als zentrale Akteure im Bereich der irregulären Emigration, und zwar in einem nur schwer zu erhellenden Umfeld. Da ihre Aktivitäten illegal sind, setzen sie alles daran, ihr Geschäft möglichst diskret und unerkannt zu betreiben. Das gilt sowohl für die Köpfe, die Bosse der Schlepperorganisationen, als auch für ihre Mitarbeiter: die Anwerber, die Vermittler, die Transporteure, die die Migranten von ihren Wohnorten in die Nähe der Ausreiseorte fahren, und diejenigen, die die Unterkünfte und die Lebensmittel bis zum Zeitpunkt der Ausreise organisieren. Und das gilt selbstredend auch für die Kapitäne und deren Assistenten sowie Mitarbeiter.

Doch seit einiger Zeit sind in Tunesien zumindest die Aktivitäten der Mitarbeiter auf der untersten Ebene, der Ebene der Anwerber und Vermittler, in der Öffentlichkeit erstaunlich sichtbar geworden. Alle Auskunftspersonen, die wir zu diesem Thema befragen konnten, erklärten, es sei für junge ausreisewillige Männer ein Kinderspiel, an ihrem Wohnort eine Kontaktperson zu finden, die die Handynummer oder das Facebookprofil eines Vermittlers oder eines Schleppers nennen könne. Eine entscheidende Rolle scheint dabei die Mund-zu-Mund-Propaganda zu spielen. Da sich ein sehr hoher Prozentsatz der Jugendlichen mit diesem Thema beschäftigt, zirkulieren die Adressen «guter» und «seriöser» Schlepper sowie Vermittler auf allen möglichen Kanälen. Diese bieten eine «garantierte Ausreise – so Gott es will» an – in tunesischem Dialekt: «harga madhmouna». In zahlreichen Cafés und an anderen einschlägigen Orten, wo sich Jugendliche treffen, verkehren zudem mehreren Informanten zufolge auch Vermittler, die sich direkt an Jugendliche wenden. Viele von ihnen werben aber auch in den sozialen Medien ziemlich direkt für ihre Dienste.

Deutlich diskreter finden folgende Dienstleistungen einer Schlepperorganisation statt: der Transport an den Ausgangspunkt der Reise übers Meer und die Unterbringung der Emigranten in einem Wohn- oder Ferienhaus, das häufig in der unmittelbaren Nähe eines Hafens oder eines Strandes liegt, wo die Ausreise stattfinden soll. Vor allem die jungen Harraga, die nur über geringe Finanzmittel verfügen, organisieren diesen Teil der Reise oft auf eigene Faust.

Sehr unterschiedlich sind die Preise, die Ausreisewillige für eine Überfahrt nach Europa bezahlen müssen. Der Journalist Dhaou Maâtoug aus Zarzis, einem wichtigen Dreh- und Angelpunkt der irregulären Emigration, schätzt, dass sich die Preise für eine Überfahrt im Jahr 2018 zwischen 2500 und 8000 Dinar bewegen – je nach Grösse und Standard des Boots und dem Ort, von dem aus sie ablegen. Fahrten auf gut ausgerüsteten, relativ neuen Booten, die zudem nur mit einer beschränkten Zahl von Passagieren «beladen» werden, sind selbstverständlich wesentlich teurer als solche auf schrottreifen Kähnen. Eine grosse Rolle scheint dabei der Ruf eines Schleppers beziehungsweise Kapitäns zu spielen. So rühmte sich Farid (siehe S. 171) eines ausgezeichneten Rufs, aufgrund dessen er sich kaum vor Anfragen retten konnte – bis sein Boot vor der Küste der Insel Kerkenna kenterte.

Deutlich diskreter gehen die Vermittler und Organisatoren vor Ort vor. Alles weist darauf hin, dass sie einen ansehnlichen Teil der Reisekosten als Honorar erhalten. In Kasserine zirkulieren Zahlen zwischen 300 und 400 Dinar, die diese Vermittler einkassieren. Auch die «Agenten», die die Ausreisewilligen von ihrem Wohnort im Hinterland mit einem Mietauto oder einem Sammeltaxi zum Ort der Abreise transportieren, werden für tunesische Verhältnisse fürstlich entlohnt. Die Rede ist, je nach Distanz, von 300 bis 500 Dinar pro Person.

Deutlich mehr verdient allerdings der Kapitän des Boots. Der tunesische Kapitän Farid bezifferte seinen Verdienst für eine rund dreitägige Hin- und Rückfahrt von Zuwara (Westlibyen) nach Sizilien auf durchschnittlich 2500 Euro. Das ist in Tunesien für einen ungelernten Arbeiter ein astronomisch hoher Lohn. Farid will denn auch innerhalb von sechs Jahren weit über 100 000 Euro verdient haben.

Der Löwenanteil am Geschäft mit der irregulären Emigration bleibt aber ohne Zweifel in den Händen des eigentlichen Schlepperbosses. Ihm obliegt es, Polizeioffiziere, Funktionäre der Küstenwache, Hafenbehörden und andere Instanzen zu bestechen und, zumindest auf grossen Booten, auch «Sicherheitsleute» einzusetzen. In Kerkenna zirkulierte im Sommer 2018 ein Betrag von rund 200 Dinar pro Migrant, den ein Schlepper an die Polizei oder die Küstenwache zu entrichten hatte, damit sie ihn passieren liessen.

Dennoch bleibt der Gewinn für den Kopf des ganzen Unternehmens enorm hoch. Nach Schätzungen eines Insiders aus Kasserine behält der Schlepperboss jeweils rund ein Drittel der Bruttoeinkünfte für sich. Bei einem Transport von 100 Migranten, die alle 3000 Dinar bezahlt haben, dürfte dem Kopf der Schlepperbande ein durchschnittlicher Gewinn von rund 100 000 Dinar, also von mehr als 30 000 Euro, bleiben – für eine einzige Fahrt, bei der er selbst keine Risiken eingeht.

Nun ist mehrfach dokumentiert, dass zahlreiche Schiffe sehr viel mehr als 100 Personen transportieren. Der tunesische Migrant Marouane (siehe Kap. 14) berichtet, auf seinem Boot hätten sich im Sommer 2014 mindestens 550 Personen befunden. Ein Boot, das unweit von Lampedusa im Sommer 2013 kenterte, hatte nachweislich rund 700 Personen geladen. Der Gewinn eines Schleppers kann somit im besten Fall deutlich höher sein als die berechneten 30 000 Euro pro Fahrt.

Lukrativer Sektor, dubiose Verbindungen

Das Schlepper- und Schleusergeschäft ist ohne Zweifel sehr lukrativ. Der Kommandant des EU-Einsatzes vor der Küste Libyens, Admiral Enrico Credendino, schätzte in einem Bericht vom Dezember 2016, dass die betroffenen Küstenorte im Jahr rund 325 Millionen Euro mit Menschenschmuggel erwirtschaften würden. Insgesamt sollen in Libyen 2016 nach Schätzungen der EU 1,6 Milliarden US-Dollar mit Menschenschlepperei verdient worden sein.

Auch in Tunesien und in den anderen Maghrebstaaten ist das Geschäft mit den Migranten in manchen Regionen ein bedeutender Wirtschaftsfaktor. Schätzungen über den Umfang dieses Geschäfts existieren unseres Wissens nicht. Derartige Berechnungen gibt es aber für das Schmugglerwesen, von dem ganze Regionen entlang der libyschen und algerischen Grenze leben. Laut dem tunesischen Parlamentspräsidenten Mohamed Ennaceur waren in der Parallelwirtschaft Tunesiens Ende 2018 zwischen 800 000 und einer Million Personen tätig – darunter auch einige Zehntausend afrikanische Schwarzarbeiter –, die weder Sozialabgaben noch Steuern zahlen. Die Schattenwirtschaft in Tunesien soll mittlerweile fast 50 Prozent des Bruttoinlandprodukts erreicht haben.

Nun existieren zahlreiche Hinweise auf enge Verbindungen zwischen dem Schmuggler- und dem Schleppergeschäft. Die Schmuggler, die «Barone des illegalen Handels», hätten sich mehr und mehr dem Schleppergeschäft zugewendet, weil dies lukrativer sei, sagte etwa der Soziologe und Berater Mehdi Mabrouk im Gespräch mit dem Autor. Dies bestätigt auch der Fall des Schleppers Béchir aus Kasserine, der seine «Karriere» im Schmugglergeschäft begonnen hatte, sich später aber dem Schlepperbusiness zuwandte.

Querverbindungen gibt es laut verschiedenen Autoren auch zwischen dem Schmuggeln von Waffen und Drogen, dem Ein- oder Ausschleusen von dschihadistischen Kämpfern sowie dem Schleusen von Migranten. Dies ist von der Natur der Sache her nur schwer zu dokumentieren. Insider in den am meisten betroffenen Regionen Tunesiens, derjenigen von Kasserine und von Ben Guerdane, sind sich auf jeden Fall sicher, dass alle nur denkbaren Güter und Personen transportiert beziehungsweise geschleust werden. Besonders ausgeprägt scheint diese Vielseitigkeit der Aktivitäten in der Sahelzone zu sein. Der Soziologe Ali Bensaâd, der an der Universität von Aix-en-Provence unterrichtet, hat zu diesem Thema in der malischen Stadt Gao geforscht. Auch zahlreiche Stämme im Süden Libyens sollen laut verschiedenen Quellen die ganze Palette von Schmuggler- und Schleuseraktivitäten betreiben.

Auf die Beziehungen zwischen «afrikanischen Menschenhändlern» und der organisierten Kriminalität in Europa verweist der ausgewiesene Afrikakenner Stephen Smith in seinem Buch *Nach Europa! Das junge Afrika auf dem Weg zum alten Kontinent.* In Bezug auf Frauen aus Nigeria, die in Italien häufig sexuell ausgebeutet werden, äussert sich Smith wie folgt: «Die Verflechtung zwischen Zuhältern und den ‹Schleusern›, die oft genug als aus Solidarität um Hilfe bemühte Unterstützer dargestellt werden, ist nur der sichtbarste Teil einer viel weiter gehenden kriminellen Arbeitsteilung.» (S. 221) In ihrem Buch *Bekenntnisse eines Menschenhändlers. Das Milliardengeschäft mit den Flüchtlingen* vertreten die beiden Autoren Andrea Di Nicola und Giampaolo Musumeci schliesslich die These, Menschenschmuggel sei nach dem Drogenhandel das profitabelste Geschäft. Ihr Buch zeigt zudem enge Verquickungen des Schleusergeschäfts mit dem Drogenhandel auf.

Der Kampf gegen das Schlepperwesen in Tunesien

Unter dem Regime von Ben Ali galten die Küsten als relativ gut bewacht, und Schlepper wurden hart bestraft, wenn sie erwischt wurden. Dies änderte sich mit dem Sturz des Ben-Ali-Regimes und dem Machtvakuum, das einige Wochen anhielt. Faktisch standen die Grenzen während dieser Zeit einige Wochen lang offen. Das nutzten junge ausreisewillige Männer sowie Schlepper, und es kam innerhalb kürzester Zeit zu Tausenden von Ausreisen. Doch die Küstenwache nahm ihre Kontrollen schon bald wieder auf. In den folgenden Jahren blieb die Anzahl an Ausreisen junger Tunesier denn auch relativ niedrig. Offizielle tunesische Statistiken sprechen von jährlich zwischen 1000 und 2000 Ausreisen. Allerdings wählten in diesen Jahren die meisten Tunesier den Weg über Libyen.

Insgesamt scheint die tunesische Küstenwache in diesen Jahren relativ zuverlässig funktioniert zu haben. Doch dies änderte sich spätestens ab dem Sommer 2017, als Italien mithilfe eines Abkommens mit libyschen Milizen in den westlibyschen Küstenstädten die irregulären Ausreisen von Migranten weitgehend unterband. Dadurch kam es zu einer Verlagerung der zentralen Mittelmeerroute. Viele der Migranten und Flüchtlinge, die über die westlibysche Küste ausreisen wollten, wichen in der Folge auf

Tunesien aus. Andere blieben mangels finanzieller Mittel für die Weiterreise jedoch in Libyen, aus Angst vor der gefährlichen Küstenstrasse oder weil sie wegen Freiheitsberaubung durch libysche Milizionäre festsassen. Zudem überwachte Tunesien die Grenze zu Libyen aus Angst vor einer Infiltration von Dschihadisten und vor der Einfuhr von Waffen deutlich stärker.

Der Druck auf die tunesische Küstenwache nahm insgesamt deutlich zu, weil auch die tunesischen Ausreisewilligen nun ausschliesslich auf lokale Schlepper setzten. Vieles deutet darauf hin, dass sich die Küstenwache, aber auch die Sicherheitskräfte und andere staatliche Funktionäre zunehmend bestechen liessen. Das Thema ist in Tunesien äusserst heikel. Doch Kenner der Verhältnisse sind sich darin einig, dass zumindest ein Teil der staatlichen Sicherheitskräfte mit Schlepperorganisationen zusammenarbeitet und die irregulären Migranten gegen Bezahlung ausreisen lässt. Diese lukrative «Zusammenarbeit» wurde auch in einer Sendung des ZDF dokumentiert (siehe S. 64).

Die tunesischen Behörden betonen ihrerseits die grossen Anstrengungen zur Bekämpfung der irregulären Ausreisen und des Schlepperwesens. So sollen 2018 laut offiziellen Angaben 430 illegale Fluchtversuche verhindert, 740 Personen, davon 657 Tunesier, aus Seenot gerettet sowie mehr als 500 Schleuser verhaftet worden sein. Nach dem Schiffsunglück von Kerkenna im Juni 2018 wurden zudem ausgedehnte Razzien durchgeführt. Dennoch gibt es viele Indizien dafür, dass die weitverbreitete Korruption auch in diesem Bereich staatliche Bemühungen in hohem Mass unterminiert.

Béchir, Kasserine: Vom Schmugglergehilfen zum Schlepperboss

Es ist Anfang März 2018. In der Stadt Kasserine im tunesischen Hinterland, nur rund 50 Kilometer von der algerischen Grenze entfernt, treffen wir einen Schlepper. Nennen wir ihn Béchir. Er wartet auf uns im vereinbarten Café. Ein Bekannter hat den Kontakt vermittelt. Nach mehreren Versuchen kommt ein Treffen zustande. Béchir schlägt vor, das Gespräch in einem Privathaus zu führen.

Béchir ist 43 Jahre alt, von grosser Statur und kräftig gebaut, sein Gesicht und seine Arme tragen Narben, die einen Hinweis auf Schlägereien und andere gewalttätige Auseinandersetzungen geben. Auf einen Arm ist ein Schlangenmuster tätowiert. Béchir trägt einen Ring mit einem Totenschädel. In Tunesien gelten Tattoos und derartige Symbole weit mehr als in Europa als Zeichen der Zugehörigkeit zu einer Schicht am Rand der Gesellschaft.

Béchir mustert sein Gegenüber mit einem harten und gleichzeitig flüchtigen Blick. Regelmässig scheint er zu prüfen, was sich in der näheren Umgebung abspielt. Er stammt aus einer elfköpfigen Familie, die sehr arm war. Im Alter von zwölf Jahren verlässt er die Schule und versucht, mit dem Verkauf von Plasticsäcken etwas Geld zu verdienen. Schon bald merkt der Knabe, dass der Verkauf von Wein und Bier deutlich rentabler ist.

«Ich arbeite nun seit rund zehn Jahren im Schleppergeschäft», erklärt Béchir ohne Umschweife. «Zuvor war ich als Schmuggler tätig.» Kasserine ist einer der wichtigsten Umschlagsplätze für Schmugglergeschäfte aller Art. Die algerische Grenze liegt mit dem Auto nur etwa eine halbe Stunde entfernt. Von dort aus werden Haushaltsgeräte, Klimaanlagen, Fernseher, Benzin, Zigaretten und vieles mehr in grossen Mengen nach Tunesien eingeführt. Die Behörden drücken beide Augen zu, weil sie Angst haben, dass es bei einem Verbot des Schmugglergeschäfts und dem Verlust der damit verbundenen Arbeitsplätze zu Aufständen in der Region kommen könnte. Selbst Polizisten und andere Staatsangestellte decken sich an den primitiven Tankstellen mit geschmuggeltem Benzin ein, und die Schmuggelware wird in Kasserine entlang der Hauptstrasse öffentlich ausgestellt, sodass niemand auf die Idee kommen könnte, dieses Geschäft sei illegal.

Béchir ist noch keine 20 Jahre alt, als ihn ein Freund in das Schmugglergeschäft einführt. Gemeinsam mit anderen Schulabbrechern und Kleinkriminellen nimmt er sich des Geschäfts mit geschmuggelten Zigaretten an. Er verteilt die Zigarettenstangen an Kioske und an Strassenhändler, die einzelne Zigaretten verkaufen. Auf diese Weise verdient der junge Mann rund 10 Dinar pro Tag, was im tunesischen Hinterland einen anständigen Verdienst darstellt. Schon bald gelingt es Béchir, in der Hierarchie des Schmugglergeschäfts aufzusteigen. Er erhält von seinen Chefs den Auftrag, Patrouillen der Polizei und der Grenzwache auszuspionieren und sich mithilfe von Mittelsmännern nach deren Einsatzplänen zu erkundi-

Zwischen dem Schlepper- und dem Schmugglergeschäft gibt es zahlreiche Berührungspunkte. Gewisse Schleuser haben ihre Karriere als Schmuggler begonnen, andere widmen sich gleichzeitig beiden Geschäftsbereichen. Allein in Tunesien leben in den Grenzregionen zu Algerien und Libyen Zehntausende vom Schmuggel. Im Bild: Schmugglerware in Ben Guerdane.

gen. So können nächtliche Schmuggleraktionen mit einem geringeren Risiko durchgeführt werden. Béchir zeigt sich sehr lernfähig, und seine Chefs übertragen ihm im Jahr 2000 zum ersten Mal die Aufgabe, selbst grössere Transporte von Schmugglerware über die Grenzen zu organisieren. Einige Dutzend Mal reist Béchir auf diese Weise nach Tebessa, der Grenzstadt auf der algerischen Seite, und kehrt mit mehreren Tonnen geschmuggelter Ware nach Kasserine zurück. «Ich habe in diesen Jahren gut verdient und konnte auch das baufällige Haus meiner Eltern renovieren», sagt Béchir. Einem seiner Brüder finanziert er das Hochzeitsfest; zudem unterstützt er die gesamte Familie. Gleichzeitig kann Béchir in diesen Jahren wichtige Kontakte zu anderen Schmugglern, zu Sicherheitskräften und zu Käufern der Schmugglerware knüpfen. Bald wird er in der Region Kasserine selbst zu einer der wichtigsten Figuren in diesem Geschäft.

Im Jahr 2005 will Béchir auf eigene Rechnung Schmugglergeschäfte betreiben. Er holt sich gegen eine Geldzahlung die Einwilligung von ein paar mächtigen Schmugglerbaronen der Region ein und begibt sich nach Algerien. Als er mit dem Schmugglergut in Tunesien einreisen will, wird er verhaftet. Bis heute weiss Béchir nicht, ob er denunziert worden ist oder ob er schlicht Pech gehabt hat. Er kommt in Untersuchungshaft, das Schmuggelgut wird konfisziert.

Im Gefängnis lernt Béchir zwei bedeutende Schlepper kennen: einen Tunesier und einen Algerier. Als er im Jahr 2008 seine Gefängnisstrafe abgesessen hat, entscheidet er sich, im Schleppergeschäft tätig zu werden. Von da an transportiert er junge Tunesier, die heimlich emigrieren wollen, auf Schiffen nach Europa. Zu diesem Zweck knüpft er neue Kontakte auf beiden Seiten des Mittelmeers.

Seine erste grosse «Fracht» von Harraga transportiert er im Frühjahr 2009 nach Italien. Es handelt sich um 87 junge Männer aus der Region von Kasserine und aus anderen Provinzstädten in der näheren Umgebung: Sidi Bouzid, Sbeitla, Regueb, Thela und Jilma. Da er das Milieu dieser Jungen und ihre Bedürfnisse sehr gut kennt, gelingt es ihm rasch, sich in ihren Kreisen einen guten Namen zu machen. Béchir wird von Anfragen bald regelrecht überrannt und kann Mitarbeiter anstellen, die die Ausreisewilligen nach Sfax und von dort aus meist auf die Insel Kerkenna bringen.

«Wichtig ist, Mitarbeiter zu haben, die die Jungen in ihren Vierteln, in den Cafés oder auch auf der Strasse unauffällig ansprechen können», sagt Béchir. Diese Vermittler instruieren dann die Harraga, auf welche Weise sie eine Anzahlung zu leisten haben und wie sie sich unauffällig, in kleinen Gruppen von drei oder vier Personen, mit öffentlichen Verkehrsmitteln nach Sfax begeben. Dort werden sie von einem anderen Mittelsmann in Empfang genommen und in der Stadt oder auf der Insel Kerkenna in ein Haus gebracht, in dem sie auf ihre Ausreise warten.

Béchir stellt bald fest, dass das Geschäft mit klandestinen Emigranten weitaus rentabler ist als der Schmuggel. «Die Nachfrage ist gross und hat in letzter Zeit eher noch zugenommen», sagt er. Die Mehrheit der Ausreisewilligen seien junge Männer zwischen 18 und 30 Jahren. Doch es seien auch Minderjährige darunter, ältere Personen und vereinzelt auch Frauen. Der Basistarif für eine Ausreise aus dem tunesischen Hinterland beträgt laut Béchir 2000 Dinar, umgerechnet etwa 650 Schweizer Franken.

In den letzten neun Jahren hat Béchir nach eigenen Aussagen eine Organisation aufgebaut, die die Harraga von ihrem Wohnort bis nach Italien «betreut». Um den reibungslosen Ablauf der illegalen Operation zu garantieren, pflegt er direkte Kontakte zu Kapitänen und Schiffseignern, zu Anwerbern in den Stadtvierteln und zu vielen Mittelsmännern in Tunesien sowie in Italien. Von grosser Bedeutung seien zudem gute Beziehungen zu Offizieren der Polizei und der Küstenwache, sagt Béchir. Diese würden selbstverständlich auch ihren «Anteil» am Geschäft einfordern.

Im Rückblick sind für Béchirs Geschäft die Jahre nach dem Sturz Ben Alis bis in den Sommer 2017 die goldenen Jahre gewesen. Unter dem Ben-Ali-Regime seien die Grenzen noch streng bewacht worden, die irreguläre Emigration sei sehr riskant gewesen. Doch dann änderte sich alles: In den ersten Monaten des Jahres 2011 standen in Tunesien die Grenzen de facto offen.

Nach dem Sturz des Gaddafiregimes sei Libyen das neue Eldorado für alle Schlepperaktivitäten geworden, erklärt Béchir. Er habe selbst mehrere Dutzend Schiffe von Zuwara und Sabrata auslaufen lassen. In den Jahren, in denen das Schleppergeschäft «Hochkonjunktur» hat, arbeitet Béchir häufig auch mit jungen Migranten aus afrikanischen Ländern zusammen. Sie kommen in der Regel über die tunesisch-algerische Grenze und werden von Mittelsmännern nach Libyen gebracht. Doch im Sommer 2017, nach dem Eingreifen der Italiener, habe sich die Lage schlagartig geändert.

Heute, im Sommer 2018, sei alles im Fluss. «Das Libyengeschäft läuft seit dem Sommer 2017 nicht mehr gut», sagt Béchir. Aus diesem Grund arbeite er nun wieder vermehrt von Tunesien aus. Das sei zwar schwieriger, aber mit guten Kontakten zu hohen Offizieren und Politikern und mit einer sehr vorsichtigen Vorgehensweise komme man auch hier ans Ziel.

«In Libyen müssen wir im Moment abwarten, wie es weitergeht», sagt Béchir fast staatsmännisch. Alles könne sich hier rasch wieder ändern. Doch er ist zuversichtlich, dass sein Geschäft auch in den kommenden Jahren florieren wird.

Der Kampagne des tunesischen Regierungschefs Youssef Chahed gegen mafiöse Netzwerke und gegen die Korruption sieht Béchir gelassen entgegen. Angesichts der sich verschlechternden Wirtschaftslage und der grossen Unrast im tunesischen Hinterland werde sich die Regierung davor hüten, allzu hart gegen Schmuggler und Schlepperbosse vorzugehen. Diese verschafften unzähligen jungen Männern Arbeit, seien mächtiger denn je und auch international gut vernetzt. «Wir haben vor den Sanktionen der Behörden keine Angst», sagt Béchir mit einem breiten Grinsen.

Was sind seine Zukunftspläne? Was will der Schlepper mit dem vielen Geld machen, das er in den letzten Jahren verdient hat? Weiss seine Familie von seinem Geschäft? Béchir gibt nur widerwillig und in knappen Worten Auskunft. Nein, seine Familie wisse nichts; sie gehe davon aus, dass er im Import-Export-Geschäft tätig sei. Ein neues, luxuriöses Haus ist bereits gebaut, und Béchir fährt nach eigenen Worten eine Limousine deutschen Fabrikats. Zu seinen Nachbarn im Viertel bleibt er auf Distanz, um keinen Verdacht aufkommen zu lassen. Schliesslich kann er sich durchaus vorstellen, in ein paar Jahren aufzuhören mit Arbeiten. Er möchte sein Geschäft, da es so gut läuft, vorher aber noch ein paar Jahre weiterbetreiben.

Die Zeit ist um. Béchir schaut nervös auf die Uhr und lässt durchblicken, dass jetzt genug gefragt sei. Er will erneut eine Versicherung, dass der Journalist die Geschichte so weit anonymisiert, dass keine Rückschlüsse auf seine wahre Identität gezogen werden können. Eine weitere «Verschiffung» junger Migranten steht an; kleinere Probleme zwingen den Chef, sich selbst um die Sache zu kümmern. Und dann ist er weg.

Wie der «gute» Schlepper Farid seinen Ruf verlor

An Abend des 2. Juni 2018 weht eine sanfte Brise. Perfekte Verhältnisse für die Überfahrt. Der Fischkutter liegt gut einen Kilometer vor der tunesischen Insel Kerkenna vor Anker. Der Kapitän wartet in einer Kabine. Die Meute soll ihn nicht sehen. Niemand soll ihn wiedererkennen.

Es soll unauffällig ablaufen. Die Männer kommen in einzelnen Gruppen. Von einem Strand der Insel werden sie in einem kleinen Holzboot abgeholt und zum Fischkutter gefahren. Immer neue Gruppen werden auf dem Kutter abgeladen, bis sich sein Rumpf und sein Deck mit Menschen füllen. Am Schluss sind es rund 200 meist junge Männer aus dem tunesischen Hinterland, die dicht gedrängt auf die Abfahrt warten. Sie alle wollen nach Italien und in Europa ein besseres Leben beginnen.

Kurz vor 9 Uhr sticht der Fischkutter in See. Die italienische Insel Lampedusa ist nur rund 160 Kilometer entfernt. Der alte Kahn braucht für die Strecke sechs bis sieben Stunden. Keiner der Migranten weiss, wer der Mann hinter dem Steuer ist. Er benutzt verschiedene Pseudonyme, hat mehrere Telefonnummern und verschiedene Facebookprofile. Er ist unter dem Namen Farid bekannt. Die Migranten trauen ihm dennoch. Er hat einen guten Ruf. Noch kurz vor der Fahrt sagte er: «Ich bin seit fast sechs Jahren im Geschäft. Ich bin ein seriöser Schlepper. Lieber gebe ich den Kunden das Geld zurück, als dass ich sie in Gefahr bringe oder sie betrüge.»

Diesmal kann er sein Versprechen nicht halten. Nach zwei Stunden fliesst Wasser in den Kutter. Panik bricht aus. «Umkehren!», rufen die Passagiere. Bald sind auch verzweifelte Schreie aus dem Rumpf zu hören, wo das Wasser immer höher steigt. Farid versucht nach einigem Zögern, das Boot zu wenden. Das Manöver misslingt, das Schiff beginnt zu kentern.

Es ist 22.45 Uhr, als die tunesische Küstenwache einen Notruf erhält. Bis die Rettungskräfte jedoch vor Ort ankommen, sind die meisten Menschen auf dem Kutter bereits ertrunken. Nur 68 können gerettet werden. Die meisten anderen werden nur noch tot aus dem Wasser gezogen oder sind verschollen.

Farid gehört weder zu den Toten noch zu den Geretteten. Kurz vor dem Kentern sprangen er und ein Helfer über Bord, wie Überlebende er-

Die libysche **Küstenwache** konnte die Flüchtlingsströme auf der zentralen Mittelmeerroute in den Jahren 2014–2017 kaum eindämmen. Doch seither hat die EU Hunderte von libyschen Küstenwächtern ausgebildet und neu ausgerüstet. Nun werden Flüchtlinge abgefangen und in Zentren auf libyschen Boden zurückgebracht, in denen katastrophale Bedingungen herrschen. Im Bild: Boot der libyschen Küstenwache in Misrata, 2014.

zählen. Mit einer Schwimmweste, einem Satellitentelefon und einer Signallampe. Der Kapitän ist seither auf der Flucht.

Doch wer ist der Mann, der so viele Menschenleben, so viele junge Migranten auf dem Gewissen hat? Ein kaltblütiger Profiteuer? Ein rücksichtsloser Menschenhändler?

Kurz vor der Katastrophe haben wir mit Farid sprechen können. Bei mehreren Treffen erzählte er uns von seinem Leben als Schlepper. Es gehört zur Ironie der Geschichte, dass Farids Kutter nun ausgerechnet in seiner Heimat Tunesien gesunken ist.

Farid unterschied sich einst kaum von den jungen Männern, die er in dieser Nacht auf seinen Kutter geladen hatte. Auch er stammt aus einem Kaff im Hinterland der südtunesischen Hafenstadt Sfax, weit vom Meer entfernt. Mit 14 verliess er die Schule, um seine Familie zu unterstützen. Er arbeitete auf Olivenplantagen, auf dem Bau, alle Jobs waren schlecht bezahlt. «Ich konnte so mehr schlecht als recht meine Eltern und meine fünf Geschwister ernähren.» Perspektiven hatte er keine. Nicht einmal an Heirat war zu denken.

Als im Dezember 2010 die Aufstände begannen, verschlechterte sich die Lage für die Armen, wie Farid es war, noch mehr. Er ging nach Libyen, um Arbeit zu suchen. In Zuwara, der ersten grösseren Stadt nach der tunesischen Grenze, heuerte er bei einem Fischer an, der mehrere Schiffe besass. «Ich hatte keine Erfahrung, doch er stellte mich ein», erzählt Farid. «Ich war kräftig und lernte schnell. Ich half dem Mechaniker auf dem Kutter, unterstützte die Fischer bei ihrer Arbeit, reparierte die Netze und kochte für die Mannschaft.»

Doch als der Arabische Frühling auch in Libyen für Unruhe sorgte, war hier ebenfalls nichts mehr wie früher. Mehrere Zehntausend Afrikaner, aber auch Flüchtlinge aus anderen Ländern, wollten Libyen verlassen. Farids Chef, ein bauernschlauer Typ, realisierte, dass er hier gutes Geld verdienen konnte. Und schon 2012 begann Farid, statt Fisch Migranten zu laden und nach Europa zu bringen. Farid konnte nicht Nein sagen. «Du kannst locker das Zehn- oder Zwanzigfache verdienen, und das Risiko ist nicht gross», sagte mir mein Chef.» Farid lernte ein Schiff zu steuern, Motoren zu reparieren. «Von da an kam nur noch ein Gehilfe mit, und wir stellten pro Fahrt jeweils einen oder zwei Migranten an.»

Das Geschäft lief hervorragend. Fast fünf Jahre lang fuhr Farid zwischen April und Oktober Migranten nach Lampedusa oder nach Sizilien – bis zu fünf Mal pro Monat. Pro Fahrt verdiente er 2500 Euro – eine astronomische Summe für einen ehemaligen Hilfsarbeiter. Ab und zu wurden seine Schiffe von der italienischen Küstenwache kontrolliert. Doch auch diese konnte man offenbar schmieren. Nur einmal sei er in eine «harte» Kontrolle geraten, erzählt Farid. Da habe er sich aber unter die Flüchtlinge gemischt und konnte sich später aus dem Aufnahmezentrum schleichen und absetzen. Mit der Küstenwache in Zuwara gab es ohnehin keine Probleme. Farids Chef hatte ein Abkommen mit ihr. Kontrolliert wurde nur jedes zehnte Boot. Und auch in diesem Fall fand man rasch eine Lösung. «Die Milizen von Zuwara haben uns voll unterstützt und die auslaufenden Boote stets eskortiert.»

Dass seine Chefs manchmal bewaffnete Milizionäre engagierten, um die Flüchtlinge ruhig zu halten, nahm Farid hin. «Einmal habe ich gesehen, wie sie einen Afrikaner über Bord geworfen haben. Warum, weiss ich nicht. Ich war mit dem Steuern beschäftigt. Wahrscheinlich hatte er sich aufgelehnt.» Das setzte ihm zu, wie er sagt, auch die Bilder der angeschwemmten Leichen am Strand von Zuwara. «Es sind ja meist auch Muslime. Da sagte ich mir: Hör auf, das ist ein Dreckjob.» 2017 wollte er umsatteln und Drogen dealen. Doch der Drogenhandel machte ihm mehr Angst als das Schleusen von Menschen. Nach einer Überfahrt hörte er auf. «Ich habe dem neuen Boss gesagt, meine Mutter sei krank, und bin nach Tunesien zurückgekehrt.»

Farid kehrte in sein Dorf zurück. Dort gilt er schon lange als erfolgreicher Händler. Er half seiner Familie, baute Häuser für sie. Er erzählte allen, er habe einen Fischkutter besessen und handle nun mit chinesischen Importen. «Seit ich einen Anzug trage und ein teures Auto fahre, haben die Leute auch mehr Respekt vor mir», meint Farid. «Früher hat man mich als ungelernten Landarbeiter verspottet. Einmal machte ich ein Fest und lud tausend Leute ein. Das ganze Dorf und viele aus der Nachbarschaft.»

Farid war für tunesische Verhältnisse reich und hätte sich mit seinen mehreren Hunderttausend Euro zur Ruhe setzen können. Doch der Menschenhandel liess ihn nicht mehr los. Er fing wieder an. Diesmal ging er nach Algerien. Das Geschäft hatte sich hierhin verschoben, weil in Libyen die Milizen nun mit den Italienern kooperierten. Die Boote legten in der Gegend von Oran in Richtung Spanien ab; von Algerien aus ist es der kürzeste Weg nach Europa. Fünfmal sei er vor die Küste in der Nähe von Almería gefahren und habe die Migranten dort ausgeladen. «Die letzten 50 bis 100 Meter mussten sie wie immer schwimmen oder durchs Wasser waten.» Er wollte ja mit seinem Boot zurückfahren können. «Meine Kunden hatten meistens Schwimmwesten dabei oder zumindest leere PET-Flaschen in einem kleinen Rucksack», beteuert er.

Im November 2017 geriet er mit seinem beladenen Schiff jedoch in einen Sturm. Und zum ersten Mal – so sagt er – ertranken Menschen auf der Überfahrt, darunter eine syrische Familie. «Das war ein Schock für mich. Ich überlegte aufzuhören.» Auch weil ihm nun die Behörden auf der Spur waren. Und ihm Islamisten wegen des Todes der Syrer drohten. Er kehrte nach Tunesien zurück. An Aufhören war jedoch nicht zu denken. Farid sagt, die jungen Harraga hätten ihn angerufen und gebeten, sie übers Mittelmeer zu bringen. Farid organisierte im März und April zwei Ausreisen. «Doch das Geschäft ist schwieriger geworden», sagte Farid noch im Mai 2018. Er wollte deshalb wieder zurück nach Zuwara. Die Fahrt in der Nacht des 2. Juni 2018 war seine letzte von Tunesien aus.

Wo ist Farid untergetaucht? Einer seiner Freunde hat eine Nachricht aus Libyen erhalten. Noch in der Nacht, als die Katastrophe geschah, rief Farid um 2 Uhr am Morgen seinen besten Freund an. «Verdammte Scheisse, es ist etwas passiert», sagt er mit heiserer Stimme. «Das Schiff ist gekentert.» Sein Chef habe ihn gezwungen, so viele Migranten auf den alten Kutter zu laden. Er sei dagegen gewesen, behauptet er. Dann beendet Farid das Gespräch.

Ist der Kampf gegen das Schlepperwesen von Anfang an zum Scheitern verurteilt?

Wie anfangs kurz erwähnt, haben wir uns bezüglich des Schlepperwesens auf die Situation in Tunesien und auf die Porträts zweier auch in Libyen tätiger Schleuser konzentriert. Die Situation in anderen Maghrebstaaten scheint sich allerdings nicht erheblich von derjenigen in Tunesien zu unterscheiden.

Wer mehr über das breite und schwierige Thema des Schlepperwesens erfahren möchte, findet in dem 2016 publizierten Werk der beiden Autoren Peter Tinti und Tuesday Reitano *Migrant, Refugee, Smuggler, Saviour* wertvolle Informationen. Die Autoren, die der NGO Global Initiative Against Transnational Organised Crime angehören, haben sehr viel Material zusammengetragen und vermitteln spannende Einblicke in dieses Tätigkeitsfeld, das sich am Rand der Legalität oder gar in einem kriminellen Umfeld abspielt.

Tinti und Reitano betonen, wie die staatliche Zerschlagung der Schleppernetzwerke und die Verfolgung der wichtigsten Akteure dazu führe, dass das Schlepperwesen ganz in die Hände von Kriminellen falle. «Gewalt und Missbrauch sind nicht unbedingt ein Teil der Migranten-Schmuggler-Industrie», schreiben die Autoren. «Aber ein hartes Vorgehen von Staaten gegenüber dem Schmugglerwesen führt dazu, dass dieses in die Hände von Kriminellen gerät oder dass sich die Schlepper selbst besser organisieren und dass sie selbst raffinierter und gewalttätiger werden.» Es scheint uns allerdings fraglich, ob diese These im Fall Libyens zutrifft. Dort hatten Schleppernetzwerke mindestens vier Jahre lang – zwischen 2013 und 2017 – vollkommen freie Hand; und heute wissen wir, dass kaum irgendwo schlimmere Verhältnisse und kriminellere Verhaltensweisen zu beobachten waren als genau dort.

Auch die These der beiden Autoren, dass die Kontrolle der Einwanderung und die strafrechtliche Bekämpfung des Schlepperwesens in den Herkunfts- und Aufnahmegesellschaften letztlich kaum Sinn mache, scheint uns eher fragwürdig. Da sich die Ursachen der irregulären Emigration kurz- und mittelfristig kaum bekämpfen lassen, wird auch das Schlepperwesen weiterhin Hochkonjunktur haben. Wer aber auf eine Steuerung der irregulären Einwanderung setzt, kommt nicht umhin, auch das Schlepperwesen ins Visier zu nehmen. Diese Debatte ist allerdings sehr komplex und kann an dieser Stelle nicht geführt werden. Die Kontrolle der irregulären Emigration ist für Europa auch aus einem anderen Grund von grösster Bedeutung. So hatte etwa der Schlepper Farid wiederholt besondere «Kunden» nach Europa transportiert, bei denen die Bezahlung kein Thema war. Diesem Thema ist das folgende Kapitel gewidmet.

11
In den Dschihad oder nach Europa: Eine absurde Alternative?

«Die Jungen erleben Bir El Hafey als ein grosses Gefängnis, aus dem sie so schnell wie möglich entweichen wollen», sagt ein Café-Besucher in der Provinzstadt im tunesischen Hinterland. «Die einen versuchen, nach Europa zu emigrieren, die anderen wenden sich terroristischen Gruppierungen zu.» Ähnliche Aussagen kann man im Maghreb überall hören. Eine bestimmte Kategorie junger Männer im Süden Tunesiens sei so verzweifelt, dass sie nur zwei Lösungen sähe: «Entweder nach Syrien in den Dschihad ziehen oder irregulär nach Europa emigrieren», offenbarte mir ein Gewährsmann aus der Provinz Medenine 2014. Vier Jahre später, im Sommer 2018, sagte ein junger Mann in der algerischen Kabylei gegenüber einem Algerienschweizer, es gebe für Leute wie ihn eigentlich nur zwei Lösungen: den Weg in Richtung Süden, um sich in der Wüste islamistischen Gruppen anzuschliessen, oder in Richtung Norden, das heisst, übers Meer als irregulärer Migrant.

Nun ist davon auszugehen, dass die vernichtende Niederlage des IS in Syrien und im Irak sowie die Zerstörung der libyschen IS-Bastion Syrte die Begeisterung für den Dschihad stark gedämpft hat – Dschihad im Sinn von militärischem Kampf gegen die «Feinde des Islam» und für die Errichtung der Kernzelle eines neuen Kalifats. Gleichzeitig fliesst das Geld für die jungen Dschihadsöldner, die aus einer Mischung von echter Überzeugung, religiös-ideologischer Indoktrination und Suche nach einem guten, wenn auch riskanten Verdienst in den Kampf gezogen sind, sehr viel spärlicher. Zudem sind sich alle betroffenen Staaten, vor allem Tunesien, der Gefahr dieses «Exports» von Dschihadisten sehr viel bewusster geworden. Denn zum einen stellt das Aussenden Tausender junger Männer ein grosses Reputationsrisiko für den betroffenen Staat dar und setzt ihn grossem Druck seitens der westlichen Länder aus. Zum anderen werden die meisten der jungen Dschihadkämpfer eines Tages wieder in ihre Heimat zurückkehren – als verrohte, kampferprobte und meist auch traumatisierte junge Männer, die nichts anderes gelernt haben als den Kampf mit der Waffe. Es ist ausserordentlich schwierig, diese Dschihadsoldaten wieder in den Alltag zu integrieren. Einige von ihnen sind zudem von ihrer Mission so überzeugt, dass sie auch in ihrer Heimat den Kampf weiterführen. In Tunesien haben die Behörden, aber auch sehr viele Bürger Angst vor der Rückkehr der Dschihadisten, die meist versuchen, heimlich über die Grenze einzureisen.

Wir können in diesem Buch aus verschiedenen Gründen nicht darauf verzichten, auf diesen heiklen und brisanten Aspekt einzugehen. Erstens handelt es sich bei den Dschihadisten um eine besondere Form irregulärer Migranten, sind doch die jungen Männer und selten auch jungen Frauen meist illegal oder unter Angabe vorgetäuschter Reiseziele in die Kriegsgebiete gezogen. Zweitens sind die Indizien sehr stark, dass sich ein Teil der Ausreisewilligen zwar für die Emigration nach Europa entschieden hat, sich aber im Prinzip auch ein Engagement für dschihadistische Gruppierungen in einem der Kampfgebiete hätte vorstellen können. Drittens steht mittlerweile ausser Frage, dass sich eine kleine Minderheit von irregulären Migranten, die in Europa nicht das gesuchte «Paradies» findet, in ihrem Gastland radikalisiert und im schlimmsten Fall sogar der Ideologie des Dschihadismus zuwendet. Viertens ist mittlerweile dokumentiert, dass sich ehemalige Dschihadkämpfer sowie militante Salafisten unter die grossen Flüchtlingstrecks gemischt und vor fehlenden oder vollkommen ungenügenden Kontrollen bei der Einreise in europäische Länder profitiert haben. Leider ist zu befürchten, dass sich ein Teil der überlebenden Dschihadisten angesichts der militärischen Zerschlagung der IS-Bastionen und des harten Vorgehens ihrer Herkunftsstaaten gegenüber Rückkehrern auch weiterhin für den Weg nach Europa entscheiden wird.

Aus all diesen Gründen ist es von grosser Bedeutung, dass sich Europa dieser Gefahr bewusst ist und die nötigen Massnahmen ergreift, um Dschihadisten daran zu hindern, unter Angabe falscher Personendaten und unter dem Vorwand einer angeblichen Verfolgung in Europa Unterschlupf zu finden. Der Umstand, dass es diesbezüglich nur relativ wenig

Im Frühjahr 2011 wurden zahlreiche Islamisten, die unter Ben Ali in Gefängnissen sassen, befreit. Die meisten von ihnen begannen sofort damit, ihre Ideen in der Öffentlichkeit zu propagieren. Es gelang ihnen, Tausende junger Tunesier für radikal-islamistische Ideen zu gewinnen. Manche von ihnen zogen später in den «Jihad». Im Bild: Salafist und IS-Flagge in Kairouan.

gesicherte Fakten gibt, darf nicht dazu verleiten, dieses Thema unter den Tisch zu kehren. Es wäre auch verhängnisvoll, das Thema nicht aufzugreifen, um Flüchtlinge und Migranten vor pauschalen Verdächtigungen zu schützen. Denn mittlerweile steht fest, dass die Geheimdienste zahlreicher EU-Staaten, aber auch politische Verantwortliche sowohl «eingeschleuste» Dschihadisten als auch radikalisierte, «gekippte» Migranten als ernsthaftes Risiko betrachten. Dies haben mir mehrere Diplomaten und Experten unter der Zusicherung von Anonymität mitgeteilt. Ein Indiz dafür ist auch die Art und Weise, wie die italienischen Asylbehörden den tunesischen Flüchtling Marouane um eine Mitarbeit angegangen haben (siehe Kap. 14).

Eine irritierende Alternative

Es lohnt sich, einen Moment bei der Frage zu verharren, wie es denn sein kann, dass einige der emigrationswilligen jungen Männer offenbar nur zwei Möglichkeiten sehen, um aus ihrem als unerträglich und perspektivlos empfundenen Alltag auszubrechen: entweder sich als klandestine Migranten nach Europa abzusetzen oder aber in den Dschihad zu ziehen. Europa oder Dschihad: Das erscheint auf den ersten Blick absurd. Steht Europa für die Verheissungen eines scheinbaren Wohlstandsparadieses, für neue Freiheiten und Geldtransfers an die Familie, so steht der Dschihad für ein radikales Engagement, für eine Kultur des Todes, für ideologische Verblendung und Hass auf die westliche Lebenswelt.

Doch der angebliche Widerspruch entpuppt sich, so meinen verschiedene Beobachter, als weit weniger klar als auf den ersten Blick angenommen. Viele der jungen Männer, die nach Europa emigrieren wollen, sind in gesellschaftlichen Fragen sehr konservativ eingestellt und vermeintlichen oder tatsächlichen Erniedrigungen gegenüber, die sie erleiden müssen, sehr sensibel. Sie kennen keinerlei kritischen Umgang mit religiösen Inhalten und verfügen oft nur über eine bescheidene Reflexionsfähigkeit. Geht es um den Islam oder um heikle Themen wie die Scharia oder den Dschihad, so sind oft auch von Universitätsabsolventen Aussagen zu vernehmen, die aus westlicher Perspektive schockieren. Solche Erfahrungen relativieren den Wunsch maghrebinischer Emigranten nach der Teilhabe an europäischen Werten und einem westlichen Lebensstil; in diesem Zusammenhang ist auch die Hinwendung einer Minderheit von Migranten beziehungsweise von deren Nachkommen zu salafistischen oder gar dschihadistischen Ideologien zu sehen.

Zudem wirkt die Tatsache, dass der Dschihad überhaupt zu einer valablen Alternative zu Europa geworden ist, wesentlich weniger absurd, wenn man sich die Rahmenbedingungen der Rekrutierung von Dschihadkämpfern näher ansieht. Während die irreguläre Ausreise nach Europa beim ersten Schritt mit erheblichen Risiken und einem hohen finanziellen Einsatz verbunden ist, erwies sich der Weg in den Dschihad zumindest in den Jahren 2013 bis 2015 anfänglich als geradezu komfortabel. Die Reise war meist kostenlos, für Unterkunft und Verpflegung wurde gesorgt, und nach übereinstimmenden Aussagen erhielten die Dschihadrekruten meist auch noch eine Art Tagegeld. Der Dschihad in Syrien war somit allen zugänglich, die nicht prinzipiell vor dem Risiko zurückschreckten; faktisch handelte es sich in vielen Fällen um eine Art von Söldnerwesen, das von den Golfstaaten und Saudi-Arabien finanziert wurde.

Auch die Art des möglichen Todes dürfte in den Augen vieler junger Maghrebiner klar für den Dschihad sprechen. Zwar sind beide Optionen riskant; doch während der Tod im bewaffneten Dschihad als ehrenvoll und bedeutsam erfahren wird, ist er bei der gefährlichen Überfahrt übers Meer nur banal – gewissermassen das letzte Scheitern eines neuen Lebensentwurfs. Für viele war ein anderer Punkt aber wohl noch entscheidender: Die Anwerber garantierten den Familien der Gotteskrieger regelmässige Zahlungen, und im Fall eines «Märtyrertods» wurde meist eine einmalige Abfindung überwiesen; faktisch eine Art Lebensversicherung. Da ein starkes – und ehrbares – Motiv vieler junger Männer die materielle Unterstützung ihrer Familien ist, war dies ein weiteres Argument, das für den Dschihad sprach.

Fehlende Revolutionsdividende

Was Tunesien betrifft, spielte und spielt zudem die tiefe und weitverbreitete Enttäuschung über die fehlende Revolutionsdividende eine wichtige Rolle. Für einfache, schlecht ausgebildete junge Männer in den armen Vorstädten oder im Hinterland hat sich in den vergangenen acht Jahren nichts zum Positiven gewendet. Ganz im Gegenteil: In mancherlei Hinsicht ist die Lage für junge Menschen deutlich schwieriger geworden. «Für viele junge Menschen gibt es in Tunesien keine Hoffnung mehr», sagt die Kulturwissenschaftlerin Amel Grami, die an der Universität Tunis unterrichtet. Es gebe zurzeit kaum Persönlichkeiten, die die Anliegen der jungen Generation glaubhaft vertreten und ihnen in einem gewissen Sinn auch ein Vorbild sein könnten.

Tunesien geht es, was die Befindlichkeit der jungen Generation betrifft, zurzeit deutlich schlechter, als es die neue, im Westen gefeierte Verfassung und andere institutionelle Errungenschaften vermuten lassen. Die Zeichen stehen eher auf Resignation, und alles weist zudem darauf hin, dass keine raschen Lösungen zu erwarten sind. Amel Grami rechnet noch mit mindestens einem Jahrzehnt harter Auseinandersetzungen, heftiger Zusammenstösse und schmerzhafter Prozesse. Ein «besseres Leben» ist für die grosse Mehrheit der jungen Tunesier nicht in Sicht; auch nicht für Universitätsabsolventen. Der hoch verschuldete Staat rekrutiert so gut wie keine neuen Kader mehr, und ausländische Investoren machen sich angesichts der anhaltenden Unsicherheit zunehmend rar. So erstaunt es nicht, dass selbst gut ausgebildete junge Menschen immer wieder in die Fänge islamistischer Netzwerke geraten.

Auch in Algerien und Marokko stellt sich die Situation nicht grundlegend anders dar. Unzählige junge Menschen erleben die politischen Verhältnisse als stagnierend und ihre eigene Situation als perspektivlos. Zwar ist die Stimmung in Marokko dank einer geschickten Politik der Regierung und einer aktiven Zivilgesellschaft wohl etwas optimistischer als in den Nachbarländern. Dennoch träumen auch dort Hunderttausende von einer Emigration nach Europa und nehmen jede Gelegenheit wahr, um «abzuhauen».

Die Frage, was junge Menschen im besten Alter dazu bewegt, aus freien Stücken in einen blutigen Bürgerkrieg zu ziehen, ist in allen Maghrebstaaten von grösstem Interesse. Doch wissenschaftliche Studien existieren dazu praktisch nicht. Für Amel Grami ist aber klar, dass neben der systematischen Indoktrination durch radikale Islamisten und der erwähnten Perspektivlosigkeit auch die grosse Verunsicherung bei den jungen Männern eine massgebende Rolle spielt: «Die jungen Dschihadisten können aus ihrem als unerträglich empfundenen ‹Passivmodus› in einen ‹Aktivmodus› wechseln, in dem sie sich als allmächtig empfinden», sagt sie. Dieser Ausbruch aus der «Impotenz» eines marginalisierten jungen Mannes hin zur Allmacht eines Kriegers, der über Tod und Leben entscheidet und zudem eine bedeutende «Mission» erfüllt, scheint auf viele eine grosse Faszination auszuüben.

Von den vielen Millionen jungen Männern im gesamten Maghreb haben sich bislang nur ein paar Tausend für diese extreme Lösung entschieden. Doch vieles weist darauf hin, dass sich Hunderttausende mit Dschihadphantasien beschäftigen und dass die Anziehungskraft Europas ungebrochen gross ist. Gleichzeitig besteht keine realistische Chance, dass Europa die Einreise für junge Maghrebiner in den kommenden Jahren erleichtern wird. Dies wiederum erhöht den Frust und damit auch die Zahl derjenigen, die sich radikalen Lösungen zuwenden, wie immer diese aussehen.

Hunderte von Dschihadisten sind mittlerweile in ihre Herkunftsländer zurückgekehrt. Meist werden sie einige Wochen lang inhaftiert, auf Herz und Nieren geprüft und dann nach Hause geschickt mit der Auflage, sich täglich beim nächsten Polizeiposten zu melden. Für viele junge Tunesier seien diese Dschihadrückkehrer allerdings Helden, sagt der Psychologe Waël Garnaoui, während die Polizisten vor allem in den armen Vorstadtvierteln gefürchtet und verhasst seien. Garnaoui befasst sich in seiner Dissertation mit genau diesem Thema. Sie heisst auf Deutsch übersetzt wie folgt: *Der Ausreisewunsch junger Tunesier: Von der klandestinen Emigration zum Engagement in dschihadistischen Organisationen. Politische Veränderungen und subjektive klinische Aspekte.* Garnaoui ist einer der ersten – wenn nicht der erste maghrebinische Wissenschaftler überhaupt –, der sich mit diesem heiklen Thema befasst. Für ihn steht fest, dass zwischen den Motiven für eine irreguläre Ausreise und dem dschihadistischen Engagement Gemeinsamkeiten bestehen.

Wie anfangs erwähnt, ist die Anziehungskraft des dschihadistischen Kampfes nach der Zerstörung des «Kalifats» von Mossul und der Zerschlagung der IS-Bastion in Syrte zur Zeit der Niederschrift dieses Buches deutlich geringer geworden. Das sollte aber nicht dazu verleiten, das Thema als erledigt zu betrachten. Denn zum einen stellt al-Qaida im Maghreb, die sich auch im tunesisch-algerischen Grenzgebiet festsetzen konnte, weiterhin eine valable Alternative dar. Zum anderen ist davon auszugehen, dass die Versuchung, sich radikalen Gruppierungen zuzuwenden, grösser wird, je stärker die Behörden die irreguläre Ausreise kontrollieren und je stärker der Frust über und die Wut auf die Verhältnisse ist. Laut einer Recherche der *Washington Post* befürchtet die tunesische Zivilgesellschaft eine weitere Radikalisierung junger Männer, die weder nach Syrien ziehen noch nach Europa emigrieren konnten. Die Autoren dieser Recherche kamen gar zu dem Schluss, Tunesien sei heute vor allem entlang der algerischen und libyschen Grenze zu einem «Rekrutierungsgebiet» für Dschihadisten geworden, die Anschläge innerhalb des Landes begehen wollten.

Wenn junge Dschihadisten in ihren eigenen Ländern Bomben legen und Unschuldige töten, dann ist dies furchtbar, und die negativen Folgen sind gravierend. So werden sowohl Touristen als auch Investoren solche Länder für einige Zeit meiden. Begehen allerdings radikalisierte Migranten wie die Attentäter von Berlin oder nach Europa eingeschleuste Dschihadisten Anschläge in ihren Gastländern, so kommen verheerende Folgen für die Migrationspolitik und für die Aufnahmebereitschaft in europäischen Ländern hinzu. Allein schon aus diesem Grund muss dieses heikle und brisante Thema im Auge behalten werden. Es wäre zweifelsohne Stoff für ein eigenes Buch.

12
Ein neuer Limes:
Der Maghreb als Schutzwall Europas?

Der römische Limes im Maghreb – ein kurzer historischer Rückblick
Angesichts des grossen Migrationsdrucks im Maghreb und vor allem in den Ländern südlich der Sahara hat sich in Europa in den letzten Jahren immer mehr die Erkenntnis durchgesetzt, dass es längerfristig unabdingbar ist, auswanderungswillige Menschen bereits in ihren Herkunftsländern davon abzuhalten, in Richtung Europa zu emigrieren. Der Maghreb würde in dem Sinn zu einer vorgelagerten Grenze und zu einer Art Schutzwall für Europa.

Die Idee eines Schutzwalls, die eine relativ wohlhabende Region – die gesamte EU – über eine Pufferzone von einer vergleichsweise armen und unterentwickelten Region – den Sahelstaaten, Westafrika und weiteren Ländern südlich der Sahara – abgrenzt, lässt Assoziationen an den römischen Limes aufkommen. Dabei handelte es sich um eine rund 2000 Kilometer lange Grenzbefestigung, die sich in einem Abstand zwischen 90 und 400 Kilometern zur Mittelmeerküste vom Gebiet der heutigen marokkanisch-algerischen Grenze mit Unterbrüchen bis in den Westen Libyens erstreckte. Die Römer wollten damit ihre reichen Provinzen in Nordafrika gegen die Einfälle rebellischer Stämme aus dem Süden schützen. Während der Limes Tripolitanus vor allem zum Schutz der Region im Umfeld der heutigen libyschen Hauptstadt Tripolis angelegt wurde, verlief der Limes Mauretaniae vom heutigen algerischen Sour El Ghozlane bis in die Region der heutigen Stadt Maghnia.

Mit dem Bau des wichtigsten Teils dieser Befestigungsanlage, des Limes Tripolitanus, wurde um das Jahr 75 unserer Zeitrechnung begonnen. Der äussere Anlass für den Bau dieses gewaltigen Bauwerks war laut Historikern die Bedrohung durch den Stamm der Garamanten. Es gelang den

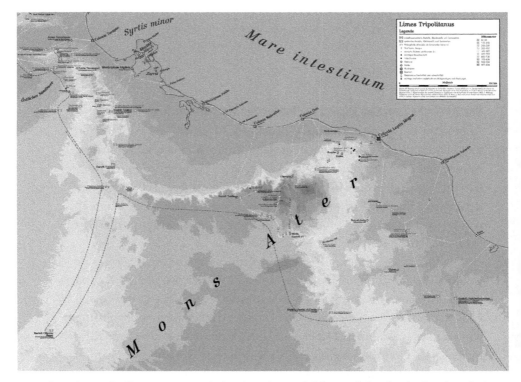

Karte des «Limes Tripolitanus»: Der römische Limes in Nordafrika war keine durchgehende Befestigungsanlage, sondern bestand vielmehr aus einer Abfolge von Kastellen, Sperranlagen und Gräben. Er diente in erster Linie der Kontrolle und Kanalisierung der Wanderbewegungen nomadischer Stämme und Völker.

Römern, diesen Stamm zu «domestizieren» und in das Römische Reich einzubinden. Doch auch andere Nomadenvölker bedrohten regelmässig die Städte Tripolitaniens, die damals zu den wohlhabendsten Zentren des Mittelmeerraums gehörten. Um das Jahr 200 n. Chr. wurde der Wall unter Kaiser Hadrian und dem aus Libyen stammenden Kaiser Septimius Severus zusätzlich ausgebaut und verstärkt.

Dieser Schutzwall, der keine durchgehende Befestigungsanlage war, sondern vielmehr aus einer Abfolge von Kastellen sowie aus Sperranlagen und Gräben in den Tälern bestand, scheint seine Schutzfunktion vollumfänglich erfüllt zu haben. In seinem Schutz konnte sich etwa im heutigen Westen Libyens eine blühende Landwirtschaft entwickeln. Mithilfe von Dammbauten, Zisternen und Bewässerungskanälen gelang es in dieser semiariden Zone, eine Vielzahl an Früchten wie Oliven und Weintrauben sowie Getreide anzubauen. Der Wall wurde in byzantinischer Zeit neu verstärkt und konnte damit seine Schutzfunktion weiterhin erfüllen.

Rund 500 Jahre später eroberten die aus Saudi-Arabien stammenden Bani-Hillal-Nomaden die Befestigungsanlagen und errichteten Bauernhöfe entlang des Limes Tripolitanus. Innerhalb weniger Dutzend Jahre kam die landwirtschaftliche Produktion fast vollständig zum Erliegen, und von den drei reichen Städten Leptis Magna, Sabrata und Oea überlebte nur die Letztere, das heutige Tripolis. Die beiden anderen, die heute zu den schönsten archäologischen Stätten Nordafrikas zählen, versanken in der Bedeutungslosigkeit.

Auch der westliche Limes Mauretaniae geriet im dritten Jahrhundert n. Chr. unter den Druck lokaler Stämme und musste wohl im frühen vierten Jahrhundert aufgegeben werden. Aus heutiger Sicht ist der Umstand interessant, dass die heutige Forschung seine Funktion in erster Linie in der Kontrolle und Kanalisierung der Wanderbewegungen nomadischer Stämme oder Völker einschliesslich der Überwachung ihrer Aktivitäten sowie als Zollgrenze sieht. In diesem Bereich besteht unzweifelhaft eine Parallele zum heutigen Versuch, grosse Migrationsbewegungen in Richtung Europa einzudämmen. Bevor wir uns aber dem Projekt eines heutigen neuen Limes in Nordafrika und in den angrenzen Sahelstaaten zuwenden, wollen wir einen Blick auf die bereits bestehenden Grenzanlagen im Maghreb sowie auf die Interessenlage der betroffenen Staaten werfen.

Bereits existierende befestigte Grenzen zwischen den Maghrebstaaten

Obwohl der ganze Maghreb aufgrund seiner gemeinsamen berberischen Wurzeln, der islamischen Prägung und seiner ähnlichen Alltagskultur im Vergleich zu Europa erstaunlich homogen ist, haben die Grenzen zwischen den fünf Staaten eine grosse und oft auch problematische Bedeutung. Die Utopie einer politischen Vereinigung der Maghrebstaaten, der Union des Grossen Arabischen Maghreb, die die fünf Staatschefs im Jahr 1989 feierlich unterzeichneten, blieb toter Buchstabe. Die Bevölkerung des Maghreb kann von den Freiheiten, die die Menschen in der heutigen EU geniessen, nur träumen. Oft sind nicht einmal Ferienreisen in die benachbarten Länder möglich, und maghrebinische Gastarbeiter wurden in den vergangenen Jahrzehnten von libyschen Grenzwächtern systematisch ausgeraubt. Am prekärsten ist die Situation zwischen Marokko und Algerien: Die Landesgrenze zwischen den beiden Ländern ist seit 1994 geschlossen, und wer etwa aus der Region der marokkanischen Stadt Oujda Verwandte in der Region von Tlemcen in Algerien besuchen möchte – nur ein paar Dutzend Kilometer Luftlinie entfernt –, muss dafür zuerst nach Casablanca reisen, von dort aus per Flugzeug nach Oran fliegen und anschliessend wieder auf der Strasse an den Zielort reisen.

Die Grenze zwischen Marokko und Algerien ist – zumindest von der Mittelmeerküste in der Nähe der Stadt Maghnia bis etwa 100 Kilometer landeinwärts – seit einigen Jahren mit einem beidseitigen Schutzwall versehen. Algerien und Marokko werfen sich gegenseitig vor, den jeweiligen Nachbarn mit über die Grenze geschmuggelten Drogen destabilisieren zu wollen. Während Marokko sein Nachbarland angeblich mit billigem Cannabis eindeckt, soll dies Algerien umgekehrt mit synthetischen Drogen tun, etwa mit dem berüchtigten Karkoubi. Dabei handelt es sich um eine Mischung aus Benzodiazepinen, Cannabis, Alkohol oder Lösungsmitteln, die die Konsumenten aufputscht und ausserordentlich aggressiv machen kann.

Eine wichtige Rolle beim Bau der doppelten Grenzanlage, an der beide Länder beteiligt waren, spielt auch die Kontrolle der irregulären Emigration: Die Route, die von Mali oder Niger über Tamanrasset nach Oran (siehe Kap. 8) und anschliessend in die Region von Oujda führt, war jahrzehntelang von grosser Bedeutung.

Seit dem Bau der erwähnten Grenzanlagen ist es für Migranten und Flüchtlinge deutlich schwieriger geworden, auf diese Weise nach Marokko zu gelangen. Doch die Grenzwälle konnten laut Beobachtern vor Ort weder den Schmuggel von Waren noch die Schleusung von Migranten ganz unterbinden. Dafür dürfte in erster Linie die weitverbreitete Korruption in beiden Staaten verantwortlich sein.

Einfacher ist die Überquerung der Grenze südlich der Stadt Oujda: Dort patrouillieren zwar Grenzwächter, doch Schmuggler und Schleuser können nachts offenbar ohne grössere Schwierigkeiten die Grenze passieren. In dieser wüstenähnlichen Gegend zwischen Oujda und Figuig setzten marokkanische Sicherheitskräfte noch im Jahr 2005 afrikanische Migranten an der Grenze aus und forderten sie auf, in Richtung Algerien auszureisen. Aufgrund nationaler und internationaler Proteste stellte Marokko diese brutalen Ausweisungen allerdings ein. Laut marokkanischen Flüchtlingsorganisationen kommen diese heute nicht mehr vor.

Die weiter südlich gelegene Grenze zwischen Marokko und Algerien bis hin zu dem Breitengrad, der die Grenze zwischen Marokko und der ehemaligen spanischen Kolonie Westsahara markiert, ist militärische Sperrzone. Seit dem algerisch-marokkanischen Grenzkrieg im Jahr 1963, als sich die beiden Länder um den Grenzverlauf stritten und es in der Folge zu kleineren Gefechten kam, ist diese Grenze offiziell für Personen und Güter gesperrt. Ob dies in der Praxis auch wirklich zutrifft, ist aufgrund der sehr eingeschränkten Recherchemöglichkeiten kaum in Erfahrung zu bringen. Lokale Informanten berichten von einem kleinen Grenzverkehr und gelegentlich auch vom Schmuggel von Cannabis und anderen Gütern, an dem Sicherheitskräfte beteiligt sein sollen.

In der von Marokko seit 1975 besetzten Westsahara, deren Status noch immer ungeklärt ist, ist die Frage der Grenzsicherung hingegen von höchstem nationalem Interesse. Nach den wiederholten Vorstössen militärischer Einheiten der Frente Polisario, die für eine Unabhängigkeit der Westsahara kämpft, liess Marokko in den Jahren von 1980 bis 1985 einen mehr als 2500 Kilometer langen Sandwall errichten. Dieser erstreckt sich von der Grenze zwischen der Westsahara und Mauretanien im Südwesten bis hin zum marokkanisch-algerisch-mauretanischen Dreiländereck im Nordosten des umstrittenen Gebiets. Nördlich anschliessend soll sich der

Wall noch einige Hundert Kilometer entlang der marokkanisch-algerischen Grenze fortsetzen.

Dieser Verteidigungswall entspricht dem ehemaligen römischen Limes am ehesten. «Aus Felsgestein und Sand errichteten die Marokkaner einen modernen Limes, zwei bis vier Meter hoch, mit Geschützbunkern und Unterständen», heisst es etwa in einem Bericht des *Spiegel*. «Den Clou dieser Wälle, die Radaranlagen, installierten vietnamerfahrene Amerikaner mit französischer und israelischer Technologie. Angesichts der militärischen Bedeutung dieses Grenzwalls ist es praktisch unmöglich, Details über dieses Befestigungswerk zu erfahren. Klar ist aber, dass der Wall die militärischen Vorstösse der Polisario in das von Marokko besetzte Gebiet praktisch zum Erliegen gebracht hat.

Streng überwacht ist auch die Grenze zwischen der marokkanisch besetzten Westsahara und Mauretanien. Zwischen der Ortschaft Guerguerat und der mauretanischen Stadt Nouadhibou existiert aber ein offizieller Grenzübergang. Ganz in der Nähe davon kam es im Lauf der Jahre 2017/18 fast zu einem Konflikt zwischen marokkanischen Truppen und solchen der Polisario. Wochenlang standen sich die Armeeeinheiten direkt gegenüber, und erst eine Intervention von UN-Generalsekretär António Guterres konnte die Situation entschärfen. Marokko begründete den Bau eines neuen Durchgangs durch den Verteidigungswall mit dem Kampf gegen Drogenschmuggler, die in dieser Zone aktiv seien.

Der offizielle Grenzübergang nördlich von Nouadhibou wird vor allem von Bürgern vieler westafrikanischer Staaten rege genutzt. Sie können ohne Visum als Touristen nach Marokko einreisen und sich dort legal für maximal drei Monate aufhalten. Unzählige junge Männer aus Senegal, Gambia und weiteren Ländern Westafrikas gelangen so mit öffentlichen Verkehrsmitteln – Linienbussen oder Sammeltaxis – günstig und ungefährlich in den Norden Marokkos. Während einige dieser Migranten ihr Glück als Handwerker, als Handlanger auf Baustellen, in Restaurants und Hotels versuchen, verfolgen die meisten ihr Projekt einer Weiterreise nach Europa. Zu diesem Zweck reisen sie zuerst in die grösseren Städte wie Casablanca oder Rabat. Anschliessend begeben sie sich nach Tanger (siehe Kap. 5) oder in die Umgebung der beiden spanischen Exklaven Ceuta und Melilla, um von dort aus nach Europa überzusetzen.

Bürger vieler anderer Staaten südlich der Sahara brauchen allerdings ein Visum, um nach Marokko einreisen zu können. Diese Migranten und Flüchtlinge überqueren die Grenze zwischen Mauretanien und Marokko mithilfe von Schleppern. Wie dies genau vor sich geht, ist weitgehend unbekannt; Recherchen in der Westsahara und auch in Mauretanien sind sehr schwierig und von beiden Staaten unerwünscht. Auch hier dürften sich Grenzbeamte und Armeeangehörige für ihr Wegschauen und Durchwinken bezahlen lassen.

Mit deutscher Hilfe errichteter Schutzwall

Streng kontrolliert wird seit ein paar Jahren auch die Grenze zwischen Tunesien und Libyen. Nach ein paar Jahren des Laissez-faire, in denen Milizionäre, Dschihadkämpfer, Waffen und Güter aller Art fast unkontrolliert den wichtigsten Übergang und Grenzposten von Ras Jedir passieren konnten, ist sich die tunesische Regierung der Gefahren zunehmend bewusst geworden. Ausschlaggebend dafür waren die drei Attentate von 2015 in Tunis und in Sousse, deren Spuren unter anderem nach Libyen führten. Bereits wenige Monate später wurde mit dem Bau eines mit Salzwasser gefüllten Grabens und eines dazugehörigen Erdwalls begonnen, der die freie Passage von Fahrzeugen unterbinden sollte. Die Grenzbefestigung erstreckt sich von der Mittelmeerküste in der Nähe von Ras Jedir über rund 200 Kilometer bis hin zu der kleinen Grenzstadt Dehiba. Laut einem Bericht der *Deutschen Welle* sollen die Schutzwälle teilweise mehrere Meter hoch sein. Zusammen mit deutschen und US-amerikanischen Militärtechnikern, so berichtete die tunesische Staatsagentur Tap, sei die Barriere mit einem elektronischen Überwachungssystem ausgestattet worden. Damit ist knapp die Hälfte der tunesisch-libyschen Grenze «gesichert».

Dass dieser Grenzschutz für Tunesien von grösster Wichtigkeit war, zeigte sich im März 2016, als ein paar Hundert Kämpfer versuchten, in der Schmugglerhochburg Ben Guerdane ein salafistisches Emirat zu errichten. Der Versuch scheiterte zwar, doch die meisten Beobachter sind sich sicher, dass Tunesien damals nur knapp einer Katastrophe entgangen war.

Lokale Informanten berichten allerdings von raffinierten Methoden der Schlepper und Schleuser, den Grenzwall zu überwinden. So sollen

Schmuggler mit schwer beladenen Fahrzeugen ungehindert bis an den Wall heranfahren, eine leichte Metallkonstruktion über Graben und Wall legen und die Waren auf diese Weise über die Grenze schmuggeln. Dass dies überhaupt möglich ist, lässt sich – einmal mehr – nur durch die weitverbreitete Korruption unter Grenzwächtern und Armeeangehörigen erklären.

Die Anstrengungen der tunesischen Regierung, den Schmugglern von Ben Guerdane das Handwerk zu legen, werden durch die spezifische Situation dieser Grenzstadt und durch die Macht der lokalen Schmugglerbarone von Anfang an stark eingeschränkt. Da das lukrative Schmugglergeschäft de facto von den Behörden jahrzehntelang toleriert wurde und da es kaum andere Erwerbsmöglichkeiten gibt, kann eine gänzliche Einstellung dieser illegalen Aktivitäten kaum erzwungen werden. Die Behörden, so berichtet ein lokaler Beobachter, hätten Angst davor, dass die wichtige Hauptstrasse nach Libyen wochenlang blockiert würde. Sogar vor eigentlichen Aufständen hätten sie Angst und liessen so die Schmuggler weiterhin gewähren. Einzig der Schmuggel von Waffen werde streng sanktioniert. De facto scheint eine Art Stillhalteabkommen zwischen den Grenzwächtern, der Armee und den Schmugglerbaronen zu bestehen.

Ähnlich präsentiert sich die Lage in gewissen Grenzregionen zwischen Tunesien und Algerien. Auf tunesischer Seite gilt in erster Linie die Stadt Kasserine als wichtige Bastion des Schmugglergeschäfts. Nicht anders als in Ben Guerdane sind im Stadtzentrum, entlang der Ausfallstrassen, aber auch an kleineren Orten ausserhalb von Kasserine unzählige improvisierte Verkaufsstellen für geschmuggeltes Benzin zu sehen. Dieses wird aus Algerien illegal eingeführt und zu rund einem Drittel des offiziellen Preises an Tankstellen verkauft. Doch auch andere Güter des täglichen Bedarfs, die über die Grenze geschmuggelt wurden, werden auf beiden Seiten der Grenze offen zum Verkauf angeboten. Beiden Staaten entgehen auf diese Weise riesige Einnahmen durch fehlende Import- und Verbrauchssteuern (siehe Kap. 12).

In einem Gebirgszug unweit der Stadt Kasserine, dem Dschebel Chambi, haben sich seit dem Jahr 2012 radikale Islamisten mit Verbindung zu al-Qaida im Maghreb festsetzen können. Der tunesischen Armee ist es bis heute nicht gelungen, diese Dschihadkämpfer, die sich selbst den Namen

Kampfbrigade Okba Ibn Nafaa gegeben haben, militärisch zu besiegen. Im Gegenteil: Laut dem amerikanischen Forscher Matt Herbert haben in den vergangenen sechs Jahren 118 Angehörige der tunesischen Armee sowie zahlreiche Bewohner dieser Region durch Minen und Angriffe der Dschihadkämpfer ihr Leben gelassen. Diese haben ihrerseits 127 Tote zu beklagen. Zudem gibt es zahlreiche Indizien, die dafür sprechen, dass die Anschläge auf das Bardomuseum, auf einen Mannschaftsbus der Garde Nationale in Tunis sowie auf ein Strandhotel im Touristenort Sousse zumindest teilweise von dieser dschihadistischen Kampfbrigade ausgeheckt worden sind.

Und die Angriffe gehen weiter. Am 8. Juli 2018 fand bei der kleinen Ortschaft Aïn Soltane der Angriff einer Terrorgruppierung statt, bei dem sechs Beamte der tunesischen Nationalgarde starben. Laut tunesischen Medien richteten Algier und Tunis 60 zusätzliche gemeinsame militärische Kontrollpunkte entlang der Grenze zwischen Jendouba, El Kef und Kasserine sowie von El Taref bis nach Tebessa ein.

Es versteht sich von selbst, dass die Kontrolle dieser Grenzregion sowohl für Tunesien als auch für Algerien von grosser Bedeutung ist. Vieles deutet aber darauf hin, dass dies den beiden Staaten nur teilweise gelingt. Ein Indiz dafür ist etwa der Schmuggel von tunesischen Kühen nach Algerien, wo für die Tiere ein wesentlich höherer Preis erzielt werden kann. «Wie soll ein Land in der Lage sein, den Export von Waffen oder Dschihadisten zu kontrollieren», kommentiert der tunesisch-schweizerische Jurist Ridha Fraoua, «wenn es nicht einmal denjenigen von Kühen unter Kontrolle bringen kann?»

Was die südliche Grenze zwischen Algerien und den angrenzenden Ländern Mali und Niger betrifft, so existieren nur wenige verlässliche Informationen. Die mehrere Tausend Kilometer lange Grenze in unwegsamem Gelände ist nur schwer zu kontrollieren. Die Herren der zentralen Sahara sind die lokalen Tuaregstämme, die nach allem, was bekannt ist, auch in Schleppergeschäfte involviert sind. Die asphaltierten Hauptachsen von Agadez (Niger) über die Minenstadt Arlit nach Tamanrasset stehen unter der Kontrolle von Armeeeinheiten, ebenso die weniger bedeutsame Route von Gao nach Tamanrasset.

Nach der Errichtung von Grenzbefestigungsanlagen an der algerisch-marokkanischen Grenze scheint die Route über Algerien in den letzten Jahren an Bedeutung verloren zu haben. Dies umso mehr, als die Ausreise über die zentrale Mittelmeerroute, das heisst, über die libysche Wüste und die Schlepperhochburgen im Westen des Landes (siehe Kap. 6) in den Jahren von 2013 bis 2017 praktisch offen war. Dennoch weist alles darauf hin, dass Migranten und Flüchtlinge auch weiterhin versuchen, über Algerien nach Europa zu gelangen. Viele von ihnen bleiben aber in den nordalgerischen Städten hängen. Die algerischen Behörden haben auf diese Entwicklung in den letzten Jahren mit einer verstärkten Rückführung der Migranten reagiert. Laut übereinstimmenden Schätzungen der IOM und der NGO Human Rights Watch (HRW) sollen zwischen 2014 und 2018 rund 28 000 Migranten nach Niger oder Mali ausgewiesen worden sein.

Noch undurchsichtiger ist die Lage im Süden Libyens. Auch hier handelt es sich um eine mehrere Tausend Kilometer lange Grenze zu Algerien, Niger, Tschad, Sudan und Ägypten. Einige dieser Regionen – etwa das Tibestigebirge im Norden von Tschad – gehören zu den am wenigsten erforschten Gegenden von ganz Afrika. Weite Landstriche, vor allem im Norden von Tschad, sind zudem vermint. Lokale Stämme – in erster Linie die dunkelhäutigen Tubus – beherrschen de facto den unwegsamen Süden Libyens. Ohne sie wird auch in Zukunft keine effektive Kontrolle der südlichen Grenzen Libyens möglich sein.

Verworren ist auch die Lage an der Grenze zu Sudan. Die Route über den Nordwesten von Nordsudan – etwa über die Stadt Dongola – durch die Libysche Wüste über die libysch-sudanesische Grenze zu den Kufraoasen ist seit vielen Jahren der wichtigste Fluchtweg für Migranten, die von Eritrea, Somalia und weiteren anderen Staaten dieser Region in Richtung Mittelmeer ziehen wollen. Die libysche Stadt Kufra war und ist zudem eine wichtige Drehscheibe für den Waffen- und Menschenschmuggel. Laut der italienischen Autorin Loretta Napoleoni existierten dort bereits in den Jahren 2004/05 Auffanglager für Migranten unter libyscher Kontrolle.

Der erwähnte Grenzübergang war de facto seit dem Zusammenbruch des Gaddafi-Regimes im Herbst 2011 mehrere Jahre lang für Schlepper, Waffenschieber und Drogenhändler offen und bescherte den an diesen Geschäften beteiligten Personen und Organisationen immense Gewinne.

Verschiedene Versuche, diesen Grenzübergang besser zu kontrollieren, scheiterten. Doch vieles weist darauf hin, dass in jüngster Zeit einiges in Bewegung gekommen ist. Zum einen haben die EU und die USA einen enormen Druck auf Sudan, Tschad und Niger ausgeübt, um diese Staaten zu einer besseren Kontrolle der Grenzen zu bewegen. Laut der Zeitschrift *Al Monitor* haben die vier Länder Sudan, Tschad, Niger und Libyen Ende Mai 2018 ein Protokoll für eine verbesserte Zusammenarbeit in Sicherheitsfragen unterzeichnet. Dabei geht es um die Bekämpfung der irregulären Migration und des Schlepperwesens, des Waffen- und Drogenhandels sowie des Schmuggels von Konsumgütern und von subventionierten Lebensmitteln. Ob diese Vereinbarung wirklich Früchte zeigt, wird sich erst in näherer Zukunft herausstellen.

Als sehr viel besser gesichert gilt schliesslich die mehr als 1000 Kilometer lange Landesgrenze zwischen Libyen und Ägypten. Dies dürfte mit der Stärke und der hohen Präsenz der ägyptischen Armee, aber auch mit dem libyschen General Haftar zusammenhängen. Dieser hat in Benghazi, in Derna und anderswo im Osten Libyens islamistische, aber auch andere Milizen, die sich seiner Kontrolle nicht unterziehen wollten, erbarmungslos bekämpft. Die Situation unterscheidet sich deshalb stark vom Westen Libyens, wo de facto Milizverbände das Sagen haben.

Die «Externalisierung» der südlichen Grenzen Europas

Wenden wir uns nun dem europäischen Projekt zu, in Nordafrika und in den Sahelstaaten eine Art vorgelagerten Wall zum Schutz vor irregulärer Einreise zu schaffen. Seit dem Beginn der 2000er-Jahre beschäftigte sich die EU immer intensiver mit der Frage, ihre Aussengrenzen zu kontrollieren. Die Idee, zur Sicherung ihrer Grenzen im Süden zunehmend Drittstaaten ausserhalb der EU einzubeziehen, gewann in den folgenden Jahren zunehmend an Rückhalt. Mit dem sogenannten Haager Programm von 2004 wurden diese Bemühungen, im Bereich der Migrationsregulierung verstärkt mit Herkunfts- und Transitländern zusammenzuarbeiten, zu einem zentralen Bestandteil der Politik an den EU-Aussengrenzen. Diese Staaten sollten einerseits als eine Art Grenzwächter fungieren, um Flüchtlinge und Migranten abzuwehren, bevor diese europäischen Boden

Während einiger Jahre konnten Dschihadkämpfer, Waffenschieber und Migranten die Grenze zwischen Tunesien und Libyen fast unkontrolliert passieren. 2015 begannen die Bauarbeiten für einen fast 200 Kilometer langen Erdwall sowie einen mit Salzwasser gefüllten Graben. Heute ist diese Grenze elektronisch gesichert und wird von Armeeeinheiten bewacht.

betreten konnten. Andererseits wurden mit den betroffenen Staaten Abkommen ausgehandelt, die die Rückführung von Flüchtlingen und Migranten ermöglichen beziehungsweise erleichtern sollten.

Entscheidend für diese neue Politik waren einerseits die starke Zunahme von Flüchtlingsbewegungen aus dem Maghreb und aus dem subsaharischen Afrika sowie andererseits aus Staaten den Nahen Ostens. So sollen laut der IOM zwischen 2004 und 2014 rund eine Million Flüchtlinge aus Afrika nach Europa emigriert sein. Eine wichtige Rolle spielten aber auch die wachsenden Probleme europäischer Staaten, abgelehnte Asylbewerber und andere Migranten ohne Bleiberecht in ihre Herkunftsländer zurückzuschicken.

Im Jahr 2002 identifizierte der Europäische Rat neun Staaten, mit denen die EU die Kooperation im Bereich Migration und Grenzsicherung stärken wollte. Darunter waren unter anderem Marokko, Tunesien und Libyen. Da sich die Verhandlungen schon bald als schwierig erwiesen, verfolgte die EU parallel dazu die Politik, mittels bilateraler Abkommen zwischen einzelnen Mitgliedsstaaten und Ländern jenseits des Mittelmeers die Grenzsicherung zu verstärken und Rückführungen zu erleichtern. Ein Rücknahmeabkommen wurde beispielsweise schon im Jahr 1998 zwischen Italien und Tunesien abgeschlossen. Spanien seinerseits verlängerte 2006 ein Rücknahmeabkommen mit Marokko aus dem Jahr 1992, das nur sehr selten angewendet worden war.

Die Grenzschutzagentur Frontex
Die Europäische Agentur für die Grenz- und Küstenwache, wie die Organisation mit vollständigem Namen heisst, wurde im Jahr 2004 gegründet und hat ihren Sitz in Warschau. Ihr Etat ist in den vergangenen Jahren stark aufgestockt worden. Betrug das Budget im Jahr 2005 noch 6 Millionen Euro, stieg dieses im Jahr 2014 bereits auf 254 Millionen Euro an, und für das Jahr 2020 ist ein Budget von 345 Millionen Euro eingeplant. 2017 arbeiteten 1800 Beamte für die Agentur. Seit Januar 2015 ist der Franzose Fabrice Leggeri Direktor der Agentur.
Frontex spielt beim Schutz der südlichen EU-Aussengrenzen und insbesondere im Mittelmeer eine wichtige Rolle. 2015 sprach sich EU-Kommissionspräsident Jean-Claude Juncker dafür aus, Frontex zu einem «operationellen Grenz- und Küstenwachsystem» auszubauen. Ein Jahr später nahm die umgebaute Agentur ihren

Dienst auf, mit verbessertem, möglichst lückenlosem Grenzschutz, mit verstärkten Kontrollen durch mehr Personal und klarere Zugänge. Ökonomisch motivierte Flüchtlinge sollen so früh wie möglich abgewiesen und die Flüchtlingsströme aus Sicherheitsgründen besser gelenkt werden.

Es besteht kein Zweifel, dass Frontex in erster Linie «der Abwehr von Flüchtlingen und nicht der Seenotrettung» dient. Genau so äusserte sich Frontex-Chef Leggeri (2015). Die konkreten Operationen der EU-Agentur wurden jeweils nach Codewörtern benannt. Der Einsatz zur Überwachung der Kanarischen Inseln und der westafrikanischen Küste ab 2006 wurde etwa Hera genannt, der Einsatz im Bereich zwischen Nordafrika und Malta/Süd-Italien Nautilus, der Einsatz auf der italienischen Mittelmeerinsel Lampedusa im Jahr 2011 Hermes.

Für Aussenstehende sind diese Einsätze und ihre besonderen Schwerpunkte nicht leicht zu überblicken. In Bezug auf den Maghreb spielt die italienische Seenotrettungsmission Mare Nostrum eine wichtige Rolle: Dank dieser Mission konnten zwischen Oktober 2013 und Oktober 2014 schätzungsweise 150 000 Menschen gerettet werden. Da sich die EU nicht an den Kosten beteiligen wollte, stellte Italien die Mission Ende Oktober 2014 wieder ein. In der Folge rief die EU die Operation Triton mit einem deutlich geringeren Budget ins Leben. Diese wiederum wurde im Februar 2018 von der Operation Themis abgelöst.

Es besteht kein Zweifel, dass die EU besonders mit ihren zögerlichen und schwankenden Massnahmen bezüglich Seenotrettungen keine gute Figur machte. Asyl- und Flüchtlingsoperationen warfen Frontex regelmässig vor, Flüchtlingsschiffe auf hoher See abgedrängt zu haben und sogenannte Push-Back-Operationen durchgeführt zu haben, etwa im Fall Griechenlands und der Türkei. Im Oktober 2013 gab der damalige Frontex-Direktor Ilkka Laitinen denn auch zu, dass Frontex mehrmals jährlich Flüchtlingsboote im Mittelmeer abgedrängt und Flüchtlinge auch unter Androhung von Gewalt ohne Asylprüfungsverfahren abgeschoben habe. Vieles weist darauf hin, dass solche Operationen, die der Europäische Gerichtshof für Menschenrechte (EGMR) bereits 2012 als Menschenrechtsverletzung verurteilt hatte, auch weiterhin stattfanden. In mehreren Publikationen wurde die EU-Agentur sowohl für einzelne Einsätze als auch für ihre generelle Strategie scharf kritisiert. «Durch den Einsatz von Frontex wählen Flüchtlinge immer gefährlichere Ausweichrouten, um nach Europa zu gelangen», schreibt etwa Meier-Braun in seinem *Schwarzbuch Migration* (2018).

Seit dem Beginn der 2000er-Jahre verfolgte die EU die Idee, den Schutz der europäischen Aussengrenzen an Drittstaaten auszulagern. Die Bewährungsprobe für diese neue Form von Grenzschutz fand ab 2004 an der Atlantikküste vor Senegal und Mauretanien statt. Bis heute patrouillieren in diesen Gewässern auch Schiffe der spanischen «Guardia Civil».

Der Sturm auf die beiden spanischen Exklaven Ceuta und Melilla, der im Herbst 2005 wochenlang in den Fokus der Weltöffentlichkeit geriet, dürfte den Bemühungen um eine Auslagerung des EU-Grenzschutzes Rückenwind verliehen haben. Zumindest für dessen Befürworter war damit klar, dass Europa unbedingt versuchen musste, afrikanische Migranten bereits in den Maghrebstaaten oder an deren südlichen Grenzen von einer Weiterreise in Richtung Europa abzuhalten. Innerhalb weniger Jahre, so Stefan Brocza, Experte für Europapolitik und internationale Beziehungen, schuf sich die EU so «ein komplexes System von Mechanismen und Instrumentarien, um ihre Interessen im Bereich der inneren Sicherheit gekonnt und konsequent von anderen Ländern erledigen zu lassen». Konkret liess die EU de facto vorgelagerte Grenzkontrollen durchführen und Internierungslager in Afrika einrichten. Zudem versuchte sie, den Drogenschmuggel aus Lateinamerika über Westafrika nach Europa zu bekämpfen. Die EU wolle, so Brocza, «ihre Probleme lösen, bevor sie Europa erreichen». Bedrohungen jeglicher Art sollten auf diese Weise möglichst früh, idealerweise bereits im Entstehen, weit weg vom eigenen Territorium, abgewendet werden. Bezüglich der irregulären Migration finden Kontrollen und Zurückweisungen damit nicht nur auf dem Territorium der EU-Mitgliedsstaaten, sondern bereits in Drittstaaten statt. Die betroffenen Staaten werden dadurch, so Brocza, «zu einer Art ‹cordon sanitaire› – einem vorgelagerten Sicherheitsgürtel jenseits der EU-Aussengrenzen».

Um diese neue Grenzsicherungspolitik praktisch umzusetzen und die betroffenen Staaten zu einer Zusammenarbeit zu motivieren, schuf die EU ein ausgefeiltes System, das sowohl Anreize als auch Bestrafungsmechanismen enthielt, und zwar nach dem Grundsatz «mehr für mehr». Konkret bedeutet dies, dass die Staaten, die zu einer solchen Kooperation bereit waren, dafür mit Handelsvergünstigungen, Erleichterungen für Visa, finanziellen Abgeltungen und vielem mehr belohnt wurden. Umgekehrt sah die EU eine «Bestrafung» der Staaten vor, die sich gegen eine solche Zusammenarbeit sperrten.

Bewährungsprobe an der Atlantikküste und im Norden Marokkos

Die Bewährungsprobe für diese neue Form von Grenzschutz erlebte Frontex an der Atlantikküste vor Senegal und Mauretanien, wo sich ab 2004 eine neue Migrationsroute in Richtung Kanarische Inseln entwickelte. Täglich kamen damals bis zu 50 Flüchtlingsboote auf den zu Spanien gehörenden Inseln an.

Innerhalb kürzester Zeit gelang es der spanischen Küstenwache – in enger Zusammenarbeit mit Frontex und den erwähnten beiden Ländern –, diese Route zu blockieren. Dazu wurden sowohl in Mauretanien als auch in Senegal Einheiten der spanischen Guardia civil stationiert; die Koordination der Einsätze wurde jeweils von Frontex vorgenommen. Die Zahl ankommender Migranten und Flüchtlinge auf den Kanarischen Inseln, die im Jahr 2006 mit rund 30 000 Personen einen Höhepunkt erreicht hatte, sank innerhalb von vier Jahren auf weniger als 200 Personen. Auch in den folgenden Jahren verharrte sie auf diesem sehr niedrigen Niveau.

Ein weiterer Hotspot der irregulären Emigration hatte sich Mitte der 2000er-Jahre im Norden Marokkos und dort vor allem in der Umgebung von Ceuta und Melilla gebildet. Die spanische Regierung sah dringenden Handlungsbedarf. Um ein «griffiges» Instrument zu haben, reaktivierte sie ein bilaterales Abkommen mit Marokko aus dem Jahr 1992, das eine direkte Rücküberstellung von Migranten aus Drittstaaten erlaubt, die auf Booten oder Fähren kontrolliert oder bei der Einreise nach Spanien verhaftet wurden. Dieses Abkommen war nie wirklich umgesetzt worden. Marokkanische Migranten, die auf dem Landweg – das heisst, über die beiden Exklaven – oder auf dem Seeweg auf spanisches Territorium gelangt waren, konnten die spanischen Grenzwächter ohnehin auf der Basis eines anderen Abkommens direkt nach Marokko rücküberstellen. Minderjährige Marokkaner waren davon ausgenommen. In jüngster Zeit mehren sich aber die Berichte, wonach auch jugendliche Migranten wieder nach Marokko ausgewiesen werden.

Menschenrechts- und Flüchtlingsorganisationen kritisieren seit Jahren, dass es an den Grenzbefestigungsanlagen der beiden spanischen Exklaven regelmässig zu direkten, «heissen» Rücküberstellungen afrikanischer Migranten komme, zu sogenannten «devoluciones en caliente».

Diese würden im Bereich zwischen den Zäunen von spanischen Grenzwächtern aufgegriffen und direkt an Marokko überstellt. Verschiedene NGOs klagten im Jahr 2004 in zwei solchen Fällen beim Europäischen Gerichtshof für Menschenrechte (EGMR). Dieser verurteilte die spanischen Behörden dazu, wegen völkerrechtswidriger Abschiebungen den beiden Subsahara-Afrikanern je 5000 Euro zu bezahlen. Die damalige konservative Regierung unter Mariano Rajoy legte Berufung ein und behauptete, es habe sich um einen «rechazo en frontera» (um eine Zurückweisung direkt an der Grenze) gehandelt. Die Verhandlung über diesen Berufungsantrag in Strassburg war für den 4. Juli 2018 angesetzt. Da aber inzwischen die Sozialisten in Madrid die Konservativen an der Regierung abgelöst hatten, bat der EGMR die sozialistische Regierung um eine Stellungnahme. Und die Sozialisten, die vorher direkte Rücküberstellungen immer vehement abgelehnt hatten, argumentierten nun wie früher die von ihnen immer gescholtenen Konservativen. Der Fall ist noch nicht entschieden.

Am 26. Juli 2018 gelang es 602 Personen, den Zaun in Ceuta zu überqueren. Da waren schon die Sozialisten an der Regierung. 27 von ihnen wurden am Zaun direkt überstellt, ohne dass vorher ihre Identität festgestellt worden wäre, und am 23. August wurden aufgrund des Abkommens von 1992 116 Personen ausgewiesen. Nach Einschätzung des spanischen Maghrebexperten Ignacio Cembrero haben seit 2005 zwischen 120 und 130 direkte Rücküberstellungen stattgefunden. Er geht davon aus, dass es sich beim jüngsten Fall um eine ausserordentliche Geste Marokkos gegenüber Spanien gehandelt hat. Am 22. Oktober 2018 kam es zu 55 weiteren direkten Rücküberstellungen von afrikanischen Migranten.

Völkerrechtlich problematische «Push-Backs»

Als «Push-Backs» werden sofortige kollektive Rückschiebungen von asylsuchenden Migranten bezeichnet. Hierbei handelt es sich um die Verletzung des Grundsatzes der Nichtzurückweisung. Am 3. Oktober 2017 verurteilte der Europäische Gerichtshof für Menschenrechte (EGMR) Spanien wegen unrechtmässiger Rückschiebungen von Flüchtlingen aus Melilla nach Marokko (siehe S. 201).

Push-Backs sollen laut Flüchtlingsorganisationen aber auch an anderen Aussengrenzen der EU stattfinden, so etwa an der griechisch-türkischen Grenze. Zahlenmässig bedeutender und rechtlich komplexer sind Push-Backs in internationalen Gewässern. Zwar gilt die Europäische Menschenrechtskonvention grundsätzlich nur auf den Territorien der Vertragsstaaten. Gemäss einem EGMR-Grundsatzurteil aus dem Jahr 2012 kann das Refoulement-Verbot aber auch extraterritorial gelten. Andere Juristen berichten zurückhaltender von einem «Spannungsfeld zwischen Grenzschutz und völkerrechtlichen Verpflichtungen auf hoher See».

Europäische Staaten versuchen seit einiger Zeit mit einer besonderen Taktik, ihren völkerrechtlichen Verpflichtungen bei Rückschiebungen zu entgehen. Sie bilden die Küstenwachen von Ländern ausserhalb Europas aus und leisten logistische Unterstützung bei der Ortung von Flüchtlingsbooten. Die eigentlichen Rettungsaktionen werden aber von den nichteuropäischen Küstenwachen übernommen. Diese führen die Flüchtlinge anschliessend wieder in das Land zurück, von dem sie ausgereist sind.

Die Operation «Hera» von Frontex vor der Küste von Senegal und Mauretanien war der erste grosse Versuch, solche Push-Backs durch Küstenwachen von Drittstaaten ausführen zu lassen. Die Indizien sind sehr stark, dass Italien dieselbe Taktik nun gegenüber Flüchtlingen anwendet, die von Libyen aus versuchen, nach Europa zu gelangen. «Weil Italien selbst nicht direkt solche Push-Back-Manöver ausführen darf», schreibt die Londoner Juristin Violeta Moreno-Lax, «lassen sie die libyschen Akteure die Push-Backs ausführen.» Moreno-Lax bereitet zusammen mit anderen Juristen und NGOs deshalb eine Klage vor dem EGMR vor.

Ein «Freundschaftspakt» mit dem libyschen Diktator

Auch Italien versuchte, die irreguläre Emigration über Libyen durch Vereinbarungen mit dem damaligen Diktator Muammar Gaddafi einzudämmen. Im Jahr 2003 nahm die Regierung Berlusconi geheime Verhandlungen mit dem Diktator auf, mit dem Ziel, die Migrantenströme einzudämmen. Nach der «Rehabilitation» des einstigen «bad guy» Gaddafi

An einem Gipfeltreffen der EU mit den Ländern Afrikas im Jahr 2010 forderte der libysche Diktator Gadaffi 5 Milliarden Euro für die Überwachung der nordafrikanischen Küste. Andernfalls werde er seine Bemühungen für eine Eindämmung der illegalen Einwanderung von Afrika in die EU-Staaten sofort einstellen. Wenig später brachen die arabischen Aufstände aus.

kamen die Verhandlungen, die auch eine engere wirtschaftliche Zusammenarbeit und eine Wiedergutmachung für erlittenes Unrecht in der Zeit der italienischen Kolonialzeit umfassten, rasch voran. «Am ‹effektivsten› war die Kooperation Italiens mit Libyens Diktator Muammar Gaddafi», analysiert eine Studie der deutschen Heinrich-Böll-Stiftung. «Sie erreichte einen ersten Höhepunkt 2004/05, als Tausende Flüchtlinge direkt von der Insel Lampedusa nach Libyen abgeschoben wurden.» Auch die europäische Grenzschutzagentur Frontex interessierte sich zunehmend für eine Kooperation mit Libyen. Sie unternahm mehrere Delegationsreisen, so unter anderem im Frühjahr 2007. In dem Bericht über Libyen, den die Frontexdelegation anschliessend verfasste, war die Rede von rund 60 000 Flüchtlingen und Migranten, die zu diesem Zeitpunkt in Libyen inhaftiert waren.

Italien vertiefte in den darauffolgenden Jahren die Zusammenarbeit mit Libyen. Im August 2008 schlossen die beiden Staaten einen Vertrag über Freundschaft, Partnerschaft und Kooperation ab. Die darin vereinbarte italienische Geldzahlung an Libyen in Höhe von 5 Milliarden US-Dollar wurde als Kompensation für die Verbrechen durch Italien während der Kolonialzeit von 1911 bis 1943 ausgewiesen.

Die EU sondierte weiterhin, ob ein Rahmenabkommen zur rechtlichen Fundierung der Zusammenarbeit zwischen der EU und Libyen mittelfristig möglich wäre. Angesichts der desolaten Menschenrechtslage in Libyen und angesichts von Berichten über die Misshandlung von Flüchtlingen bestanden innerhalb der EU-Kommission sowie des EU-Parlaments starke Vorbehalte, ein derartiges Abkommen abzuschliessen. Zwar war die zentrale Mittelmeerroute längst zur bedeutendsten Migrationsroute im südlichen Mittelmeer geworden. Doch es gab zunehmend Stimmen, die davor warnten, mit einem Diktator vom Schlag Gaddafis derartige Abkommen abzuschliessen; realpolitische und humanitäre Erwägungen standen sich diametral entgegen. Zu Spannungen und zu einem Beinaheeklat kam es beim dritten Gipfeltreffen der EU mit den Ländern Afrikas in Tripolis Ende November 2010. Gastgeber Gaddafi drohte, er werde seine Bemühungen für eine Eindämmung der illegalen Einwanderung von Afrika in die EU-Staaten sofort einstellen, falls diese ihn dabei nicht finanziell und technisch unterstützen würden. Dann werde der «christliche, weisse»

Kontinent Europa «schwarz» werden. Er forderte von der EU für die Überwachung der nordafrikanischen Küste 5 Milliarden Euro. Im Gegenzug werde Libyen das Schleuserwesen bekämpfen und Migranten daran hindern, nach Europa aufzubrechen. Wenige Monate später, im Februar 2011, griff der Funke des Arabischen Frühlings auch auf Libyen über. Damit war das Traktandum fürs Erste erledigt.

Diktatoren als Türsteher Europas
Vor allem der fragwürdige Deal mit dem libyschen Diktator löste heftige Kritik aus. Intellektuelle aus Europa und dem Maghreb, Menschenrechtsorganisationen, aber auch Politiker und Wissenschaftler brandmarkten die Zusammenarbeit der EU mit dem autoritären Regime, um irreguläre Flüchtlinge zu stoppen und den islamischen Extremismus zu bekämpfen. Eine der wichtigsten Publikationen in diesem Zusammenhang war das 2005 erschienene Buch *Despoten vor Europas Haustür* der beiden tunesischen Oppositionellen Sihem Bensedrine und Omar Mestiri. Die beiden Autoren beklagten, Europa unterstütze und legitimiere auf solche Weise die autoritären oder gar diktatorischen Regime am Südrand des Mittelmeers, verletze grundlegende Rechte von Migranten und Flüchtlingen und verhindere indirekt die Demokratisierung der Maghrebstaaten. Diese Kritik ist seither nicht abgebrochen. In diesem Zusammenhang sei nur eine Publikation aus dem Jahr 2017 erwähnt, die den Titel trägt: *Diktatoren als Türsteher Europas. Wie die EU ihre Grenzen nach Afrika verlagert.*

Die Kritik an diesem Versuch Europas, über eine Zusammenarbeit mit den Regierungen der Maghrebländer und der Sahelregion die irreguläre Migration einzudämmen, beinhaltet hauptsächlich die folgenden Punkte:
- Erstens hätten diese Staaten weder die Europäische Menschenrechtskonvention (EMRK) noch die Genfer Flüchtlingskonvention (GFK) ratifiziert. Den Migranten werde dadurch der Zugang zum EU-Territorium und damit die Möglichkeit eines Verfahrens zur Erlangung von Flüchtlings- oder Asylschutz verweigert.
- Zweitens kalkuliere die EU bewusst ein, ausserhalb des EU-Territoriums nicht den Normen des internationalen Flüchtlingsschutzes unter-

worfen zu sein; etwa der allgemeinen Erklärung der Menschenrechte (Artikel 14: «Jeder hat das Recht, in anderen Ländern vor Verfolgung Asyl zu suchen und zu geniessen.»).
- Drittens könnten Flüchtende auf diese Weise in den meisten Fällen kein Asylgesuch mehr stellen.
- Viertens wird bemängelt, dass es bei einer solchen «Auslagerung» der Grenzkontrollen immer wieder zu sogenannten Push-Back-Operationen komme, bei denen Flüchtende direkt an der Grenze oder auf hoher See zurückgewiesen würden. Die Massnahmen, um die Ausreise von Migranten zu verhindern, seien zudem meist mit Gewalt verbunden.
- Fünftens wird kritisiert, dass die EU zunehmend Migranten und Flüchtlinge in Staaten zurückschicke, die sie als «sicher» einstufe. Zu diesem Zweck würden sukzessive die Kriterien gesenkt, ab wann ein Staat als sicher gelten könne.
- Sechstens wird kritisiert, dass «Abkommen mit Drittstaaten und Warlords» Flüchtlinge in Gefahr brächten und dass dabei schwere Menschenrechtsverletzungen bewusst in Kauf genommen würden. Ein solcher «Partner» der EU sei etwa die Einheitsregierung Libyens. Die von der EU mitfinanzierte libysche Küstenwache fange Flüchtlinge im Mittelmeer ab, bringe sie zurück und in Internierungslager, in denen katastrophale Zustände herrschten.

Heftig kritisiert werden auch die bereits bestehenden Flüchtlingslager (Hotspots) an der europäischen Südgrenze, etwa in Griechenland, sowie geplante Aufnahmezentren für Flüchtlinge und Migranten in Nordafrika.

Einerseits ist diese Kritik an einer Migrationszusammenarbeit mit Staaten ausserhalb der EU in vielen Punkten berechtigt und sollte sehr ernst genommen werden. Die EU muss, will sie ihre Glaubwürdigkeit behalten, darauf rasch Antworten finden. Andererseits werden von den meisten Kritikern nicht einmal ansatzweise Vorschläge erbracht, wie sich die in der Genfer Flüchtlingskonvention festgehaltenen Grundrechte auf Asyl und Schutz in Zeiten grosser Flucht- und Migrationsbewegungen noch praktisch umsetzen lassen. Namhafte Experten für Völkerrecht halten denn auch eine Überarbeitung und Anpassung der GFK, die vor bald 70 Jahren für vollkommen andere Verhältnisse konzipiert worden war, für unumgänglich (siehe Kap. 13). Ebenso ist offensichtlich, dass eine Unterscheidung zwischen Migranten, die aus vorwiegend ökonomischen Motiven ihre Länder verlassen, Kriegsflüchtlingen und im engeren Sinn politisch Verfolgten in Zukunft unabdingbar sein wird.

Die grundlegende Frage dabei ist, ob es wirklich praktikable Alternativen zur Eindämmung dieser gewaltigen Migrations- und Fluchtbewegungen an den Aussengrenzen Europas gibt. Die von der Open-Borders-Bewegung sowie auch von gewissen Politikern und Sozialwissenschaftlern vorgebrachte Forderung nach einer Öffnung der europäischen Grenzen kann nach den Erfahrungen aus dem Jahr 2015 jedenfalls kaum mehr ernst genommen werden; ganz abgesehen von der Frage, wie eine solche Politik einer grossen Mehrheit der europäischen Bevölkerung, die eine solche massive Immigration nicht will, vermittelt werden kann.

Es ist davon auszugehen, dass die Forderung der Partei Die Linken in Deutschland nach offenen Grenzen für Flüchtlinge in keiner Art und Weise mehrheitsfähig ist, weder in Deutschland noch in einem anderen Land Europas. «Die Vorstellung, man könne Menschen, auf welche Art und Weise auch immer, davon abhalten, die Bundesrepublik auf legalem oder illegalem Weg aufzusuchen, ist unrealistisch», sagte dazu Jörg Schindler, der Geschäftsführer der Partei. Dem ist zu widersprechen. Unrealistisch und folgenschwer ist vielmehr diese Haltung, die aus gut gemeinten Gründen auf eine Steuerung der Zuwanderung ganz verzichten will.

Die meisten Publikationen, die zu dem Thema Externalisierung der europäischen Grenzen beziehungsweise zu neuen Formen des Grenzmanagements veröffentlicht wurden, beschränken sich darauf, diese neue Migrations- und Flüchtlingspolitik aus menschenrechtlicher Perspektive aufs Schärfste zu kritisieren. «Mit Zuckerbrot und Peitsche» ein «Bollwerk in unserem Vorfeld» zu errichten, diese Idee bestimme bis heute die europäische Migrationspolitik, heisst es etwa in dem bereits erwähnten *Schwarzbuch Migration*. «Ihr haltet uns die Armen vom Leib, wir bezahlen», sei das Motto. Dieser Analyse lässt sich nur zustimmen. Doch auf die Frage, welche anderen praktikablen und mit EU-Recht und humanitären Prinzipien konformen Strategien denn denkbar wären, schweigen sich fast alle diese Publikationen aus. Europa werde eben auf Dauer mit dem «Weltflüchtlingsproblem» leben müssen, und der Migrationsdruck werde bleiben, heisst es in dem erwähnten Buch. An anderer Stelle wird lapidar vermerkt, es gebe eben keine einfachen Lösungen.

Das ist vollkommen richtig, aber schlicht zu wenig. Die europäische Migrations- und Flüchtlingspolitik von einer moralischen Warte aus kategorisch zu verdammen, ohne sich auch nur ansatzweise mit der Frage nach Alternativen zu beschäftigen, ist etwas billig.

Klar ist aber, dass die EU in den vergangenen 15 Jahren der Strategie der Vorverlagerung des Grenzregimes bis weit vor die Tore Europas und der Einbeziehung von Transitstaaten ein zunehmend grösseres Gewicht gegeben hat. Diese Politik und die dazu notwendigen Verhandlungen werden allerdings eher diskret betrieben. Dazu kommt, dass angesichts der Uneinigkeit der EU-Mitgliedsstaaten über die Migrations- und Asylpolitik die Verstärkung des Grenzschutzes sowie die Kooperation mit Staaten ausserhalb der EU mittlerweile der kleinste gemeinsame Nenner der EU-Staaten ist.

Während die EU bereits seit längerer Zeit mit den Maghrebstaaten kooperiert, ist die Zusammenarbeit mit den fünf Sahelstaaten, vor allem mit Niger, relativ neu. Sie wurde im «Aktionsplan zur zentralen Mittelmeerroute» vom 4. Juli 2017 festgehalten. Alles weist darauf hin, dass die EU trotz aller Kritik an der Auslagerung von Grenzkontrollen – kurz: an einem «Limes» im Maghreb – festhalten will. Die Frage lautet nicht mehr, ob, sondern wie eine solche Zusammenarbeit ausgestaltet sein muss, damit sie von den betroffenen Ländern akzeptiert wird und ihnen im Gegenzug auch etwas bringt.

Das Interesse der Maghrebstaaten an gesicherten Grenzen im Süden

An einer Eindämmung der irregulären Migration über die Sahel- und Maghrebstaaten nach Europa hat ohne Zweifel die EU das grösste Interesse. Die Sahelstaaten sowie andere Länder südlich der Sahara haben davon kaum Vorteile. Ganz im Gegenteil: Zum einen können sie durch die irreguläre Emigration einen Teil ihrer jungen, oft arbeitslosen Männer loswerden. Zum anderen leben ganze Bereiche der lokalen Wirtschaft direkt oder indirekt vom Schlepperwesen und vom Schmuggel mit Gütern aller Art. Wird die irreguläre Emigration wirkungsvoll blockiert und eingedämmt, dann verlieren viele Menschen ihre Existenzgrundlage. Genau dies lässt sich heute in der Region von Agadez beobachten, wo eine EU-Mission die Aktivitäten der lokalen Schlepper stark eingeschränkt hat. Zudem sinkt dann tendenziell auch die Anzahl der Rücküberführungen von Migranten.

Ehemalige Schlepper beklagen sich denn auch, dass ihnen die EU-Mission ihre Existenzgrundlage entzogen habe. Mittelfristig wird es unabdingbar sein, diesen Menschen neue Erwerbsmöglichkeiten zur Verfügung zu stellen und den Ländern konkrete Gegenleistungen anzubieten, soll das Pilotprojekt der EU beziehungsweise von Frontex, Migranten bereits in Niger von einer Weiterreise nach Europa abzuhalten, Erfolg haben.

Etwas anders sieht die Lage in den Maghrebstaaten aus. Auch dort verdienten und verdienen ganze Regionen sehr gut am Geschäft mit den irregulären Migranten (siehe Kap. 10). Laut Loretta Napoleoni brachte das Schlepperwesen in Libyen im Jahr 2015 rund 300 Millionen Euro ein und war damit lukrativer als das Entführungsgeschäft. Ähnliches dürfte für gewisse Regionen im Süden Tunesiens und im Norden Marokkos gelten, etwa in der Region um Tanger. Auch die Maghrebstaaten sind selbstredend froh, wenn Tausende arbeitsloser und frustrierter junger Männer nach Europa ausreisen und später im besten Fall mit Geldüberweisungen ganze Familien unterstützen können.

Trotzdem präsentiert sich die Lage im Maghreb anders als in den Sahelstaaten. Je stärker die europäischen Aussengrenzen kontrolliert werden, desto mehr sammeln sich Migranten und Flüchtlinge in den Regionen an der Mittelmeerküste sowie – in Marokko – in der Nähe der beiden spanischen Exklaven Ceuta und Melilla. Viele Migranten versuchen vor der Weiterreise nach Europa zudem, in grossen Städten wie Tripolis, Sfax, Tunis, Oran, Tanger oder Casablanca Geld zu verdienen. Ist ihnen dies nicht möglich, können sie sich gezwungen sehen, zu stehlen, Häuser zu besetzen oder auf öffentlichem Boden «wilde» Zeltlager und andere primitive Unterkünfte einzurichten. In einigen Regionen – etwa in Ouled Ziane bei Casablanca oder in Boukhalef, einer Vorstadt von Tanger – ist es in den letzten Jahren laut marokkanischen Medien zu Spannungen und teils sogar gewalttätigen Zusammenstössen zwischen Einheimischen und Zugezogenen aus Ländern südlich der Sahara gekommen. Obwohl der

Anteil an Migranten und Flüchtlingen aus Ländern südlich der Sahara im Jahr 2018 deutlich weniger als 1 Prozent der Bevölkerung betrug – und damit um ein Mehrfaches geringer ist als in allen Ländern Westeuropas –, sind Abwehrhaltungen, aber auch rassistische Übergriffe und wirtschaftliche Ausbeutung von Migranten nicht zu übersehen. Menschenrechts- und Flüchtlingsorganisationen beklagen dies seit Längerem.

Solange die Migranten aus Ländern südlich der Sahara relativ zügig weiterreisen können, hält sich die Belastung für die Maghrebstaaten in Grenzen. Sobald die Migranten aber stecken bleiben und monate- oder gar jahrelang in der Nähe der nordafrikanischen Küste verweilen, kommt es für die maghrebinischen Transitstaaten zu erheblichen Belastungen. So müssen etwa kranke Migranten in Krankenhäusern unentgeltlich behandelt werden; Sicherheitskräfte haben deutlich mehr zu tun, Bettelei und Diebstahl nehmen zu. Zudem entsteht für die Sicherheitskräfte und die Küstenwache wesentlich mehr Aufwand, zum einen, um die Ausreise der afrikanischen Migranten zu verhindern, zum anderen, um für deren Rettung bei einem Schiffbruch zu sorgen.

Europäische Staaten wie auch NGOs kümmern sich bislang nur in Ausnahmefällen um diese gestrandeten Migranten. Insbesondere die Migranten, die in den informellen «wilden» Camps der verschiedenen Städte Marokkos und in der Nähe von Ceuta und Melilla hausen, erhalten keinerlei Unterstützung aus der EU. Da davon auszugehen ist, dass Europa in den kommenden Jahren alles unternehmen wird, um die irreguläre Migration einzudämmen, wird der «Staueffekt» an der nordafrikanischen Küste höchstwahrscheinlich zunehmen. Die Maghrebstaaten werden deshalb ihrerseits ebenfalls ein Interesse daran haben, den Zustrom von Migranten und Flüchtlingen aus Ländern südlich der Sahara so gering wie möglich zu halten. Im Fall Marokkos, das in den vergangenen zehn Jahren wirtschaftlich stark in verschiedenen Staaten Westafrikas investiert hat, der Communauté Economique des Etats de l'Afrique de l'Ouest (CEDEAO) beigetreten ist und dort mittlerweile gewichtige Interessen hat, führt dies zu einem gewissen Interessenkonflikt, der nicht einfach zu lösen sein wird. In den anderen vier Maghrebstaaten sieht die Lage aber deutlich anders aus.

Dennoch soll hier die These vertreten werden, dass die fünf Maghrebstaaten – trotz anderer Interessenlage als Europa – zumindest mittelfristig an einer Kontrolle ihrer (südlichen) Grenzen und an einer Eindämmung der irregulären Migration interessiert sein werden. Dafür sind im Wesentlichen zwei Gründe massgeblich. Zum einen ist das Schleusergeschäft aufs Engste mit anderen illegalen Aktivitäten verknüpft. Zahlreiche Untersuchungen und Studien belegen, dass der Waffen-, Drogen- und Menschenhandel sowie das allgemeine Schmugglergeschäft wie kommunizierende Röhren miteinander verbunden sind und dass die Betreiber – je nach Konjunktur und Sicherheitslage – von einem «Geschäftsbereich» zum anderen wechseln können (siehe Kap. 10). Gelegentlich kann sich auch das Geschäft mit der Entführung von Europäern oder gar Dschihadismus mit dem Schleusergeschäft verbinden. Napoleoni berichtet, Mokhtar Belmokhtar, der Anführer einer bewaffneten Gruppe, der al-Qaida im Maghreb nahesteht, habe das Entführungsbusiness bewusst zugunsten des Schleusens von Migranten aufgegeben.

Nicht ohne Grund ist in Frankreich auch von «islamo-banditisme» die Rede, sowohl in Bezug auf die Verhältnisse in der Sahelzone als auch auf die Verhältnisse in gewissen französischen Vorstädten. Seit den 1990er-Jahren lasse sich die Entstehung eines islamisch gefärbten Banditentums beobachten, in dem sich Kriminalität und radikaler Islam vermischten, schreibt etwa der Salafismusforscher Samir Amghar. Michaël Béchir Ayari, Analyst der International Crisis Group (ICG) für Tunesien, spricht in einem Bericht seiner Organisation vom «Dschihad und Schmugglerwesen; einer gefährlichen Mischung, die Tunesien bedroht». Laut Ayari hätten sich die «Kartelle der Schmuggler» nach der Revolution von 2011 und dem Krieg in Libyen neu organisiert. Gleichzeitig sei in den Vorstädten der grossen tunesischen Städte die starke Tendenz zu beobachten, dass sich Kriminalität und radikaler Islamismus miteinander verbinden würden. Am häufigsten wird dieser Begriff aber im Zusammenhang mit den Banden verwendet, die in der Sahelzone wüten.

Diese Bedrohung aller Maghrebstaaten durch mafiöse Organisationen, die auch im Schleuserbusiness tätig sind und den Staaten sowohl gewaltige wirtschaftliche Einbussen zufügen als auch ihre Autorität und Hoheit infrage stellen, ist ein wesentlicher Grund, weshalb all diese Staaten in unterschiedlichem Ausmass letztlich an einer Kontrolle ihrer Grenzen interessiert sind. Dazu kommt die Bedrohung durch die Kampfbrigaden von al-Qaida im Maghreb, die sich sowohl an der tunesisch-algerischen Grenze als auch im Norden Malis unweit der algerischen Südgrenze eingenistet haben. Mindestens so gross ist die Angst vor dem Eindringen versprengter IS-Kämpfer aus Libyen und Dschihadrückkehrern aus Syrien und Irak. Aus diesem Grund sind alle Maghrebstaaten an einer besseren Kontrolle ihrer Grenzen gegen Süden und Osten interessiert. Dies gilt auch für Algerien. «Es besteht zwar eine Konvergenz der Interessen Algeriens und der europäischen Staaten in der Frage der Externalisierung der Grenzen beziehungsweise in der Abschottungspolitik», heisst es in der bereits erwähnten Studie der Stiftung Wissenschaft und Politik. Es liege aber nicht im Interesse Algiers, dass dies nach innen und aussen so wahrgenommen werde.

Gleichzeitig bleiben eine militärische und nachrichtendienstliche Zusammenarbeit mit den USA und der EU oder gar gemeinsame militärische Projekte zur Bekämpfung radikaler Islamisten innenpolitisch äusserst heikel. Dies zeigt sich exemplarisch an den hitzigen Diskussionen über eine US-amerikanische Militärbasis im äussersten Süden Tunesiens, aber auch am Echo auf eine solche Basis in Niger, die zur Überwachung der Sahelzone und der Südgrenzen der Maghrebstaaten mithilfe von Drohnen dienen soll.

Die Frage der Abgeltung für die Grenzsicherung im Interesse Europas

Die Zusammenarbeit mit der EU zu einer besseren Kontrolle von deren Aussengrenzen wird auch im Maghreb stark kritisiert. Sie sei in allen Maghrebstaaten unbeliebt und innenpolitisch sehr heikel, analysiert etwa der Jurist Ridha Fraoua (siehe Kap. 13). Menschenrechts- und Flüchtlingsorganisationen im gesamten Maghreb, aber auch Parteien aus dem linken Spektrum verurteilen diese Zusammenarbeit aufs Schärfste. Verschiedene Migrationsforscher schliessen sich dieser Kritik an. Der marokkanische Soziologe Mehdi Alioua formuliert prononciert, es dürfe nicht infrage kommen, dass Marokko den «Gendarmen» für Europa spiele und dabei die «Drecksarbeit» mache. Ähnlich, wenn auch weniger kategorisch, äussern sich einige Politiker, so etwa der marokkanische Aussenminister

Nasser Bourita. Die Länder Afrikas seien nicht «Grenzwächter», sondern möchten vollwertige Partner sein. Es sei wichtig, den europäischen Wunsch nach einer Kontrolle der Aussengrenzen «mit den Entwicklungsprioritäten der betroffenen Länder und der Frage der afrikanischen Integration abzustimmen», sagte Bourita auf einer internationalen Konferenz im Mai 2018 in Marrakesch.

Auch gross angelegte wissenschaftliche Studien, an denen Forscher aus dem Maghreb mitwirkten, haben sich mit diesem Thema befasst. Als Beispiel sei hier die Studie mit dem Titel «EU–Morocco Cooperation on Readmission, Borders and Protection: A model to follow?» erwähnt. In dieser Studie wird eine sehr kritische Bilanz bezüglich der erwähnten Kooperation zwischen Marokko und der EU gezogen, vor allem im Hinblick auf die Wahrung der Rechte von Migranten und Flüchtlingen.

Es ist schwer abzuschätzen, wie die breite Bevölkerung zu einer solchen Kooperation in Migrationsfragen steht. Vieles weist darauf hin, dass für die meisten Menschen im Maghreb die Frage der Rückführung ihrer eigenen Landsleute, die Erleichterung bei der Gewährung von Visa und konkrete Gegenleistungen der EU aufgrund einer solchen Kooperation mehr Gewicht haben als die Einschränkung von Rechten afrikanischer Migranten. Es ist durchaus denkbar, dass Regierungen im Maghreb eine solche Zusammenarbeit mit der EU innenpolitisch «verkaufen» können, wenn die Gegenleistungen genügend substanziell sind. Dies ist aber bislang kaum der Fall. Marokko erhalte für seine Leistungen bei der Bekämpfung der irregulären Emigration bis heute viel zu wenig, erklärte etwa der Ökonom und Migrationsexperte Mehdi Lahlou gegenüber dem Autor. Aktenkundig ist in diesem Zusammenhang auch eine Aussage des marokkanischen Landwirtschaftsministers Aziz Akhannouch, der als Vertrauter von König Mohammed VI. gilt. «Warum sollen wir weiter die Polizei spielen? Wie sollen wir die afrikanische Migration durch Marokko unterbinden, wenn Europa nicht mit uns zusammenarbeiten will?», fragte Akhannouch in einem Interview mit der spanischen Nachrichtenagentur EFE. Die Europäer müssten den für sein Land sehr kostspieligen Beitrag im Kampf gegen die illegale Migration endlich «angemessen würdigen». Die Botschaft kam in Europa an. Schon wenige Tage später reiste der spanische Aussenminister Alfonso Dastis nach Rabat, und in Brüssel empfing die

Aussenbeauftragte Federica Mogherini den marokkanischen Staatssekretär Nasser Bourita.

Im Juli des darauffolgenden Jahres – die irregulären Ausreisen über Marokko hatten inzwischen stark zugenommen – liess der neue spanische Premierminister Pedro Sánchez in Rabat anfragen, welche finanzielle Abgeltung und welche Ausrüstung Marokko für die enge Migrationszusammenarbeit benötige. Wenig später stellte Madrid einen Betrag in Höhe von 55 Millionen Euro für Marokko und Tunesien in Aussicht, der aus dem Budget der EU finanziert wird. Ende 2018 bewilligte die EU einen weiteren Unterstützungsbeitrag für Marokko in Höhe von 140 Millionen Euro, um die Anstrengungen bezüglich der Eindämmung der irregulären Migration zu honorieren.

In der Tat erhalten die Maghrebstaaten mit Ausnahme von Libyen bislang für ihre Rolle in der Bekämpfung der irregulären Migration wenig, wenn man das Abkommen mit der Türkei als Massstab nimmt. Vieles weist darauf hin, dass Europa den Maghrebstaaten in den kommenden Jahren massiv höhere finanzielle Beiträge gewähren, aber auch andere Gegenleistungen erbringen muss (siehe Kap. 16). Algerien dürfte sich einer solchen Zusammenarbeit aus verschiedenen Gründen weitgehend entziehen, seine Grenzen im Norden und Süden aus Gründen der Souveränität aber dennoch sichern.

Gibt es Alternativen zu einem Schutzwall im Maghreb?

Angesichts des sehr hohen Migrationsdrucks im Maghreb und vor allem in den Staaten südlich der Sahara gibt es für Europa mittelfristig wohl keine andere Möglichkeit, als die irreguläre Emigration so stark wie möglich einzudämmen und zumindest die Maghrebstaaten in dieses «Grenzmanagement» einzubeziehen. Man mag eine solche Politik als egoistisch oder gar als «hegemonial» (Stefan Brocza) bezeichnen. Das ist sie in einem gewissen Mass auch. Doch die Verteidigung der ureigensten Interessen Europas ist, sofern sie gewisse fundamentale Regeln einhält, durchaus legitim. Vor allem aber gibt es dazu keine Alternative, ausser man misst dem Fortbestand Europas in der heutigen Form keine Bedeutung bei.

Nun weisen alle Indizien darauf hin, dass der schon heute hohe Migrationsdruck aus den Maghreb- und Sahelstaaten sowie aus weiteren Ländern südlich der Sahara in den kommenden Jahren noch stark zunehmen wird. Europa hat keine andere Wahl, als sich vor dieser starken Zuwanderung zu schützen. Aufgrund der im Mittelmeer verlaufenden Grenzen zwischen der EU und den Maghrebstaaten ist ein solcher Schutz mit zahlreichen Schwierigkeiten verbunden. Sehr viel einfacher, aber auch nicht unproblematisch ist die Überwachung der Küsten. Dafür muss die EU mit den Maghrebstaaten kooperieren, die die Ausrüstung und den Einsatz ihrer Küstenwachen wesentlich verbessern können. Noch wichtiger dürfte in Zukunft wahrscheinlich aber der Schutz der Grenzen zwischen den Maghreb- und den Sahelstaaten sein. Schon jetzt stellt die Sahara eine gewaltige Barriere dar, die zu überwinden sehr schwierig ist. Nach den Erfahrungen mit den Schlepperbanden in Libyen hat sich die EU, ohne dies an die grosse Glocke zu hängen, auf die faktische Verlagerung der EU-Aussengrenzen in die Sahelstaaten und hier vor allem in Niger eingestellt.

Selbstverständlich können auch auf diese Weise keine vollkommen undurchlässigen Grenzen errichtet werden. Ein gewisser Prozentsatz an Migranten – die besonders Mutigen, die Schlauen und natürlich die Wohlhabenden – findet immer Mittel und Wege, um nach Europa zu gelangen: etwa mittels gefälschter Papiere oder mittels Scheinehen. Für die meisten Migranten wird durch die erwähnten Massnahmen eine Emigration nach Europa aber massiv erschwert. Sie werden zermürbt und müde, geben ihr Projekt auf und kehren in ihre Herkunftsländer zurück. Schon heute ist dies bei vielen Migranten der Fall. Nur ist von ihnen in den meisten Fällen nichts zu hören.

Diese repressive Politik ist sehr unschön. Sie wird auch dadurch nicht besser, dass die «Drecksarbeit» an andere Länder ausgelagert wird, so wie es heute bereits der Fall ist. Wenn Marokko, wie im Sommer 2018 dokumentiert, Migranten, die sich in der Umgebung der beiden spanischen Exklaven aufhalten, aufgreift und unter Zwang in weit entfernte Landesteile verfrachtet, so ist dies nur schwer zu verkraften. Doch es darf nicht vergessen werden, dass der Maghrebstaat dies ausdrücklich im Auftrag und im Interesse Europas tut.

Kurzfristig gibt es keine Alternative zu dieser Abschreckungspolitik. Doch Europa steht in der Pflicht, diese so human wie möglich zu gestal-

Algerien hat in den vergangenen Jahren seine Politik gegenüber Migranten aus den Sahelstaaten verschärft und Tausende junger Männer aus Niger, Mali und weiteren Staaten abgeschoben. Diese Abschiebungen sind fotografisch allerdings kaum dokumentiert. Im Bild: Migranten besteigen einen Lastwagen im Grenzort Assamaka, rund 20 Kilometer von der nigrisch-algerischen Grenze.

ten. So müsste darüber diskutiert werden, ob nicht allen Migranten, die sich bis zu einem bestimmten Zeitpunkt auf den Weg nach Europa gemacht haben, eine pauschale Entschädigung zu bezahlen ist, wenn sie bereit sind, in ihre Herkunftsländer zurückzukehren. Ebenso müsste sich Europa dringlich für die Verbesserung der Verhältnisse in den informellen Migrantencamps Marokkos und anderswo sowie für die Auflösung der Internierungslager in Libyen einsetzen. Klar ist dabei: Diejenigen, die – koste es, was es wolle – nach Europa emigrieren wollen, werden solche Angebote kaum interessieren.

Um eine solide Zusammenarbeit in Sicherheits- und Migrationsfragen mit den Maghreb- und Sahelstaaten zu bewerkstelligen, müssen mit den entsprechenden Ländern Abkommen geschlossen werden. Die Kritik, Europa würde auf solche Weise mit autoritären Regimen, ja mit Diktaturen paktieren, ist in einem gewissen Mass zutreffend. Hier tut sich allerdings ein ungeheures Dilemma zwischen ethischen Prinzipien und realpolitischen Erfordernissen auf. Denn mit Ausnahme Tunesiens, das sich immer noch in einer schwierigen Transformationsphase befindet, handelt es sich bei all diesen Staaten um autoritäre Regime. Wollte man hier tatsächlich hohe Massstäbe anlegen, so dürfte Europa mit keinem dieser Staaten Abkommen schliessen. Doch solche Abkommen sind für die Sicherheit und die Zukunft Europas unumgänglich. Diese Kluft zwischen Ideal und Wirklichkeit lässt sich mittelfristig ganz einfach nicht überbrücken.

Exemplarisch zeigt sich dies am Beispiel Ägyptens. Das Land mit einer Bevölkerung von fast 100 Millionen Menschen, also mit genauso vielen wie in allen fünf Maghrebstaaten zusammen, muss als Militärdiktatur bezeichnet werden. Doch für Europa ist es essenziell, dass die Grenzen dieses Landes streng kontrolliert bleiben. In diesem Punkt sind sich alle Experten einig: Es wäre die denkbar schlimmste Situation, wenn die ägyptische Grenzwache aufgrund von politischen Unruhen oder durch einen abrupten Regimewechsel ihre Kontrollen einstellen würde. Europa hat somit keine andere Wahl, als auch mit einem solchen Land zusammenzuarbeiten.

In den kommenden Jahren muss jede Migrationspolitik, die Erfolg haben will, schwierige Kompromisse eingehen. Dazu bedarf es auch innenpolitisch einer Bereitschaft zu pragmatischen, aber machbaren Lösungen und zu schmerzhaften Zugeständnissen. Maximalforderungen haben dabei keinen Platz mehr. Alle Massnahmen der letzten Jahre, die tatsächlich zu einer Eindämmung der Migrationsbewegungen führten, basierten denn auch auf Abkommen, die vielfach kritisiert worden sind: der Deal mit der Türkei im Frühjahr 2016, der zu einer drastischen Verringerung von Ausreisen in der Ägäis führte, die weitgehende Schliessung der Balkanroute, die Verhandlungen der italienischen Regierung mit Milizen im Westen Libyens und mit der libyschen Übergangsregierung. Ähnliches gilt für Abkommen mit den Maghreb- und Sahelstaaten zur Eindämmung der irregulären Migration.

Die strikte Kontrolle der irregulären Emigration aus den Maghreb- und Sahelstaaten ist auch deshalb unumgänglich, weil sowohl al-Qaida als auch versprengte Gruppen des IS in beiden Regionen präsent sind. Sie stellen auch weiterhin für Europa eine gewisse Bedrohung dar. Niemand weiss zurzeit, welche Strategien diese radikalen Gruppierungen in Zukunft entwickeln werden. Da auch bei einem kleinen Teil der irregulären Migranten das Risiko einer islamistischen Radikalisierung besteht, ist eine möglichst umfassende Kontrolle der europäischen Aussengrenzen ohnehin unumgänglich.

Doch ein solcher Grenzschutz mittels eines modernen Limes in den Maghreb- und Sahelstaaten kann nie und nimmer die einzige Antwort Europas auf die Herausforderung einer grossen Immigration aus den Ländern des Südens sein. Es braucht Migrationspartnerschaften mit den erwähnten Ländern, die diesen Namen wirklich verdienen (siehe Kap. 17). Denn die Maghreb- und Sahelstaaten werden sich für die Übernahme dieser Grenzsicherungsaufgabe nicht mit einem Butterbrot abspeisen lassen. Europa muss ein grosses Interesse daran haben, dass diese Länder stabil bleiben und schliesslich entsprechend handeln. Letztlich müssen wir zur Kenntnis nehmen, dass Globalisierung auch ein virtuelles Näherrücken der Menschen auf diesem Planeten bedeutet. Dies hat zur Folge, dass etwa junge Menschen in den armen Sahelstaaten sehr viel besser über das Leben in Europa informiert sind, als dies noch vor zehn oder 20 Jahren der Fall war. Dies wiederum bewirkt, dass sie zunehmend auch ein besseres Leben begehren.

Ob ein neuer Limes im Maghreb und in den Sahelstaaten je zustande kommen wird, ob die betroffenen Staaten dazu wirklich ihre Hand reichen und ob sie dazu tatsächlich auch in der Lage sein werden, lässt sich zum jetzigen Zeitpunkt nicht beurteilen. Einige Experten sind sehr skeptisch (siehe Kap. 13). Wird diese neue Form des Grenzschutzes aber scheitern, so könnte es sein, dass Europa schwierige Zeiten bevorstehen. Die Szenarien reichen von einer Zerstörung der europäischen Sozialversicherungssysteme über heftige Reaktionen der lokalen Bevölkerung, einem massiven politischen Rechtsrutsch, wie er bereits stattfindet, bis hin zu chaotischen Verhältnissen und einer Überforderung der Staaten Europas.

13
Der doppelte Blick: Ein tunesisch-schweizerischer Jurist analysiert die irreguläre Emigration nach Europa

Der Blick von Europa auf die legale und auf die irreguläre, klandestine Migration ist ein anderer als derjenige von der Südküste des Mittelmeers. Dafür gibt es verschiedene Gründe: Die Interessenlagen sind unterschiedlich, die konkrete Erfahrung mit dem Phänomen der Migration ist eine andere, und auch auf der emotionalen Ebene, der Ebene der Hoffnungen, Enttäuschungen und Ressentiments divergieren die Einstellungen. Umso mehr bedarf es dringend eines Dialogs über die je andere Sicht und über die unterschiedlichen Erwartungen und Interessen. Er ist die Voraussetzung für mögliche Migrationspartnerschaften.

Es gibt nur wenige Persönlichkeiten, die beide Perspektiven der irregulären Migration aus dem Maghreb so gut kennen wie der tunesisch-schweizerische Doppelbürger Ridha Fraoua. Der promovierte Jurist ist Spezialist für öffentliches Recht und Völkerrecht und hat mehr als 30 Jahre lang bei der schweizerischen Bundesverwaltung in verschiedenen Funktionen gearbeitet. Fraoua hat zudem auch in zahlreichen wichtigen Expertenkommissionen und Verhandlungsdelegationen mitgewirkt. Im vorliegenden Interview nimmt er erstmals öffentlich Stellung zu Fragen der irregulären Migrationssteuerung, zur Revision der Genfer Flüchtlingskonvention, zu Migrationspartnerschaften zwischen der Schweiz und den Maghrebstaaten sowie zu der Frage von möglichen Flüchtlingszentren in Nordafrika. Das Gespräch hat im Juli 2018 in der Nähe von Bern stattgefunden.

Beat Stauffer: *Im Juli 2018 sind erstmals Flüchtlinge von einem italienischen Schiff nach Libyen zurückgebracht worden. Gleichzeitig konnte ein auf hoher See gerettetes Schiff mit Flüchtlingen, die von Libyen aus losgefahren waren, nach langen Verhandlungen in Tunesien anlegen. Das wirft die Frage auf: Ist es*

Der tunesisch-schweizerische Jurist Ridha Fraoua kennt sowohl die europäische wie auch die maghrebinische Perspektive auf das Phänomen der irregulären Migration wie nur wenige. Der Spezialist für öffentliches Recht und Völkerrecht hat mehr als 30 Jahre lang bei der schweizerischen Bundesverwaltung gearbeitet und in wichtigen Expertenkommissionen mitgewirkt.

mittelfristig denkbar, dass Flüchtlinge, die auf hoher See gerettet werden, zu «Anlandeplattformen» gebracht werden, wo entschieden wird, ob sie in Europa Asyl erhalten?

Fraoua: Ich bin da sehr skeptisch. Die Maghrebstaaten werden wohl nur in Ausnahmefällen bereit sein, Flüchtlinge und Migranten, die auf hoher See gerettet werden, in ihr Territorium zurückzunehmen.

Die Küstenwache der drei Maghrebstaaten Marokko, Algerien und Tunesien rettet täglich junge Emigranten in ihren territorialen Gewässern und bringt diese nach Nordafrika zurück ...

Das stimmt. Aber die Küstenwache könnte besser funktionieren, wenn die Infrastruktur, die Logistik, die Ausrüstung sowie die Arbeitsdisziplin besser wären! Es ist nicht normal, dass junge Leute Abend für Abend auf Boote steigen und der Staat nicht in der Lage ist, seine Grenzen zu kontrollieren. Doch die Maghrebstaaten haben im Moment andere Prioritäten als die Kontrolle der illegalen Emigration, und solange der Terrorismus noch eine Bedrohung darstellt und der Kampf gegen die Korruption nicht ernsthaft aufgenommen worden ist, wird sich daran nichts ändern.

Dazu kommt, dass diese Politik zum einen in keinem der Maghrebstaaten populär ist. Zum anderen ist das Problem komplex, weil die Regierungen mafiöse Lobbys bekämpfen müssen, die auch im Schleusergeschäft tätig sind. Das macht die Situation nicht einfach. Es gibt zudem einen enormen Druck von den Familien verschollener Migranten. Diese verlangen von der Regierung, mittels einer besseren Zusammenarbeit mit den europäischen Ländern ihre Söhne oder Väter ausfindig zu machen.

Gewisse europäische Politiker fordern lautstark die Schaffung von Zentren für Migranten und Flüchtlinge ausserhalb Europas, in denen die Betroffenen Asyl suchen können. Offiziell haben bislang alle Maghrebstaaten ein solches Ansinnen abgelehnt. Doch halten Sie es für denkbar, dass einzelne dieser Staaten – zum Beispiel Tunesien und Marokko – mittelfristig in dieser Sache einlenken könnten? Etwa dann, wenn die Zentren für Migranten und Flüchtlinge vom UNHCR geführt, von der EU finanziert und von Sicherheitskräften der jeweiligen Länder bewacht würden? Und wenn die EU zudem Garantien abgäbe, dass alle schutzbedürftigen Personen nach Europa ausgeflogen würden?

Das ist sehr schwierig, weil die öffentliche Meinung im Maghreb solche Zentren als Bedrohung für die innere und äussere Sicherheit ihres Landes und überdies als unzulässigen Eingriff in die nationale Souveränität betrachtet.

Auch wenn es sich um offene Zentren handeln würde, in denen Flüchtlinge und Migranten ein- und ausgehen könnten, verpflegt und medizinisch versorgt würden und in denen Asylgesuche gestellt werden könnten?
Vielleicht, aber parallel dazu bräuchte es Begleitmassnahmen und Entwicklungsprojekte, von denen das betroffene Land profitieren könnte und die der Regierung gegenüber der öffentlichen Meinung und dem Parlament helfen würden, eine solche Politik zu verteidigen und gut zu begründen. Dies könnte nur funktionieren, wenn offensichtlich wäre, dass solche Zentren nicht nur im Interesse des Westens, sondern auch des betroffenen Landes sind.

Existieren auf informeller Ebene nicht bereits vergleichbare Zentren, etwa in Medenine, Südtunesien? In Zarzis gestrandete Migranten und Flüchtlinge werden schon heute dorthin gebracht, ebenfalls afrikanische Flüchtlinge, die ohne Visum nach Tunesien fliegen und bei ihrer Weiterreise nach Europa in Schwierigkeiten geraten.
Das stimmt, aber es ist eher ein «fait accompli» denn ein Camp, das einem politischen Willen der Regierung entspricht. Nach der Schliessung des vom UNHCR geführten Camps von Choucha, in dem ab dem Frühjahr 2011 Flüchtlinge aus Libyen aufgenommen wurden, hat es in Tunesien keine offiziellen, von der Regierung bewilligten Camps mehr gegeben.

Doch faktisch entspricht das Zentrum in Medenine genau einem solchen «offenen» Camp, in dem Migrantinnen und Flüchtlinge ein- und ausgehen und sogar in der Umgebung schwarzarbeiten können. Wenn man es etwa mit den informellen Camps von Migranten in der Umgebung von Ceuta und Melilla vergleicht, in denen diese Menschen unter primitivsten Bedingungen vegetieren, so ist doch ein derartiges Zentrum wie in Medenine sehr viel humaner ...
Ja, das stimmt auf jeden Fall, ein offizielles Lager garantiert die individuellen Freiheiten und die Menschenrechte besser als solche informellen

Camps. Aber man muss auch die Frage aufwerfen, welche Folgen ein solches Camp für eine Region hat. Stellen diese jungen afrikanischen Migranten, die bereit sind, unter schlechtesten Bedingungen zu arbeiten, nicht eine Konkurrenz für die jungen, arbeitslosen Tunesier in der Region dar? Schauen Sie: Dieselben Vorbehalte und Befürchtungen, die man in Europa bezüglich Asylzentren hört, konnte man auch in Südtunesien vernehmen. Es ist wichtig, die Befindlichkeiten der lokalen Bevölkerung zu berücksichtigen! Das ist auch der Grund, weshalb Begleitmassnahmen so wichtig sind.

Denken Sie nicht, dass die Maghrebstaaten ihre südlichen Grenzen besser schützen werden, weil sie aufgrund der deutlich härteren Migrationspolitik in Europa befürchten müssen, dass Migranten und Flüchtlinge das Mittelmeer nicht mehr überqueren können und im Maghreb stecken bleiben?

Ich denke nicht, nur schon deshalb, weil ihnen dazu schlicht die Mittel fehlen. Dazu kommt das Problem der Korruption und der Umstand, dass gewissen Lobbys die gegenwärtige Situation passt. Es gibt auch Leute, die daran interessiert sind, dass die Sicherheitskräfte nicht in der Lage sind, die Grenzen zu kontrollieren. So kommen mehrere Faktoren zusammen, die erklären, weshalb die Regierungen gar nicht in der Lage sind, ihre Grenzen wirklich zu schützen. Die Regierungen der Maghrebstaaten rechnen zudem damit, dass viele Migranten aus Ländern südlich der Sahara durch die grossen Schwierigkeiten zermürbt werden, deshalb ihr Migrationsprojekt aufgeben und in ihre Länder zurückkehren werden.

Es kommt aber auch zu direkten Rückführungen. So hat Algerien in den letzten vier Jahren über 28 000 Migranten aus Ländern südlich der Sahara nach Niger ausgewiesen.

Das stimmt. Doch die Frage stellt sich, ob solche Massnahmen längerfristig wirken. Ich bin mir nicht sicher, ob Algerien wirklich die Mittel und den politischen Willen hat, seine Grenzen besser gegen Emigranten zu sichern. Das trifft im Übrigen auch auf die meisten Länder Europas zu.

Teilen Sie die Einschätzung, dass in der breiten Bevölkerung der Maghrebstaaten ein Widerstand vorhanden ist, alle Formen irregulärer Migration einzudämmen?

Das ist so. Die öffentliche Meinung im Maghreb ist überzeugt davon, dass sich der Westen in einer komfortablen Situation befindet, dass es den Menschen dort ziemlich gut geht und dass es eine Frage der Moral und der Ethik sei, diesen Reichtum in einem gewissen Mass mit anderen Menschen zu teilen, die auf wesentliche Dinge verzichten müssen.

Sie sagten, die Maghrebstaaten seien nicht in der Lage, die Flüchtlinge an den südlichen Grenzen abzuhalten und ihre eigenen Leute an der Ausreise zu hindern. Doch wenn es wirklich daran liegen sollte: Europa wäre ja noch so gerne bereit, diese Länder in Sachen Grenzsicherung finanziell und logistisch zu unterstützen.

Ja natürlich. Doch ich bezweifle, dass dies die Lösung wäre. Denn politisch ist es sehr wichtig, dass die Maghrebstaaten einen Konsens finden, ob sie diese Rolle als Gendarm überhaupt übernehmen wollen. Libyen hat gegenüber der EU bereits klargestellt, dass das Land nicht bereit ist, dies zu tun. Es ist für diese Länder sehr schwierig, ihre eigenen jungen Staatsbürger an der Ausreise zu hindern. Es bedeutet nämlich, Menschen, die keine Arbeit und keine Perspektive haben, die auch kein Arbeitslosengeld beziehen, die nicht heiraten können, die in den Cafés herumhängen und teilweise auch straffällig werden, an einer Verbesserung ihrer Lebensumstände zu hindern. Kurz: Es handelt sich um eine explosive Situation. Ich kenne weder Regierungen noch Politiker im Maghreb, die bereit und in der Lage wären, eine solche Politik durchzusetzen und diese auch gegenüber der eigenen Bevölkerung zu vertreten. Das ist schlicht und einfach nicht realistisch.

Italien hat schon im Winter 2016/17 damit begonnen, tunesische Migranten, die in Italien anlanden, innerhalb von zwei bis drei Wochen wieder auszuweisen. Auch in Spanien werden marokkanische Migranten häufig sehr schnell wieder zurückgeschickt. Denken Sie nicht, dass diese raschen Rückführungen die Bereitschaft, irregulär auszureisen, massiv dämpfen könnte?

Meiner Ansicht nach wird dies nicht viel bewirken. Solange sich die wirtschaftliche Lage in ihren Ländern nicht ändert und solange sie keine Perspektive sehen, werden die jungen Migranten weiter versuchen, ihre Länder zu verlassen. Darum ist es dringend notwendig, dass diese Menschen Perspektiven in ihren eigenen Ländern erhalten. Dafür sollte sich Europa prioritär einsetzen, statt die irreguläre Emigration zu bekämpfen. Denn auf solche Weise werden die Gründe für diese Form der Emigration nicht ernsthaft angegangen.

Nehmen wir einmal an, Europa sei wirklich bereit, sich tatkräftig zu engagieren, im Fall der Schweiz etwa mit mehreren Hundert Millionen Franken jährlich für gross angelegte Projekte in den Maghrebstaaten: So oder so würden solche Projekte erst mittelfristig wirken, frühestens in ein paar Jahren.

Das ist richtig. Doch wir müssen eine doppelte Strategie fahren: Um die öffentliche Meinung des Maghreb für bessere Grenzkontrollen zu gewinnen, braucht es einen klaren Willen und verpflichtende Zusagen von Europa, grosse Beiträge für die wirtschaftliche Entwicklung der Maghrebstaaten zu leisten. Dazu braucht es einen eigentlichen (Marshall-)Plan, bedeutende Investitionen und grosse Projekte, die sich über mehrere Jahre hinweg erstrecken, die Arbeitsplätze und dadurch wirtschaftliche Perspektiven für die junge Generation schaffen. Wir können unmöglich von den Maghrebstaaten verlangen, ihre Grenzen besser zu kontrollieren und ihnen damit die Sorge um die Zukunft eines Teils ihrer Jugend allein aufzubürden, ohne ihnen dafür etwas Substanzielles anzubieten.

Bis vor etwa zwei Jahren war es für junge Tunesier noch ziemlich einfach, über Libyen nach Italien auszureisen und dann nach Frankreich weiterzuziehen. Heute ist die Ausreise über Libyen weitgehend blockiert und auch über Tunesien ist es schwieriger geworden. Dies wissen auch die jungen Harraga. Hat das keine Folgen?

Möglicherweise wird dies die irreguläre Emigration etwas dämpfen, sie aber nicht wirklich stoppen. Die Situation ist folgende: Ein junger Mann – zum Beispiel im tunesischen Hinterland – hat keine Perspektive, steht aber unter einem sozialen Druck und einer grosse Erwartung von seiner Familie und seinen Freunden: Mach endlich was, verdiene Geld, hilf der Familie usw. Er fühlt sich unnütz, wertlos. Auf der anderen Seite werden mit Europa riesige Hoffnungen verbunden; Europa ist für viele junge Maghrebiner immer noch eine Art Schlaraffenland. Zwar wissen diese jungen Menschen sehr genau, dass mit der irregulären Ausreise erhebliche Risiken verbunden sind: noch vor der Ausreise oder auf hoher See abgefangen zu werden, auf dem Meer zu sterben oder aus Europa wieder ausgewiesen zu werden. Und dennoch entscheiden sie sich für die Emigration, weil sie im Zweifelsfall lieber bereit sind, auf dem Meer zu sterben, als in ihrem Land und in ihrer misslichen Situation zu verbleiben.

Ist nicht die Globalisierung der Hauptgrund für das starke Ansteigen der irregulären Emigration? Dass nämlich Millionen von Menschen heute auf ihren Handys sehen können, in welchem Wohlstand die Menschen im Westen und im Norden leben?

Ja, davon bin ich überzeugt.

Gewisse Experten sind der Ansicht, die irreguläre Emigration habe vielerorts – auch im Maghreb – Regimewechsel verhindert, weil viele junge, mutige und tatkräftige Menschen das Land verlassen haben. Sehen Sie dies auch so?

Absolut. Aus diesem Grund haben die Regierungen des Maghreb keinerlei Interesse daran, die irreguläre Emigration auf effiziente Weise zu bekämpfen. Wenn sie nämlich die Grenzen besser kontrollieren – sofern sie dazu überhaupt in der Lage sind – und diese frustrierten jungen Menschen im Land behalten würden, so würde sich die Situation verschärfen, und es könnte längerfristig zu Aufständen kommen.

In den Maghrebstaaten – vor allem in Algerien – herrschen verkrustete politische Strukturen, die nicht mehr zeitgemäss sind. Auch im postrevolutionären Tunesien ist die Einbeziehung der jungen Generation bis heute gering, und in Marokko hat der Palast immer noch das letzte Wort. Politische Reformen sind dringend notwendig. Sehen Sie dies auch so?

Ja, natürlich. Man muss allerdings in dem Zusammenhang erwähnen, dass Europa jahrzehntelang mitgeholfen hat, diese Regime und diese anachronistischen Strukturen zu stärken, auch über eine Wirtschaftspolitik, die in erster Linie darauf ausgerichtet war, Absatzmärkte für die europäische Industrie zu finden.

Kann man sagen, dass die irreguläre Emigration den Maghrebstaaten eigentlich zupasskommt, weil es sie in einem gewissen Sinn entlastet, dass das grosse Problem für diese Staaten aber die Emigration von gut ausgebildeten Menschen ist – von Ingenieuren, Ärzten usw. –, der sogenannte Braindrain?

Richtig. Das ist in der Tat ein grosses Problem für die Maghrebstaaten. Sie haben viel Geld in die Ausbildung dieser jungen Menschen gesteckt. Wenn diese dann nach Europa oder in die USA emigrieren, dann ist dies für diese Länder sehr schlecht. Die westlichen Staaten profitieren hingegen von diesem Braindrain.

Hängt der Unwille, mit Europa zusammenzuarbeiten – bei Rückführungen und bei der Bekämpfung der irregulären Emigration –, vielleicht auch damit zusammen? Das Argument wäre dann: Europa profitiert von unseren gut ausgebildeten jungen Menschen, also soll Europa auch ein paar Zehntausend Arbeitslose und schlecht ausgebildete Migranten aufnehmen?

Eher nicht. Die Abwanderung von gut ausgebildeten Personen ist ja erst in den letzten Jahren alarmierend hoch geworden, und ich denke deshalb nicht, dass die Regierungen des Maghreb eine solche Rechnung machen. Es handelt sich meiner Ansicht nach eher um eine strukturelle Unfähigkeit dieser Regierungen, dieses Phänomen anzugehen. Schauen Sie, der tunesische Staat ist heute sehr fragil, seine Institutionen sind extrem geschwächt, vor allem aufgrund des Terrorismus und des illegalen Schmuggels von Waren aller Art, ganz abgesehen von der Krise, in der die Institutionen der Politik ganz allgemein stecken. Dieses Phänomen legt die Unfähigkeit des Staates, die Grenzen wirklich zu kontrollieren, ganz offen zutage. Dazu kommt im Fall Tunesiens ein riesiger Mangel an Produktivität, an Arbeitsdisziplin und an Effizienz sowohl auf staatlicher als auch auf privater Ebene. Um zu verstehen, weshalb die Zusammenarbeit und auch die Migrationspartnerschaften nicht die gewünschte Wirkung erzielen, müssen wir diese Formen fehlender Entwicklung und Effizienz berücksichtigen. Dazu kommt, dass die Maghrebstaaten andere Prioritäten haben – etwa die Bekämpfung des Terrorismus oder die wirtschaftliche Entwicklung – als ihre europäischen Partner.

Fassen wir zusammen: Im ganzen Maghreb gibt es einen Reformstau, und gleichzeitig ist der Migrationsdruck überall hoch oder nimmt sogar zu. Gleichzeitig macht Europa seine Grenzen dicht. Ist dies nicht eine ziemlich dramatische Situation?

Das ist so. Schauen wir uns die Lage in Tunesien an. Die Hauptsorge der Menschen ist heute, genügend Elektrizität, Trinkwasser und Milch zu haben. Das hat es in Tunesien, seit ich mich zu erinnern vermag, also seit etwa 60 Jahren, noch nie gegeben! In Tunesien ist die Lage heute alarmierend. Der Grund ist, dass die Menschen nicht mehr arbeiten und dass der Staat überall mit einem Laissez-faire konfrontiert ist. Nochmals: Es fehlt nicht primär am guten Willen. Vielmehr ist der Staat überall mit Hindernissen konfrontiert, etwa mit der Mentalität des «Je m'enfoutisme» (Gleichgültigkeit), und der Bürgersinn ist weitgehend verlorengegangen. In Tunesien herrscht eine ziemlich chaotische Situation. Da macht jeder, was er will. Und da gibt es auch eine Politikerkaste, die um die Macht kämpft, für ihre eigenen Interessen alles tut und die sehr korrupt ist. Für die meisten Menschen bedeutet leben heute schlicht überleben.

Aber das bedeutet ja, dass es in Zukunft sehr grosse Spannungen geben könnte. Italien verfolgt neuerdings eine sehr harte Migrationspolitik, Spanien und Frankreich in einem gewissen Mass auch. Es dürfte deshalb für junge Harraga sehr viel schwieriger werden, nach Europa zu emigrieren. Und gleichzeitig sind diese Länder laut Ihrer Analyse in vieler Hinsicht überfordert. Das klingt nicht gut. Was ist Ihr Szenario?

Ich denke, es gilt, realistisch zu sein: Europa hat genügend Druckmittel, um den Staaten im Süden seine Migrationspolitik aufzuzwingen. Die Maghrebstaaten sind nicht wirklich in der Lage, sich dieser Politik zu widersetzen. Aber gleichzeitig kann Europa auch kein Interesse daran haben, bis zum Äussersten zu gehen, denn eine Explosion, eine chaotische Situation in diesen Ländern ist nicht in Europas Interesse. Libyen ist in dieser Hinsicht ein Warnzeichen. Es braucht meiner Ansicht nach die Suche nach einem gemeinsamen Nenner, eine Art der Zusammenarbeit, bei der beide Seiten gewinnen, Lösungen zudem, die sowohl für die öffentliche Meinung im Maghreb als auch für diejenige in Europa akzeptabel sind.

Ganz konkret: Gehen Sie davon aus, dass Europa in den kommenden Jahren sehr viel mehr Druck auf die Maghrebstaaten ausüben wird, damit diese ihre Staatsbürger ohne Bleiberecht zurücknehmen?
Natürlich! Aber diese Leute sind geflüchtet, weil sie keine echten Perspektiven haben, und sie zurückzuführen wird das Problem nicht lösen!

Für Länder wie Tunesien wird die Lage durch solche Ausweisungen noch schwieriger ...
Ja, genau. Diese Leute müssen zurückgehen, das ist mir auch klar. Doch dies darf nicht die einzige Massnahme sein. Parallel müssen ernsthafte flankierende Massnahmen getroffen werden, sonst wird diese Politik weder im Maghreb noch in anderen Ländern des Südens akzeptiert werden.

Verstehen Sie den Unmut in Europa über die fehlende Bereitschaft – etwa von Marokko –, in dieser Sache zu verhandeln? Tunesien kooperiert ja mit der Schweiz relativ gut, mit Marokko ist es hingegen sehr schwierig ...
Das ist richtig. Ich denke aber, im Fall Marokkos sind das ideologische Erwägungen und ein bewusster Wille, für Europa nicht die «Kastanien aus dem Feuer zu holen». Ich weiss nicht, ob man dies einer Regierung wirklich vorwerfen kann, die andere Prioritäten hat und eh schon stark gefordert ist, diese jungen Arbeitslosen zurückzunehmen, von denen man gehofft hat, sie in Europa loszuwerden. Ich denke auch, dass es in Marokko eine öffentliche Meinung gibt, die davon ausgeht, dass Europa reich genug ist und genügend Mittel hat, diese jungen Marokkaner aufzunehmen.

In der Schweiz leben viele Maghrebiner von Nothilfe ...
Das stimmt. Es gibt sicher Fälle, die diese Nothilfe ausnutzen, und es gibt solche Harraga, die meinen, man müsse in Europa nichts tun und könne von der Sozialhilfe leben. Man muss aber auch verstehen: In den Ländern des Südens sind viele Menschen davon überzeugt, dass Europa stark von diesen Ländern profitiert und dass es nur eine Art ausgleichender Gerechtigkeit ist, die jungen Migranten zu unterstützen. Dazu kommt, dass die Idee eines Versorgerstaats im Maghreb noch weitverbreitet ist und dass es nicht als anstössig gilt, Sozialhilfe zu beziehen.

Die Schweiz hat 2012 mit Tunesien eine Migrationspartnerschaft vereinbart. Was müsste die Schweiz denn Tunesien im Rahmen einer solchen Partnerschaft anbieten?

Ein wichtiger Bestandteil dieses Abkommens waren Ausbildungsplätze für junge tunesische Berufsleute in der Schweiz. Doch in den letzten sechs Jahren konnten gerade mal 45 junge Tunesier ein Praktikum machen. In dem Abkommen ist jedoch von 150 «stagiaires» pro Jahr die Rede. Es braucht sehr viel mehr solcher Ausbildungsplätze. Da wundert es nicht, dass Tunesien das Gefühl hat, auf diese Weise nicht auf seine Kosten zu kommen. Wie soll man unter solchen Umständen von einem Land verlangen, dass es sehr viel effizienter bei der Rücknahme seiner Bürger zusammenarbeitet? Die tunesische Regierung muss schliesslich eine solche Zusammenarbeit auch gegenüber dem eigenen Parlament und der Bevölkerung rechtfertigen.

Was könnte Tunesien realistischerweise verlangen, damit eine echte Migrationspartnerschaft zustande käme?

Alles, was der tunesischen Jugend ermöglicht, in ihrem Land Perspektiven zu finden, um zu bleiben, ist willkommen. Ein sehr viel stärkeres Engagement von privaten Schweizer Investoren wäre zum Beispiel eine ausgezeichnete Sache. Dazu Ausbildungsaufenthalte in grossem Umfang, Studienmöglichkeiten und auch Stipendien für tunesische Studierende an Schweizer Universitäten. Massnahmen, die helfen würden, dass die tunesische Jugend besser ausgebildet wäre und somit auch bessere Werkzeuge in der Hand hätte, um zur Entwicklung des Landes beizutragen und auch im Land zu bleiben. Selbstverständlich kann dies nicht von einem Tag auf den anderen realisiert werden, und Tunesien muss sich seinerseits darum bemühen, Bedingungen zu schaffen, die für Investoren attraktiv sind.

Und Sie glauben, dass dann die Bereitschaft auch grösser wäre, tunesische Migranten ohne Bleiberecht in Europa zurückzunehmen?

Viele dieser jungen Männer kehren gerne freiwillig zurück, wenn sie die Gewissheit haben, eine Arbeit zu erhalten, die es ihnen erlaubt, in Würde im Kreis ihrer Familie zu leben. Genau so haben sich viele Portugiesen und Spanier verhalten, die zurückgekehrt sind, sobald sich die wirtschaftliche Lage in ihren Ländern verbessert hat.

Sind Sie mit der These einverstanden, dass wir die irreguläre Emigration aus und über Nordafrika so weit wie möglich eindämmen, gleichzeitig aber legale Wege öffnen müssen: sowohl für Studierende als auch für Arbeitsmigranten?
    Das ist ein Ziel, das wir ins Auge fassen müssen. Meiner Ansicht nach würde dies das Problem aber nicht wirklich lösen, weil es im Maghreb immer eine Mehrheit junger, schlecht oder gar nicht ausgebildeter Migranten geben wird, die sich in einer prekären Situation befinden und die – koste es, was es wolle – versuchen werden, das Land zu verlassen. Deshalb müssten gleichzeitig unbedingt auch Perspektiven für solche Leute vor Ort geschaffen werden. Solange die Maghrebstaaten nicht selbst in der Lage sind, solche Perspektiven für ihre Jugend zu schaffen, solange benötigen sie Unterstützung von aussen.

Wenn man berücksichtigt, wie schlecht mittlerweile das Bildungswesen im Maghreb ist und wie viele Hunderttausende oder gar Millionen solchermassen schlecht ausgebildeter Menschen in den Maghrebstaaten leben: Gibt es dann eine Alternative dazu, die irreguläre Migration einzudämmen?
    Es braucht auf jeden Fall dringend auch Lösungen für diese grosse Masse an jungen Leuten, die für Arbeitsaufenthalte und Studienplätze an Schweizer Universitäten nicht infrage kommen.

Stimmen Sie der These zu, dass Europa nach den Erfahrungen der Flüchtlingskrise von 2015 unter keinen Umständen bereit ist, eine neue, massenhafte Einreise von Flüchtlingen und Migranten aus dem Maghreb, aus Afrika und dem Nahen Osten zuzulassen?
    Die Frage ist für mich eine andere. Es geht darum, ob Europa überhaupt in der Lage ist, einer neuen, grossen Flüchtlingswelle standzuhalten, vor allem dann, wenn sich die Lage in den Ländern des Südens noch verschlechtern wird, sei dies aus wirtschaftlichen Gründen oder wegen zukünftiger Krisen und Kriege, die in Ländern südlich der Sahara entstehen könnten, vielleicht sogar in den Maghrebstaaten.

Was würde das bedeuten? Müsste man in einem solchen Fall die Genfer Konvention überarbeiten und an die neue Lage anpassen, weil sie nicht für derart grosse Flüchtlings- und Migrationsbewegungen konzipiert war?

Genau. Die Genfer Konvention war nicht für grosse Migrationsbewegungen vorgesehen, wie sie heute auftreten. Gegenüber der missbräuchlichen Verwendung des Asylrechts finden wir uns heute in einer virtuellen Situation. Jeder tut so, als würde er die Regeln der Genfer Konvention anwenden, dabei sind wir in den meisten Fällen nicht mit Menschen konfrontiert, die in ihrem Herkunftsland bedroht sind. Es sind eher Menschen, die aus wirtschaftlichen Gründen ihre Länder verlassen. Dafür ist die Genfer Konvention aber nicht gemacht. Das bedeutet nicht, dass sich unter den Flüchtenden nicht Menschen befinden, die in ihren Herkunftsländern beachtlichen Risiken ausgesetzt sind oder es in Zukunft sein könnten und die demzufolge das Recht haben, als Flüchtlinge Asyl zu beantragen. Eine Revision der Genfer Konvention lässt sich allerdings im heutigen internationalen Kontext nur schwer realisieren.

Das würde aber bedeuten, dass man ganz klar versuchen müsste, einerseits zwischen Menschen zu unterscheiden, die den Bedingungen der Genfer Konvention entsprechen, also individuell politisch verfolgt werden oder vor Kriegen fliehen, und andererseits Menschen, die im weitesten Sinn ein besseres Leben suchen, was ja auch legitim ist ...

Meiner Ansicht nach wäre es ideal, die Genfer Konvention zu überarbeiten. Dies allein würde aber das Problem nicht lösen. Viele Menschen würden weiterhin versuchen, ihre Lebensumstände zu verbessern, indem sie nach Europa fliehen. Wir müssen deshalb dringend etwas unternehmen, damit sich diese Menschen nicht mehr gezwungen sehen, ihre Länder zu verlassen. Meiner Ansicht nach braucht es einen Paradigmenwechsel. Es ist dringend nötig, das Problem der Migration an der Wurzel zu packen, das heisst, in den Herkunftsländern, und zwar mithilfe von grossen Programmen für die wirtschaftliche Entwicklung. Dafür braucht es eine internationale Zusammenarbeit und eine Art Marshallplan, um jungen Menschen in den Ländern des Südens echte Perspektiven anzubieten und um zu verhindern, dass sie emigrieren. Gleichzeitig müsste man dringend eine legale, kontrollierte Migration aus diesen Ländern ermöglichen.

14
Schwieriger Weg: Als klandestiner Maghrebiner in Europa

Die gefährliche Reise über das Mittelmeer ist das eine. Eine ganz andere Geschichte ist das, was Migranten anschliessend in Europa durchmachen müssen, bevor sie, oft auf verschlungenen Wegen, einen legalen Status erhalten. Es gibt Hunderttausende solcher Geschichten. Sie sind meist schwierig, vor allem für Migranten aus den Maghrebstaaten; ihre Chance, in Europa Asyl zu erhalten, ist verschwindend klein. Die meisten stellen kein Asylgesuch, sondern versuchen, unterzutauchen und sich als «sans papiers» irgendwie durchzuschlagen.

Dies war bis vor Kurzem in Italien ziemlich gut möglich. Auch in Frankreich, so berichteten mir viele maghrebinische Emigranten, hatte man gute Chancen, von der Polizei in Ruhe gelassen zu werden, wenn man bei Freunden und Bekannten in einer der Banlieues Unterschlupf finden konnte. Er sei nie wirklich kontrolliert worden, berichtet Habib, 35 Jahre alt. In der Region von Mahdia (Tunesien) geboren, entschloss er sich 2015, über Libyen nach Italien und von dort nach Frankreich zu reisen. Heute lebt er in der Region Marseille, arbeitet schwarz auf Baustellen und ist mit einer Frankotunesierin verlobt. Die Emigration nach Europa hat sich für ihn gelohnt. Das meint er selbst, das denken aber auch seine Freunde und seine eigene Familie. Sie erwarten schon bald regelmässige Überweisungen aus Frankreich. Denn schliesslich ist eine solche Reise eine Art Familienprojekt, zu der oft die halbe Verwandtschaft beigetragen hat.

In den vergangenen zwei Jahren ist die irreguläre Ausreise allerdings viel schwieriger geworden. Maghrebiner ohne Aufenthaltstitel gehen ein sehr viel höheres Risiko ein, ausgewiesen zu werden, zumindest in Spanien, Frankreich und Italien. Viele Nordafrikaner, die im Jahr 2018 nach

Europa einreisen wollten, wurden zudem schon an den EU-Aussengrenzen abgefangen und innerhalb kürzester Zeit ausgewiesen.

Wie der Weg eines jungen tunesischen Emigranten in Europa aussehen kann, soll am Beispiel von Marouane ausführlich dargelegt werden. Kennengelernt habe ich ihn über einen jungen Tunesier, der gegenwärtig in Deutschland studiert. Ein geplantes Treffen in Belgien kam nicht zustande; das Porträt von Marouane beruht ausschliesslich auf langen Telefongesprächen mit ihm im Frühjahr und Sommer 2018 sowie auf zusätzlichen Abklärungen bei glaubwürdigen Informanten. Marouane ist der Prototyp eines jungen Mannes, der weiterkommen will, der bereit ist, hart zu arbeiten, und der auch in der Lage ist, sich in Europa ein neues Leben aufzubauen und sich in einer westlichen Gesellschaft zu integrieren. Gleichzeitig steht Marouane für all diejenigen, die in Europa nicht Schutz suchen, sondern Chancen auf ein besseres Leben.

Die Odyssee von Marouane

Ich heisse Marouane und bin 35 Jahre alt. Aufgewachsen und zur Schule gegangen bin ich in einem Vorort von Tunis. Nach der Hochschulreife habe ich eine höhere Fachschule besucht und ein Diplom als «technicien supérieur» erworben. Anschliessend habe ich ein paar Jahre lang bei einer Firma in Tunesien gearbeitet. Der Lohn und auch die Arbeitsbedingungen waren schlecht. Ich bewarb mich auf andere Stellen. Doch in Tunesien stösst jeder, der Arbeit sucht, überall auf Profiteure, die an einer Vermittlung verdienen wollen. Meine Suche ist ohne Ergebnis geblieben; vielleicht deshalb, weil ich keine Beziehungen habe.

Ich bin ein junger ehrgeiziger Mann und möchte im Leben etwas erreichen. Doch in Tunesien ermuntert der Staat die jungen Leute nicht, sich anzustrengen. Er legt ihnen vielmehr überall bürokratische Hürden in den Weg.

Trotzdem entschied ich mich dafür, eine Firma zu gründen. Zwei Jahre brauchte ich allein für das Gesuch. Immer wieder wurden neue Unterlagen gefordert. Während dieser Zeit arbeitete ich in einem Callcenter.

Ich habe schliesslich drei Banken gefunden, die im Prinzip bereit waren, mein Projekt zu finanzieren. Eine von ihnen hat sich dann am Schluss

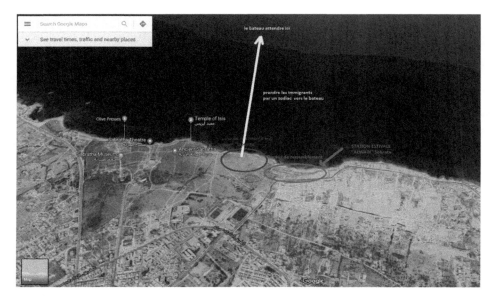

In Sabrata wartete Marouane in einem Bungalow der Feriensiedlung «Alwadi» auf die Ausreise. Nach ein paar Tagen erhielten er und seine Freunde die Aufforderung, sich an einen Küstenabschnitt in der Nähe der römischen Ausgrabungsstätte zu begeben. Von dort aus wurden sie mit Schlauchbooten zum Fischkutter gebracht, der vor der Küste ankerte (siehe Hinweise in Französisch).

«Neun Stunden lang sass ich mit Hunderten anderer Migranten im Rumpf des alten Fischkutters», berichtet Marouane (Bildmitte, ein Tuch über den Kopf geschlungen). Dann hielt er es nicht mehr aus und kämpfte sich bis zum Deck vor. Dank einem Satellitentelefon gelang es den Flüchtlingen, die italienische Küstenwache zu alarmieren.

wieder zurückgezogen. Von zivilgesellschaftlichen Organisationen habe ich keine Unterstützung erhalten. Es ist verrückt: Auch bei Start-up-Projekten ist man mit Korruption und Vetternwirtschaft konfrontiert.

In der Folge musste ich mein Projekt begraben. Damals habe ich die Hoffnung aufgegeben, in Tunesien etwas zu erreichen.

Am 10. Juli 2014 habe ich Tunesien in Richtung Libyen verlassen. In Tripolis suchte ich sogleich Arbeit. In der Stadt waren zwar ziemlich viele Bewaffnete, und Nacht für Nacht kam es zu Zusammenstössen. Doch ich hatte keine andere Wahl, als zu bleiben. Bei einer Firma in der Nähe der US-Botschaft habe ich rund fünf Monate lang gearbeitet. Es ging mir eigentlich ganz gut. Ich mietete ein Zimmer, in dem ich auch kochen konnte, und verdiente genügend Geld, um etwas auf die Seite zu legen. Dann änderte sich innerhalb kürzester Zeit die Situation. Die Benzin- und Erdöllager in der Nähe des Flughafens wurden beschossen und standen wochenlang in Flammen. Wenig später wurde die Firma meines Arbeitgebers geschlossen. Ich habe dann auf einem Souk Schuhe verkauft.

Wenige Wochen später fasste ich den Entschluss, mit ein paar Freunden nach Europa zu emigrieren. Ich hatte damals ein sehr positives Bild von Europa. Wir fanden einen Schlepper, der uns anbot, uns 5 Kilometer vor der Küste Siziliens abzusetzen. Wir lehnten sein Angebot ab. Schon bald fanden wir einen anderen Schlepper, dem wir etwa 700 Euro pro Person für die Überfahrt bezahlen mussten.

Wie vereinbart fuhren wir nach Sabrata und warteten in einem Strandhaus auf die Überfahrt. Dort waren kaum Polizeikontrollen. Bloss ab und zu kam ein junger Milizionär vorbei. Dann wurden wir mit einem guten Dutzend anderer Migranten, die dazustiessen, mit einem kleinen Holzboot zu einem alten Fischkutter gefahren, der vor der Küste ankerte. Er war knapp 20 Meter lang und rund 8 Meter breit. Ich bin Techniker und habe mir alle diese Details notiert.

Der Schlepper lud zwischen 500 und 600 Menschen auf den alten Kutter. Ich bin mir da sicher, habe selbst gezählt und auch verschiedene Leute gefragt. Das Schiff war völlig überfüllt. Ich war mit meinen Kumpels im stillgelegten Kühlraum eingepfercht. Die Luft im Inneren des Schiffs war absolut stickig; es gab nur kleine, etwa 80 mal 80 Zentimeter grosse Fenster für die Lüftung.

Was ich in den darauffolgenden Stunden erlebte, ist unbeschreiblich. Die Hitze, die stickige Luft, der Gestank, Menschen, die schrien oder sich erbrachen. Dazu war es unmöglich, auf eine Toilette zu gehen; es waren schlicht zu viele Leute an Bord, und wir hatten die strikte Weisung, uns nicht zu bewegen. Bewaffnete Männer sorgten dafür, dass sich alle an die Regeln hielten.

Neun Stunden lang sass ich mit geschlossenen Augen da. Dann hielt ich es nicht mehr aus, wollte an Deck gehen und Luft schnappen. Ich musste richtig kämpfen, um durchgelassen zu werden. An Deck erlebte ich wieder unglaubliche Szenen. Auch Frauen und Kinder waren dort. Kaum jemand hatte eine Schwimmweste oder Wasser bei sich.

Dann rief ein Tunesier, der ein Satellitentelefon besass, die italienische Küstenwache an. Er erhielt keine Antwort. Zum Glück hatte er die Telefonnummer einer Journalistin. Diese alarmierte sofort die Küstenwache. Rund eine Stunde später kam ein Helikopter, Stunden darauf ein grosses Schiff. Der Kapitän erhielt die Anweisung, dem Schiff zu folgen. Wir Passagiere mussten auf dem Kutter bleiben. Einige sprangen ins Wasser. Es dauerte nochmals über eine Stunde, bis ein Schiff der italienischen Marine kam. Es verfügte zum Glück über zahlreiche Schlauchboote. Wir wurden in kleinen Gruppen evakuiert. Auf dem Boot waren bereits viele andere Flüchtlinge. Ich schätze, dass es insgesamt etwa 2000 bis 3000 Personen waren.

Wir wurden nach Crotone gebracht. Dort wartete eine grosse Ansammlung von Menschen auf die Ankunft des Schiffs: Polizisten, Journalisten und TV-Kameras hatten sich in Stellung gebracht, Busse standen für den Abtransport bereit. Das ganze Hafengelände war von Polizisten abgeriegelt.

Wir wurden je nach Herkunftsland in Gruppen aufgeteilt: Nordafrikaner, Somalier, Eritreer, Westafrikaner. Vor allem wir Tunesier und die Marokkaner wurden scharf bewacht. Schon bald brachte man uns in ein bewachtes Asylzentrum in der Nähe von Crotone. Dort wurden alle Nordafrikaner in eine besondere Abteilung einquartiert. Wir schliefen in einem grossen Saal, auf Matratzen am Boden. Nach sechs Nächten, in denen ich kaum schlafen konnte, war ich vollkommen erledigt.

Am darauffolgenden Tag kam ein Offizier in unseren Schlafsaal und sprach uns auf Französisch an. Die meisten verstanden ihn nicht. Als er bemerkte, dass ich gut Französisch spreche, kam er auf mich zu und sagte, er sei von einer «association» und hätte gerne Informationen von mir. Er wollte vor allem wissen, wer der Kapitän des Kutters gewesen war. In Italien sei bekannt, dass fast alle Tunesier mit den Schleppern und dem Kapitän ihres Boots zusammenarbeiten würden. Dann zeigte er mir Fotos von den Flüchtlingen auf dem Boot. Ich musste feststellen, dass sie uns auf dem Marineschiff fotografiert und gefilmt hatten. Er wollte auch die Telefonnummern der Vermittler, der Anwerber und der Schlepper in Libyen. Ich gab ihm meine SIM-Karte, auf der alle Anrufe gespeichert waren.

Der Mann, der sich daraufhin als Mitarbeiter von Interpol zu erkennen gab, war hoch erfreut, dass ich bereit war, mit ihm zusammenzuarbeiten, und stellte mir in Aussicht, dass ich in Italien Asyl bekommen würde.

Als er wieder ging, sprach ich mit dem tunesischen Kapitän. Er war im gleichen Lager untergebracht wie ich. Ich erzählte ihm, dass ich mit dem Polizisten gesprochen hatte und dass er habe wissen wollen, wer der Kapitän gewesen sei. Dieser war jetzt wütend auf mich und befürchtete Konsequenzen. «Das Einzige, was ich für dich tun kann», sagte ich, «ist auszusagen, dass dich Libyer mit einer Pistole gezwungen hätten, das Schiff zu steuern.» Es war die einzige Möglichkeit zu verhindern, dass der tunesische Kapitän für Jahre ins Gefängnis gehen musste. Auch hatte ich Angst, dass sich seine Familie an mir rächen würde. Und schliesslich war er ein Landsmann.

So wurde der Kapitän, der aus einem kleinen Dorf im Hinterland stammt, nicht weiter behelligt, und auch ich hatte meine Ruhe. Meine Aussage hat ihn mit Sicherheit vor einer Verurteilung durch die italienische Justiz gerettet. Denn ich war der einzige Zeuge, der bereit war, auszusagen.

Zusammenarbeit mit einem Geheimdienstoffizier

Ich befand mich also in diesem Aufnahmezentrum für Flüchtlinge, rund 15 Kilometer ausserhalb von Crotone. Im Zentrum waren mehrere Hundert Flüchtlinge und Asylbewerber verschiedenster Nationalitäten untergebracht. Es gab dort eine Vertretung des staatlichen italienischen Amts für Flüchtlinge und Immigration, einen Sozialdienst, eine Schule, einen Sanitätsbereich und mehrere Räume, wo wir uns tagsüber aufhalten konnten. Im Gegensatz zu den anderen Tunesiern habe ich in Crotone ein Asylgesuch stellen können, weil ich den italienischen Behörden geholfen habe, den Kapitän des Boots zu identifizieren. Alle anderen Tunesier sind innerhalb weniger Tage zurückgeführt worden, auch mein Nachbar aus demselben Stadtviertel sowie ein junger Mann, der sich als Minderjähriger ausgegeben hatte, aber tatsächlich schon über 18 war. Anders sind die Behörden mit den Marokkanern verfahren; ich weiss nicht weshalb. Diese erhielten nur die Aufforderung, Italien innerhalb von sieben Tagen zu verlassen. Die meisten zogen in Richtung Nordeuropa weiter, einige, die Freunde oder Bekannte in Italien haben, sind aber auch in Italien geblieben.

Der Sozialdienst informierte mich darüber, wie ich ein Gesuch stellen müsse. Sie empfahlen mir, Asyl aus humanitären Gründen zu beantragen. Der Polizist, mit dem ich zusammengearbeitet hatte, kam bald erneut auf mich zu. Er stellte mir einen anderen Beamten vor, einen freundlichen Mann in Zivil, der schnell die Karten auf den Tisch legte. Er wolle, dass ich Italien helfe, mögliche Terroristen unter den Flüchtlingen und Migranten aufzuspüren, die mit Booten im Süden Italiens ankämen. Es hätten sich mehrere Hundert IS-Kämpfer auf den Weg nach Italien gemacht. Dies sei eine grosse Bedrohung für Italien.

Ich hatte in der Tat gewisse Erfahrungen in diesem Bereich. Drei Studenten, die mit mir an derselben Technikerschule studierten, haben sich nämlich radikalisiert. Sie nahmen im Jahr 2008 an bewaffneten Aktionen gegen das tunesische Regime teil. Zwei von ihnen sind bei einem Schusswechsel gestorben, einer ist zu 22 Jahren Gefängnis verurteilt worden. Ich habe gehört, dieser junge Mann sei bei den Aufständen im Winter 2010/11 aus dem Gefängnis geflohen. Ich hatte ihn in der Studienzeit als schüchtern und kontaktarm erlebt.

«Du musst die neu ankommenden Migranten und Flüchtlinge beobachten und uns auffälliges Verhalten melden», sagte der Beamte in Zivil zu mir. Er war, so vermute ich heute, vom Inlandsgeheimdienst. Er stellte mir in Aussicht, dass ich schon bald einen richtigen Lohn und eine eigene Wohnung haben könne. Dennoch habe ich mich nach etwas mehr als vier

Monaten entschlossen, Italien zu verlassen und in Richtung Deutschland zu ziehen. Im Rückblick war das vielleicht ein Fehler, aber ich war überzeugt, dass ich in Deutschland, dem reichsten und mächtigsten Land Europas, längerfristig bessere Chancen hätte als in Italien. So habe ich nicht einmal den Termin abgewartet, an dem mich die Behörden zu einer Befragung über meine Asylgründe vorgeladen haben.

Ich reiste von Crotone per Zug nach Mailand und dann durch die Schweiz nach Deutschland. In Baden-Württemberg stellte ich ein Asylgesuch. Die Deutschen merkten nicht, dass ich bereits in Italien Asyl beantragt hatte. Das lag eventuell daran, dass ein Buchstabe bei meinem Familiennamen fehlte und dass auch mein Vorname nicht korrekt geschrieben war.

In Karlsruhe kam ich in ein Erstaufnahmezentrum. Es handelte sich um ein grosses Zelt, in dem Hunderte von Asylbewerbern aller Nationalitäten untergebracht waren. Die Verhältnisse waren schwierig. Ich war schockiert, was für Zustände da herrschten, etwa bei den Duschen und den WC-Anlagen.

Wenig später wurde ich nach Künzelsau verlegt. Dort reichte ich ein Asylgesuch ein. Ich habe in Baden-Württemberg viel Rassismus und schwierige Begegnungen mit der Polizei erlebt. Es ist eine «kalte Politik». Es stimmt, dass viele Maghrebiner in Deutschland Probleme machen und dass man uns nicht mag. Doch das hat auch damit zu tun, dass wir Maghrebiner in Deutschland eben kaum Chancen haben. Afghanen und Syrer werden viel besser behandelt. Dazu kommt: Viele Deutsche sind wie Hitler.

Ich weiss, das klingt hart, aber es ist so. Sie wollen immer Befehle geben, sie sind streng, vor allem in ländlichen Gegenden. In den Grossstädten ist es weniger schlimm. Ich habe einmal eine Busse erhalten, weil ich ein Bahngleis überquerte. So etwas habe ich noch in keinem anderen Land erlebt.

Ich habe dann die Möglichkeit bekommen, in einer Firma zu arbeiten, obwohl ich noch kaum Deutsch sprach. Als Techniker bin ich mit meinem Englisch ganz gut durchgekommen. Trotzdem musste ich die Firma ein paar Monate später wieder verlassen, weil ich einen negativen Asylbescheid erhalten hatte. Da wusste ich, dass ich in Deutschland keine Chance

Marouane ist der Prototyp eines jungen Maghrebiners, der bereit ist, hart zu arbeiten, sich aber auch aktiv um die Integration in eine westliche Gesellschaft bemüht. Gleichzeitig steht Marouane für all diejenigen, die in Europa nicht Schutz suchen, sondern Chancen auf ein besseres Leben. Inzwischen hat er sich eine neue Existenz in Belgien aufgebaut.

hatte, und fuhr nach Italien zurück. Dort blieb ich ein paar Monate. Ich erhielt dann tatsächlich Asyl, wie mir der Polizist versprochen hatte. Doch schon bald war mir klar, dass ich auch in Italien keine echte Chance hatte. Da hätte ich ebenso gut in Tunesien bleiben können.

So verliess ich Italien wieder, obwohl ich die Möglichkeit hatte, legal im Land zu leben. Vielleicht war es ein Fehler, und ich hätte bleiben sollen. Denn die Behörden waren nett zu mir. Aber ich hatte keine Geduld. So fuhr ich zum dritten Mal nach Deutschland und versteckte dabei meine italienischen Dokumente. Ich blieb zwei, drei Wochen bei einem Freund und entschied mich dann, nach Belgien weiterzureisen.

Eine Ehefrau in Sicht

Der Freund, bei dem ich unterkam, gab mir den Tipp, in Belgien eine Frau mit maghrebinischen Wurzeln zu suchen, die eine Aufenthaltsgenehmigung hat. Ein anderer Tunesier, dessen Asylgesuch in Deutschland ebenfalls abgelehnt worden war, sei so vorgegangen. Auf Umwegen lernte ich in Belgien dann einen älteren Tunesier kennen. Bei ihm habe ich in den ersten Wochen Unterschlupf gefunden. Wenig später fand ich auch eine Arbeit. Zwar schwarz und zu einem schlechten Lohn, aber immerhin. Zufällig lernte ich die Hausbesitzerin kennen. Sie hatte Sympathien für mich, vielleicht auch deshalb, weil sie selbst aus Tunesien stammt. Wenig später lernte ich auch ihre Tochter kennen. Sie ist in Belgien geboren und hat die belgische Staatsbürgerschaft, spricht aber nicht mehr Arabisch.

Ich wusste schon bald, dass sie die Frau meines Lebens würde. Houda war anfänglich eher reserviert, doch schon bald sprang auch bei ihr der Funke über. Sie ist fast zehn Jahre jünger als ich und arbeitet als Sekretärin bei einer Firma an ihrem Wohnort. Es dauerte noch ein halbes Jahr, bis wir heiraten konnten. Wir entschieden uns, dies zuerst in einer Moschee zu tun. Ich hatte Angst, dass die Behörden eine Heirat zwischen einem illegal in Belgien lebenden Mann und einer Belgientunesierin nicht zulassen würden. Ein paar Monate später haben wir einen Konkubinatsvertrag, also einen nicht ehelichen Partnerschaftsvertrag, unterzeichnet. Gerade bin ich dabei, mein Dossier zu vervollständigen, um definitiv in Belgien bleiben zu können. Mein Status ist jetzt legal. Ich habe eine vorläufige

Identitätskarte, eine «carte d'attestation d'immatriculation» und darf legal arbeiten. Schon bald werde ich – In schā' Allāh – für fünf Jahre eine verlängerbare Aufenthaltsgenehmigung erhalten.

Ich habe mehr als vier Jahre gekämpft, um in Europa meinen Platz zu finden. Ich denke, es ist mir jetzt gelungen. Bei Audi in Brüssel habe ich einen Arbeitsvertrag erhalten, doch im Moment arbeite ich nicht, weil die Firma umstrukturiert wird. Ich nutze die Zeit, um eine Lizenz als Taxifahrer zu bekommen. Dafür muss ich eine Prüfung ablegen.

Ich weiss, dass es viele Nordafrikaner gibt, die in Europa Probleme machen. Sie sind für alle, die hart arbeiten wollen, eine Belastung. Doch die Art und Weise, wie in Europa mit Migranten und Asylbewerbern umgegangen wird, ist schlecht. Man lässt die jungen Männer jahrelang warten und herumhängen. So kommen sie auf Abwege. Man sollte ihnen entweder eine Chance geben oder sie so rasch wie möglich zurückschicken.

Europa ist nicht so, wie ich es mir vorgestellt habe. Trotzdem: Jemand, der arbeiten will, wird hier wie ein Mensch behandelt. In Tunesien ist das anders: «La Tunisie c'est la merde pour ceux qui n'ont rien.» – «Tunesien ist ein Scheissland für die, die nichts haben.»

15
Um keinen Preis zurück: Die schwierige Rückführung von maghrebinischen Migranten

Die Rückführung von Migranten aus dem Maghreb als Herausforderung für europäische Migrationsbehörden

Rückführungen, Ausweisungen, Abschiebungen, nicht freiwillige Ausreisen von Personen ohne gültige Aufenthaltspapiere: Begriffe gibt es viele, um die erzwungene Rückkehr von irregulären Migranten und Asylsuchenden zu beschreiben, deren Gesuche abgelehnt worden sind. Während Begriffe wie «Ausweisung» oder «Abschiebung» den Tatbestand sehr hart formulieren, ist «Rückführung» eher beschönigend. Semantische Finessen können allerdings nicht darüber hinwegtäuschen, dass ein Migrant oder Asylsuchender, der viel Hoffnung auf eine neue, bessere Existenz in Europa gesetzt und zu diesem Zweck viel Geld ausgegeben hat, sein «Projekt» nun abschreiben muss. Das ist in mehrfacher Hinsicht schwer zu verkraften. Zu dem finanziellen Schaden oder gar einer Verschuldung kommt meist ein Gesichtsverlust gegenüber der eigenen Familie und den Freunden in der alten Heimat hinzu. Viele Migranten, die sich mit dieser Situation konfrontiert sehen, bekommen denn auch Depressionen oder entwickeln Hass und Wut auf den Staat, der ihren Wunsch, ein neues, besseres Leben zu führen, mit einer negativen administrativen Entscheidung schlagartig zunichte macht. Die Schweiz habe durch die Ausweisung sein Leben zerstört, sagte ein junger Tunesier dem Lausanner Ethnologen Mastrangelo (siehe Kap. 4).

Einige Rückkehrer sehen die Lage etwas weniger dramatisch, so etwa ein junger Friseur aus der Kleinstadt Bir El Hafey (siehe Kap. 5). Zwar erlebte er das Scheitern seines Projekts und seine Ausweisung durch die italienischen Behörden als grosse Enttäuschung. Doch er schien sein Migrationsprojekt eher als Experiment zu begreifen, das eben gelingen oder auch scheitern konnte. Doch viele Ausgewiesene, die mehrere Jahre in Europa gelebt und sich an die dortigen Freiheiten und Verhältnisse gewöhnt haben, kommen mit ihrer Ausweisung nicht zurecht, hegen einen Groll und planen gleichzeitig eine Rückkehr nach Europa. Dies konnte ich bei vielen ausgewiesenen Maghrebinern und Westafrikanern feststellen. Der junge Senegalese in einer schäbigen Absteige in der Altstadt von Tanger, der junge Algerier auf einem Flohmarkt in der Grenzstadt Fnideq bei Ceuta, der junge Tunesier aus der Region von Kasserine: Sie alle wollten unbedingt wieder nach Europa zurück. Diese Einschätzung bestätigen auch verschiedene Studien.

Nun sind Zwangsrückführungen in der Tat eine sehr heikle Sache. Werden sie nicht behutsam und mit Respekt vor der Würde der betroffenen Personen vorgenommen, haben sie etwas enorm Demütigendes an sich. Die von einer Ausweisung Betroffenen erleben diesen behördlichen Akt als Zäsur in ihrem Leben, als persönliche Katastrophe und als höchst ungerecht und haben weder für diesen Vollzug noch für seine formaljuristische Begründung Verständnis übrig. Dennoch haben europäische Länder keine andere Wahl, als Personen rückzuführen, die ein aufwendiges Asylverfahren durchlaufen und am Schluss einen abschlägigen Bescheid erhalten haben.

Zwar sollte es möglich sein, Härtefälle erneut zu prüfen und unter bestimmten Bedingungen Personen oder auch ganze Gruppen von Asylsuchenden trotz negativer Asylbescheide aus humanitären Gründen pauschal aufzunehmen. Werden Rückführungen aber in grossem Umfang einfach nicht vollzogen, so stellt dies das gesamte Asylwesen infrage und unterminiert das Wohlwollen der breiten Bevölkerung gegenüber Asylsuchenden und Migranten. Zudem ist es der einheimischen Bevölkerung nicht zu vermitteln, dass es für zahlreiche Aktivitäten einer behördlichen Bewilligung bedarf, dass hingegen ein mehrjähriger Aufenthalt ohne gültige Papiere mit Kostenfolgen für das Gastland kaum spürbare Konsequenzen für die Betroffenen hat und dass Ausweisungsentscheidungen faktisch nicht vollzogen werden.

Genau dies ist aber die Situation unzähliger Nordafrikaner, die ohne gültigen Aufenthaltsstatus in europäischen Ländern leben. In der Schweiz gehen die Behörden von rund 1000 bis 2000 maghrebinischen Migranten ohne Bleiberecht aus, die das Land eigentlich verlassen sollten. Dazu kommt eine hohe Dunkelziffer von Personen, die abgetaucht sind und nun meist als «sans papiers» gelten. In Deutschland soll es sich um rund 8200 Personen handeln. Mehr als 5700 dieser ausreisepflichtigen Migranten waren aber aus verschiedenen Gründen «geduldet».

De facto ist der Vollzug der behördlichen Anordnungen bei vielen dieser Migranten blockiert, und die staatlichen Organe haben nur wenige Mittel in der Hand, um deren Ausreise zu erzwingen. Oft fehlt dazu auch der politische Wille. Dies lässt sich in der Schweiz etwa im Kanton Waadt oder in Deutschland in gewissen Bundesländern beobachten; die zuständigen Behörden verzichten aus Goodwill den Migranten gegenüber, aus Opportunismus oder aus Angst vor Solidaritätsaktionen auf eine zwangsweise Rückführung.

Der Grund für diesen «Vollzugsnotstand» – so der Terminus der Verwaltungsjuristen – liegt in der fehlenden Bereitschaft der Maghrebstaaten, bezüglich der Rücknahme ihrer Staatsbürger ohne Aufenthaltsrecht in europäischen Ländern tatkräftig mit den betroffenen Regierungen zusammenzuarbeiten. Faktisch blockieren sie die Ausweisung ihrer eigenen Bürger auf verschiedenen Ebenen: bei der Identifikation der Personen sowie bei der Beschaffung von Papieren, die für die Ausreise unabdingbar sind; mit ihrer Weigerung, eine Ausreise unter Zwang oder in zu diesem Zweck gecharterten Flugzeugen zuzulassen und auch über Vorschriften, mit welchen Airlines Ausweisungen stattfinden müssen. In gewissen Fällen scheitern Ausweisungen letztlich an der Weigerung des Flugkapitäns, einen Abschiebehäftling im Flugzeug mitreisen zu lassen.

Die Maghrebstaaten nehmen bezüglich der Rücknahme ihrer Staatsbürger ohne Aufenthaltsrecht einen unrühmlichen Spitzenplatz ein: Die Rückführung von abgelehnten Asylbewerbern und Migranten aus dem Maghreb ist nach wie vor schwierig. Fast alle europäischen Länder, in denen sich Maghrebiner aufhalten, sind mit diesem Problem konfrontiert (siehe Kap. 15). Zwar schaffen es die ehemaligen Kolonialmächte Frankreich und vor allem Spanien etwas besser, Maghrebiner ohne Aufenthaltstitel abzuschieben. Doch auch in diesen Ländern sind Rückführungen von Migranten aus den Maghrebstaaten schwierig. So konnte Spanien 2018 nur gerade 1700 Marokkaner in ihr Heimatland rückführen. Im selben Jahr kamen aber mindestens 13 000 irreguläre Migranten aus Marokko in Spanien an. Noch schwieriger sind Rückführungen von Maghrebinern für die Länder Mittel- und Nordeuropas.

«Vollzugsnotstand» bei den Maghrebinern

Flughafen Genf, Anfang April 2016, 17.30 Uhr. Drei, vier Dutzend Personen warten auf den Abflug des Fluges TU 701 nach Tunis. Unter den Reisenden fällt ein junger Mann auf. Sein Gesichtsausdruck wirkt abwesend, ja resigniert. In seinen Händen hält er ein Dossier im A4-Format. Statt Pass und Bordkarte legt er den Angestellten von Tunisair wortlos das Dokument hin. Gut zwei Stunden später in Tunis wird sich der junge Mann an der Passkontrolle mit demselben Dossier ausweisen. Ein Beamter bittet ihn diskret zur Seite, und die beiden verschwinden durch einen Seitenausgang. Alles weist darauf hin, dass es sich bei diesem jungen Tunesier um einen abgewiesenen Asylbewerber handelt, der sich zur freiwilligen Rückkehr entschlossen hat.

Das Schweizer Staatssekretariat für Migration (SEM) und vor allem die kantonalen Migrationsämter würden aufatmen, wäre das geschilderte Beispiel bei der Rückführung von Nordafrikanern der Normalfall. Leider ist das Gegenteil der Fall. Denn obwohl die Maghrebländer weder finstere Diktaturen noch zerfallende Staaten sind, bleiben die Hürden für Rückführungen in den meisten Fällen sehr hoch. Einzig die Zusammenarbeit mit Tunesien funktioniert nach übereinstimmender Einschätzung einigermassen gut. Als einziger Maghrebstaat erlaubt Tunesien seit 2015 auch Sonderflüge zur Rückführung von Landsleuten.

Die Basis dafür ist eine 2012 abgeschlossene Migrationspartnerschaft, die unter anderem Angebote der Schweiz im Bildungsbereich, aber auch eine Kooperation der beiden Länder hinsichtlich von Rückführungen enthält (siehe Kap. 16). Die Zusammenarbeit mit der tunesischen Botschaft in Bern wie auch mit den tunesischen Behörden habe sich «grundsätzlich verbessert», ist vom SEM zu erfahren, und es seien «signifikante Fortschritte» verzeichnet worden. So konnte Mitte 2018 die Zahl der noch offenen Rückführungsgesuche gegenüber dem Stand von vor zwei Jahren halbiert werden. Das Staatssekretariat räumt aber ein, dass Rückführungen noch immer ziemlich viel Zeit in Anspruch nähmen: So dauere allein schon der Identifikationsprozess zwischen drei und sechs Monaten.

Etwas weniger euphorisch klingt es bei den Kantonen und bei Vollzugsbeamten an der Basis. Man könne in letzter Zeit tatsächlich «eine leichte Verbesserung» von Ausweisungen in die drei Maghrebstaaten feststellen, erklärt Peter Hayoz, Chef des Migrationsamts des Kantons Solothurn. Insgesamt sei die neue, deutlich bessere Zusammenarbeit mit Tunesien trotz aller Vorbehalte ein «Lichtblick», ergänzt Marcel Suter, Präsident der Vereinigung der Kantonalen Migrationsbehörden (VKM).

Wesentlich schwieriger präsentiert sich die Zusammenarbeit mit Marokko und Algerien. Zwar hat die Schweiz ein Rücknahmeabkommen mit Algerien ausgehandelt. Dieses trat 2007 in Kraft. Doch mit der Umsetzung hapert es. Laut SEM konnte das technische Protokoll, das unter anderem die Möglichkeit von begleiteten Rückführungen vorsehen würde, bis heute nicht «finalisiert» und unterzeichnet werden. Laut dem erwähnten Abkommen beharrt Algerien auf einer freiwilligen Rückkehr seiner Landsleute und akzeptiert keine Sonderflüge. Dennoch waren im letzten Jahr ein paar Dutzend Rückführungen nach Algerien möglich. Abgewiesene Asylbewerber oder Straftäter, die nach dem Verbüssen ihrer Strafe in einer Schweizer Haftanstalt des Landes verwiesen werden, können sich bis heute aber problemlos einer Rückführung entziehen: In den meisten Fällen, so berichten Vollzugsangestellte und Fachleute übereinstimmend, weigerten sich die Piloten von Air Algérie, renitente oder gewalttätige Ausreisekandidaten an Bord zu nehmen. «Wir erhalten zwar mittlerweile ein Laissez-passer, wenn ein Algerier identifiziert ist, können diese Person aber dennoch nicht ausweisen», erklärt eine Vollzugsfachfrau. Fachleute aus anderen Kantonen, die ihren Namen ebenfalls nicht publiziert sehen wollen, bestätigen diesen Sachverhalt.

Taube Ohren in Marokko

Noch schwieriger gestaltet sich die Zusammenarbeit mit Marokko. Tatsächlich ist die Zahl der nach Marokko rückgeführten Personen noch um einiges geringer als die von Algeriern. Es ist ein offenes Geheimnis, dass die Schweizer Behörden seit Langem versuchen, mit Marokko ein Rücknahmeabkommen abzuschliessen. Doch jahrelang sind sie mit diesem Anliegen auf taube Ohren gestossen. Dies, obwohl Eduard Gnesa, der vormalige Sonderbotschafter für internationale Migrationszusammenarbeit, in den letzten Jahren regelmässig zu Verhandlungen nach Rabat gereist war. Erst im Frühjahr 2017 gelang es dem SEM, mit Marokko einen Migrationsdialog zu lancieren. Seither, so lässt das SEM verlauten, sei es zu einer «signifikanten Verbesserung im Bereich Rückkehr» gekommen. Eine eigentliche Migrationspartnerschaft sei bislang aber noch nicht thematisiert worden.

Für die zuständigen Behörden in den Kantonen und vor allem für die Vollzugsbeamten an der «Front» bleiben die Probleme bei der Rückführung von maghrebinischen Migranten mit einer Wegweisungsverfügung dennoch ein grosses Ärgernis. Manche sprechen gar von einem «Vollzugsnotstand». Die Kantone seien mit der stagnierenden Situation gegenüber Algerien und Marokko sehr unzufrieden, sagt auch VKM-Präsident Suter, und sie verlangten, dass das SEM in dieser Sache «weiter dranbleibe und nicht aufgebe».

Die Ausweisungen von algerischen und marokkanischen Migranten scheitern weiterhin regelmässig. Besonders schwierig ist die Lage in Teilen der Westschweiz und vor allem im Kanton Genf. Dort leben mehrere Hundert illegale Migranten – die meisten von ihnen stammen aus Algerien –, von denen sehr viele Kleinkriminelle sind. Da sie aus den genannten Gründen nicht ausgewiesen, aber auch nicht längere Zeit inhaftiert werden können, sind die Genfer Behörden dem Phänomen gegenüber weitgehend machtlos.

Kurzfristig ist nicht zu erwarten, dass sich die Zusammenarbeit mit Marokko und Algerien verbessern wird. Umso mehr wollen die kantonalen Migrationsämter die vorhandenen Möglichkeiten nutzen. So suchten die Behörden in einem Innerschweizer Kanton eine Kooperation mit Frankreich, um einen jungen Marokkaner auszuweisen. Dieser lebte seit mehreren Jahren von Nothilfe und hatte sich mehrfach gegen eine Ausweisung gewehrt, sodass diese jeweils abgebrochen werden musste. Doch im Frühjahr 2018 wurde er abgeholt und in Polizeibegleitung zum Hafen von Sète in Südfrankreich gebracht. Anschliessend ging die Reise per Schiff nach Casablanca weiter.

Derartige Ausweisungen verursachen einen riesigen Aufwand. Doch der zuständige Amtsleiter ist überzeugt, dass diese Ausweisung «eine enorme Signalwirkung» erzeugt habe. Am nächsten Tag, so berichtet der Migrationsfachmann, seien mehrere andere junge Marokkaner, die ebenfalls von der Nothilfe gelebt hätten, untergetaucht. Vermutlich seien sie nach Frankreich oder nach Italien ausgereist.

Damit wurde das Problem aber nur aus der Schweiz «ausgelagert». Längerfristige Lösungen müssen dies berücksichtigen. Sie sind wohl nur über Migrationspartnerschaften zu erreichen, bei denen gegenüber den betroffenen Staaten zahlreiche Konzessionen gemacht werden müssen (siehe Kap. 16). Denkbar sind auch Lösungen, bei denen nur neu eingereiste irreguläre Migranten ausgewiesen werden, all jene, die bereits in einem bestimmten Land leben, aber eine pauschale Aufenthaltsberechtigung erhalten würden. Angesichts der Weigerung zahlreicher Länder, Rücknahmeabkommen abzuschliessen beziehungsweise diese auch umzusetzen, ist dies möglicherweise eine der wenigen realistischen Lösungen (siehe Kap. 18).

In den Kantonen ist eine gewisse Irritation über die Stellungnahme des SEM bezüglich der Rücknahmeabkommen und Migrationspartnerschaften festzustellen. So etwa habe Bundesrätin Simonetta Sommaruga gegenüber den Medien sehr positiv von der Vereinbarung mit Algerien gesprochen. Doch in der Praxis habe diese nichts gebracht, sagt ein Migrationsfachmann. Solche Abkommen seien toter Buchstabe. Gewisse Kritiker werfen dem SEM gar eine «krasse Beschönigung der tatsächlichen Verhältnisse» vor. Doch selbst diese Kritiker räumen ein, dass die Schweiz im Vergleich zu Deutschland in Sachen Rückführung von Maghrebinern noch relativ gut dastehe; dort könnten Migranten aus dem Maghreb deutlich schlechter rückgeführt werden.

Schnellverfahren ... dauern 140 Tage

Angesichts der schwierigen Rückführungen setzt das SEM auch bei Asylsuchenden aus dem Maghreb umso stärker auf rasche, sogenannte Fast-Track-Verfahren, die im Prinzip nur 48 Stunden dauern sollen. Sie sind nach Ansicht des SEM geeignet, die Asylverfahren zu beschleunigen und hätten zudem einen abschreckenden Effekt. Doch zeigen diese neuen Verfahren gegenüber Nordafrikanern Wirkung? Das 48-Stunden-Verfahren funktioniere zwar sehr gut in den Balkanstaaten, erklärt VKM-Präsident Marcel Suter. Aber bei Maghrebinern daure das Fast-Track-Verfahren aus Sicht der Kantone grundsätzlich mehrere Monate. Das sei viel zu lang, und die Kantone beklagten sich deshalb regelmässig beim SEM. «Das A und O ist der schnelle Vollzug», sagt Suter. Das werde Migranten auf Arbeitssuche davon abhalten, ein Asylgesuch zu stellen. Es sei das einzig Richtige, Migranten ohne Bleiberecht innerhalb von zwei, drei Wochen rückführen zu können. Dies ist auch die Meinung internationaler Experten, etwa von Gerald Knaus, dem Vorsitzenden der Europäischen Stabilitätsinitiative (ESI). Sie setzen auf eine schnelle Entscheidung bei den Asylgesuchen und auf eine rasche Abschiebung der Migranten mit abschlägigem Asylbescheid (siehe Kap. 18).

Das SEM erklärt die lange Dauer der Verfahren im Wesentlichen mit zwei Gründen: Zum einen handle es sich bei Migranten aus dem Maghreb häufig um sogenannte Dublinfälle. Zum anderen sei die Identifikation und Papierbeschaffung nach wie vor sehr aufwendig.

«Pendenzen im Vollzug»
Aufgrund illegaler Einreisen, «unkontrollierter» Ausreisen während des Asylverfahrens und nach negativen Asylbescheiden ist die Anzahl an Migranten ohne Bleiberecht aus dem Maghreb nur schwer zu erfassen. Ein Kenner geht von 1000 bis maximal 2000 Personen aus, darunter auch geschätzte 100 bis 200 «Intensivtäter». Das SEM erfasst nur die sogenannten Vollzugspendenzen.

Vollzugspendenzen (Stand 31.12.2018, effektive Ausreisen 1.1.–31.12.2018)

Land	Algerien	Marokko	Tunesien	Libyen	Mauretanien
Vollzugspendenzen	564	238	124	20	4
Total ausgereist	319	213	151	48	5

Die Situation in der EU und in ausgewählten Ländern Europas

Die grossen Schwierigkeiten bei der Abschiebung von Migranten aus dem Maghreb sind auch in der EU ein Ärgernis. So sollen in Deutschland rund 8200, in ganz Europa mehrere Zehntausend Nordafrikaner ausreisepflichtig sein. Sowohl bei der EU-Kommission, bei der Grenzschutzagentur Frontex als auch in den meisten europäischen Staaten ist die Wichtigkeit rascher und konsequenter Abschiebungen mittlerweile erkannt worden. Frontexchef Fabrice Leggeri forderte im Februar 2018, die EU-Mitgliedsstaaten müssten abgelehnte Asylbewerber künftig schneller in ihre Heimat zurückschicken. Auch aus Sicht der EU-Kommission ist der Handlungsdruck gross: 2017 wurde laut Angaben aus Brüssel in der EU nur etwa jeder dritte illegale Migrant mit einer Ausweisungsverfügung abgeschoben. Die Kommission will nun die Abschiebung von illegalen Migranten erheblich beschleunigen. Dazu soll die Abschiebepraxis europaweit vereinheitlicht und zugleich verschärft werden. Die Grenzschutzagentur Frontex soll nach den Plänen der EU dabei eine wichtige Rolle spielen. Zu diesem Zweck ist geplant, die Grenzschutztruppe von aktuell 1500 Mann innerhalb von zwei Jahren auf 10 000 aufzustocken. Dies würde einen erheblichen Eingriff in die innenpolitischen Kompetenzen der einzelnen Mitgliedsländer bedeuten. Ob ein solches vereinheitlichtes Abschiebesystem tatsächlich zustande kommt, ist allerdings unsicher.

In Deutschland ist das Problem der fehlenden Abschiebungen besonders gravierend, weist das Land doch die höchste Zahl an Personen ohne offizielles Bleiberecht auf. Laut der EU-Statistikbehörde Eurostat in Luxemburg hielten sich Ende Januar 2019 fast 240 000 Personen in Deutschland auf, die das Land eigentlich verlassen müssten. Mehr als 180 000 von ihnen hatten den Status einer «Duldung». Migranten aus Nordafrika nehmen dabei rein zahlenmässig gegenüber denjenigen aus dem Nahen und Mittleren Osten nur eine relativ bescheidene Rolle ein. Anfang 2019 sollen sich laut offiziellen Zahlen rund 8200 ausreisepflichtige Nordafrikaner in Deutschland aufgehalten haben. Dazu kommen Maghrebiner, die untergetaucht sind und in keiner Statistik erscheinen. Doch die Migranten aus dem Maghreb verursachen den Behörden im Allgemeinen deutlich mehr Schwierigkeiten als solche aus anderen Ländern. Das liegt erstens daran, dass viele Maghrebiner in erheblichem Umfang in kriminelle Aktivitäten verwickelt sind. Diese stellten beispielsweise 2016 nur 0,9 Prozent der in Niedersachsen registrierten Flüchtlinge, aber 17,1 Prozent der Tatverdächtigen bei Gewalttaten. Vor allem in einzelnen Städten in Nordrhein-Westfalen sind maghrebinische Gangs derart berüchtigt, dass die Strafverfolgungsbehörden etwa in Düsseldorf eine Amtsstelle ins Leben gerufen haben, die sich ausschliesslich mit der Bekämpfung dieser Bandenkriminalität befasst. Zweitens waren in der Silvesternacht 2015/16 in Köln massgeblich junge Nordafrikaner ohne Bleiberecht an den sexuellen Übergriffen, Vergewaltigungen und Diebstählen beteiligt; ein Ereignis, das die Debatte um Migration und Asyl wochenlang befeuerte und mittlerweile als eine Art Wendepunkt gilt. Drittens waren radikale Islamisten mit maghrebinischen Wurzeln mehrfach in salafistische Propagandaaktionen oder gar in Attentate verwickelt. An dieser Stelle sei nur der Tunesier Anis Amri erwähnt, der als irregulärer Migrant über Italien nach Deutschland eingereist war und im Dezember 2016 das Attentat auf den Weihnachtsmarkt am Berliner Breitscheidplatz verübte.

Die Rückführung maghrebinischer Migranten ohne Bleiberecht hatte deshalb in Deutschland einen ausserordentlich hohen Stellenwert. Im Februar 2016 unternahm der deutsche Innenminister De Maizière eine offizielle Reise in die drei Maghrebstaaten Tunesien, Algerien und Marokko, um mit den Regierungen über eine vereinfachte Abschiebung ihrer Staatsbürger aus Deutschland zu verhandeln. Nicht anders als die Schweiz hatte Deutschland mit einzelnen Maghrebstaaten bereits bilaterale Rücknahmeabkommen abgeschlossen, die aber in der Praxis schlecht funktionierten und faktisch häufig nicht umgesetzt wurden. Wegen der fehlenden Abschiebemöglichkeiten wurden Tausende Maghrebiner «geduldet» und erhielten in der Amtssprache auch diesen Status.

Diese Verhandlungen scheinen die Rückführung von Maghrebinern in der Tat beschleunigt zu haben. Sowohl Tunesien (Frühjahr 2016) als auch Algerien (Herbst 2018) erklärten sich zur Rücknahme mehrerer Tausend illegal in Deutschland lebender Bürger bereit. Auch die Zahl der Abschiebungen von Deutschland nach Marokko, Algerien und Tunesien stieg zwischen 2015 und Ende 2018 stark an. Laut offiziellen Angaben haben sich etwa die Rückführungen nach Algerien und Marokko um den Faktor 10 erhöht. So wurden 2018 567 Algerier und 722 Marokkaner rückgeführt. Angesichts der Zahl von mehr als 8000 ausreisepflichtigen Maghrebinern bleiben diese Abschiebungen in absoluten Zahlen aber immer noch relativ gering.

Auch andere europäische Staaten haben mit den Ländern des Maghreb mittlerweile Rücknahmeabkommen abgeschlossen. So haben Spanien, Frankreich, Italien und Grossbritannien mit Marokko und Algerien ein solches Abkommen vereinbart, Italien, Frankreich und Belgien mit Tunesien. Doch die Abschiebungen verlaufen nach wie vor zäh und sind insgesamt sehr kostspielig. Alles weist darauf hin, dass die Maghrebstaaten diesen «Trumpf» vorderhand nicht aus der Hand geben wollen; keines dieser Länder hat letztlich ein Interesse an der Rücknahme seiner eigenen Bürger, die wegen abgelehnter Asylgesuche oder wegen Delikten ihr «Gastland» verlassen müssen.

Die EU wiederum wünscht sich multilaterale Abschiebeabkommen, die für die gesamte EU gelten sollen. Mit Marokko und Tunesien ist es 2013 beziehungsweise 2014 gelungen, eine solche «Mobilitätspartnerschaft» abzuschliessen. Diese ist aber weitgehend toter Buchstabe geblieben, weil sich beide Staaten geweigert hatten, auch Migranten aus Drittstaaten zurückzunehmen (siehe Kap. 17).

Einzelne EU-Staaten gehen in jüngster Zeit in Sachen Abschiebungen deutlich härter vor. Italien schickt schon seit 2017 tunesische Migranten, die kein Asylgesuch stellen, innerhalb von wenigen Tagen zurück. So wurde im August 2018 eine erste Gruppe von 57 geretteten Migranten – alles volljährige Männer – bereits 48 Stunden nach ihrer Rettung per Sonderflug zurückgebracht, eine zweite drei Tage später. Von solchen Rückführungen innerhalb sehr kurzer Zeit berichteten auch mehrere Migranten, die ich in Tunesien getroffen habe.

Sind die Maghrebstaaten sichere Herkunftsländer?
Die Frage, ob die Maghrebstaaten sichere Herkunftsländer sind oder nicht, spielt in Deutschland eine wichtige Rolle. Denn unter diesen Voraussetzungen können die Asylverfahren für Bürger dieser Länder deutlich vereinfacht und beschleunigt werden. Bereits im Mai 2016 hatte die Grosse Koalition den Versuch unternommen, die Maghrebstaaten als sichere Her-

kunftsländer einzustufen. Sie scheiterte im Bundesrat allerdings am Veto der grün regierten Bundesländer.

Im Herbst 2018 unternahm die deutsche Bundesregierung in dieser Sache einen neuen Anlauf. Dabei stützte sie sich auf den Koalitionsvertrag zwischen Union und SPD, in dem vereinbart worden war, Algerien, Marokko und Tunesien sowie weitere Staaten als sichere Herkunftsländer einzustufen. Sowohl die niedrige Anerkennungsquote bei Asylanträgen aus diesen Ländern als auch die Einschätzung der allgemeinen Situation in den betroffenen Ländern sei dafür ausschlaggebend. In den fraglichen Ländern seien «generell, systematisch und durchgängig weder Verfolgung noch Folter oder unmenschliche oder erniedrigende Bestrafung oder Behandlung noch Bedrohung infolge willkürlicher Gewalt im Rahmen eines internationalen oder innerstaatlichen bewaffneten Konflikts zu befürchten», heisst es in der Begründung der Bundesregierung.

Die Frage ist allerdings sehr komplex und kann hier nur gestreift werden. Festzuhalten bleibt aus der Sicht eines langjährigen Beobachters, dass alle Maghrebstaaten bezüglich der Einhaltung der grundlegenden Menschen- und Freiheitsrechte unbestreitbare Fortschritte gemacht haben. Nach wie vor ist die Lage aber nicht mit derjenigen in west- oder nordeuropäischen Staaten zu vergleichen; vor allem in Gefängnissen und in Polizeikommissariaten kommt es noch immer regelmässig zu Gewaltanwendung. Wird dieser europäische Standard als Kriterium genommen, so dürfte wohl kein einziges Land des Südens als sicherer Herkunftsstaat gelten.

Die Schweiz hat bislang darauf verzichtet, die drei Maghrebstaaten Tunesien, Algerien und Marokko zu sicheren Herkunftsländern zu erklären. Offiziell setzt das SEM stattdessen auf Migrationspartnerschaften. Ein Kenner der Verhältnisse geht allerdings davon aus, dass die Schweiz in dieser Sache auch bald «nachziehen» wird, weil dieser Schritt rasche Ausweisungen erleichtern würde.

Freiwillige Rückkehr und Beratungszentren: Ein Zukunftsmodell?

«Nachdem Herr L. mehrere Jahre in Italien und in der Schweiz verbracht hatte, entschied er sich im Januar 2017 für eine freiwillige Rückkehr in

In der Schweiz wie auch in den meisten Staaten der EU erhalten Migranten ohne Bleiberecht, die sich zur freiwilligen Rückkehr entschliessen, eine so genannte Rückkehrhilfe. Sie beinhaltet neben den Reisekosten eine finanzielle Unterstützung für ein kleines Projekt sowie Beratung. Bild: Ein «Rückkehrer» aus Frankreich in seinem Lebensmittelgeschäft in Zarzis.

sein Herkunftsland Marokko», heisst es in einer Broschüre des SEM. Und weiter: «Zuvor hatte er nach Absprache mit der Rückkehrberatungsstelle die Idee entwickelt, einen dreirädrigen Transporter (‹Tuk-Tuk›) zu kaufen, um Material zu transportieren, das er auf den Märkten verkauft.»

Dafür erhielt der Marokkaner ohne Bleiberecht 3000 Schweizer Franken, um sein Projekt zu verwirklichen und sich damit eine neue Existenz aufzubauen. Nach seiner Rückkehr entschied er sich angesichts der Konkurrenz im geplanten Bereich dafür, ein kleines Geschäft für Haushaltszubehör zu eröffnen. Die IOM, die Betreuung und Begleitung solcher Rückkehrerprojekte vor Ort für die Schweiz übernimmt, unterstützte L. in seinem Vorhaben. Ein knappes Jahr später ergab ein Besuch vor Ort, dass das kleine Geschäft L. ermöglicht, für seinen Unterhalt und für den seiner Frau, die er nach seiner Rückkehr geheiratet hat, aufzukommen. L. sieht offenbar seine Zukunft weiterhin in Fes und möchte sein Geschäft ausbauen. Kurzum: eine Erfolgsgeschichte.

Das Programm der Rückkehrhilfe wurde 1997 für die Vertriebenen aus Bosnien-Herzegowina ins Leben gerufen, die infolge des Krieges im früheren Jugoslawien in die Schweiz geflohen waren. Seit 1999 wurde es stufenweise auf rund 60 Länder ausgeweitet; daran teilgenommen haben laut offiziellen Angaben rund 92 000 Personen. Zurzeit fördert die Schweiz die freiwillige Rückkehr in 24 Ländern. Dabei übernimmt jeweils die IOM die Begleitung der Migranten.

Neben den Reisekosten und einer Pauschale zwischen 500 und 1000 Schweizer Franken, die nach Ankunft in bar ausbezahlt wird, unterstützt das SEM Projekte zur Existenzsicherung. Häufig handelt es sich dabei um ein kleines Lebensmittelgeschäft oder um einen Kiosk. Wer ein glaubwürdiges Projekt vorlegt, kann dafür im Normalfall einen Beitrag von bis zu 3000 Schweizer Franken erhalten. In gewissen Ländern (etwa in Nigeria) und für kollektive Projekte liegt der Betrag um einiges höher. Die Schweiz liegt mit dieser Rückkehrhilfe im europäischen Durchschnitt: In Deutschland liegt die Obergrenze bei rund 9300 Schweizer Franken, in Schweden bei rund 4150 und in Italien bei 1800. Voraussetzung für die Teilnahme an einer Rückkehrhilfe ist, dass der betroffene Migrant in der Schweiz nicht straffällig geworden ist.

Der Betrag wird im Regelfall nicht in bar ausbezahlt, sondern erst gegen die Vorlage von Belegen für Auslagen im Zusammenhang mit einem solchen Projekt beglichen. Drei Monate nach der Ankunft in ihrem Heimatland haben die Rückkehrer die Möglichkeit, Ideen für ein konkretes Projekt einem Komitee vorzustellen, das im Fall Tunesiens aus Vertretern der IOM und des Office des Tunisiens à l'étranger besetzt ist.

Rückkehrhilfe in der Schweiz

Seit der Einführung im Jahr 1997 haben rund 92 000 asylsuchende Personen von der staatlichen Rückkehrhilfe in der Schweiz profitiert (Stand: 31.12.2018). Darunter waren auch 1722 Tunesier, 628 Algerier, 409 Marokkaner, 199 Libyer und 33 Mauretanier. Im Jahr 2017 verliessen 1303 Personen die Schweiz mit Rückkehrhilfe (2018 deren 985). Der Bund wendete dafür seit 1997 rund 157 Millionen Schweizer Franken auf. Dies entspricht einem Betrag von zirka 1700 Franken pro ausgereiste Person.

Eine freiwillige Rückkehr kann sich nicht nur für die betroffenen Migranten lohnen, sondern vor allem auch für die Länder, in denen sie aufgenommen wurden. So kostet ein Monat Ausweisungshaft die Eidgenossenschaft rund 6000 Franken, während eine Zwangsausweisung per Flugzeug bis zu 15 000 Franken pro Person betragen kann.

Mit dieser Rückkehrhilfe erhalten Migranten ohne Bleiberecht nicht nur einen finanziellen Anreiz, die Schweiz freiwillig zu verlassen. Damit wird ihnen vielmehr auch eine Rückkehr in Würde ermöglicht, weil sie nämlich, so ein Mitarbeiter von Caritas Schweiz, «nicht mit leeren Händen zurückkehren und die Chance auf eine Perspektive haben».

In den vergangenen Jahren ist die Zahl der freiwilligen Rückkehrer trotz dieser finanziellen Hilfe gesunken. Aus diesem Grund beabsichtigt das SEM, eine Systemänderung vorzunehmen. Diese wird seit 2017 im Bundesasylzentrum Zürich getestet und soll 2019 in allen Bundesasylzentren eingeführt werden. Das neue System soll «degressiv» gestaltet sein. Wer sich rasch für eine freiwillige Rückkehr entscheidet, erhält den vollen Betrag. Die Rückkehrhilfe schrumpft, je länger eine Person nicht freiwillig abreist; ab einem bestimmten Zeitpunkt verfällt das Angebot.

Wie aber steht es mit dem Erfolg dieser Rückkehrhilfen? Die IOM, die Beratung und Betreuung vor Ort im Auftrag des SEM durchführt, hat in den vergangenen Jahren mehrfach eine Evaluation der Rückkehr- und Reintegrationshilfeprojekte auf der Basis von Teildaten durchgeführt. Das letzte Monitoring fand in den Jahren 2016/17 statt. Demnach gelingt es einem Teil der Rückkehrer tatsächlich, in ihren Herkunftsländern wieder Fuss zu fassen. Die unvollständigen Daten lassen allerdings kein fundiertes Urteil über die Wirkung der Rückkehrhilfen zu.

Ein tunesischer Fachmann, der nicht genannt werden möchte, macht darauf aufmerksam, dass ein Betrag von 3000 oder 4000 Schweizer Franken in den meisten Fällen nicht ausreicht, um ein Geschäft aufzubauen. Ein solcher Beitrag, so seine Einschätzung, würde höchstens in einem Dorf oder in einer Kleinstadt im Hinterland zur Miete eines bescheidenen Lokals für ein Jahr und den Ankauf eines Minimums von Verkaufsartikeln ausreichen. Mit einem derartigen Geschäft lässt sich höchstens ein sehr bescheidenes Einkommen erzielen. Der Traum von einem Leben auf europäischem Niveau, den die meisten Migranten im Kopf haben, ist unter diesen Bedingungen vollkommen unrealistisch.

Vermutlich werden sich nur ausgewiesene Migranten, die jahrelang vergeblich auf eine Chance in Europa gewartet haben und entsprechend zermürbt sind, auf solche Weise eine neue Existenz aufbauen wollen. Vor allem jüngere Harraga dürften versucht sein, erneut auszureisen oder auf leichtere, oft auch auf illegale Art Geld zu verdienen.

Die Rückkehrhilfe müsste nach Einschätzung des Kenners der Verhältnisse deutlich höher sein, um die Gründung eines kleinen Betriebs zu ermöglichen. Entscheidend sei aber ohnehin die Ausbildung: Wer über eine handwerkliche Ausbildung verfüge, könne in Tunesien mit oder ohne Rückkehrhilfe problemlos Geld verdienen. Schwierig sei die Lage aber für all die anderen, die nur über eine geringe Schulbildung und über keine Berufsausbildung verfügen. Diese hätten zudem auch keinerlei Know-how bezüglich der Erstellung eines Businessplans und des Umgangs mit der schwerfälligen tunesischen Verwaltung; Faktoren, die sich nur schwer beeinflussen liessen.

Auch bei der Rückkehrhilfe zeigt sich erneut ein Dilemma, das sich kaum lösen lässt: Würde die maximale Hilfe verdoppelt oder gar auf 10 000 Franken erhöht, entstünde damit ein grosser Anreiz für viele arbeitslose Tunesier, in die Schweiz zu emigrieren und gegebenenfalls mit einer grosszügigen Rückkehrhilfe zurückzureisen. Dies kann aber nicht Sinn einer solchen Massnahme sein.

Nur am Rand soll hier auf die Praxis der Rückkehrhilfen in Deutschland hingewiesen werden. Diese existiert erst seit Februar 2017. Flüchtlinge, die Deutschland freiwillig verlassen, erhalten eine Prämie zwischen 800 und 1200 Euro. Laut offiziellen Angaben haben bis Mitte 2018 knapp 12 000 Personen dieses Angebot angenommen.

Bei Tunesiern, die ohne Bleiberecht in Deutschland leben, scheint das Rückkehrprogramm nicht auf grossen Zuspruch zu stossen. 2017 sind nach offiziellen Angaben gerade einmal 45 Tunesier über freiwillige Rückkehrprogramme ins Land zurück und mit Starthilfeprogrammen unterstützt worden. Auch das Deutsch-Tunesische Zentrum für Jobs, Migration und Reintegration, das im März 2017 in Tunis eröffnet wurde, läuft bis dato eher auf Sparflamme. Gerade einmal 21 Rückkehrer haben dort eine Beratung wahrgenommen. Das Zentrum will Rückkehrer bei der Gründung eines kleinen Projekts beraten und unterstützen, gleichzeitig aber auch jungen Tunesiern aufzeigen, wie sie ein Studienvisum oder eine legale Arbeit in Deutschland bekommen können. Zudem werden auch Umschulungen finanziert.

Dem Wunsch nach einer legalen Beschäftigung in Deutschland kann allerdings bei der gegenwärtigen Rechtslage nur bei absoluten Mangelberufen wie Pfleger und IT-Experten mit guten Deutsch- oder Englischkenntnissen entsprochen werden. Bislang haben denn auch erst 19 Pflegekräfte und fünf Informatiker aus Tunesien eine Anstellung in Deutschland erhalten.

Keine Alternative zu konsequenten Rückführungen

Der junge Mann aus Marokko sei ihm sofort bekannt vorgekommen, sagt der Leiter eines Asyldurchgangszentrums im Kanton Bern. Er begann mit dem Asylsuchenden ein Gespräch und erhielt schon bald die Bestätigung, dass sich der Betroffene bereits vor rund einem Jahr unter anderem Namen in dem Zentrum aufgehalten hatte. Dies ist wohl die harmloseste Variante einer unendlichen und oft auch absurden Geschichte. Migranten, deren Asylgesuch abgelehnt worden ist oder die gar nie ein Asylgesuch gestellt haben und als «sans papiers» gelten, bleiben jahrelang in Europa, schlagen sich irgendwie durch und hegen weiterhin die Hoffnung, irgendwie werde sich schon eine Tür öffnen, werde sich eine Braut finden lassen. Sie werden zunehmend frustriert und verbittert, und manche radikalisieren sich. Als «ein Zustand, in dem Zigtausende in Langeweile, Perspektivlosigkeit und einer sich aufstauenden Atmosphäre von Frust und Gewalt in irgendwelchen Containern oder Anschlussunterkünften vor sich hin leben», beschrieb der Journalist Wolfgang Büscher diese Situation treffend.

Das alles macht keinen Sinn, ist weder gut für die jungen Migranten noch für die aufnehmenden Gesellschaften. Die Migranten verbringen Jahre ihres Lebens untätig und unter schwierigen Bedingungen. Gleichzeitig kommen Stadtverwaltungen, Behörden, Sozialpädagogen und andere Betreuer an ihre Grenzen. Doch nur wenige Insider wagen es, die Absurdität der Situation offen zu benennen. Denn dies könnte als Kritik am Asylwesen, als Fremdenfeindlichkeit oder als Ausdruck rechts-nationalistischer Gesinnung verstanden werden. Aus diesen Gründen schrecken die meisten, die die Verhältnisse von innen kennen, davor zurück, öffentlich Kritik zu üben.

Doch der Wind hat gedreht. Immer mehr Experten fordern unmissverständlich, dass die rasche Abschiebung von Migranten, die eh keine Chance haben, unverzichtbar ist, um das gute Funktionieren des Asylwesens sicherzustellen und um dessen Akzeptanz bei der breiten Bevölkerung auch längerfristig zu gewährleisten. «Bis zu einer Ablehnung kann es über vier Jahre dauern», sagt etwa der österreichische Migrationsexperte Gerald Knaus in Bezug auf Italien. «Es geht darum, diesen absurden Kreislauf aus hoffnungslosen Asylanträgen, die sich bei italienischen Gerichten stapeln und zu nichts führen, zu durchbrechen.» Die Verhältnisse mögen in Italien noch etwas extremer sein als in anderen europäischen Ländern. Doch auch in der Schweiz und in Deutschland häufen sich derartige Fälle. Aus Gesprächen mit maghrebinischen Migranten habe ich mehrfach erfahren, dass sie eine klare Ablehnung ihres Gesuchs, verbunden mit einer kleinen Rückkehrhilfe, einem jahrelangen, zermürbenden Warten vorziehen würden.

Doch nicht nur das. Der Ruf des Asylsystems insgesamt wird durch jahrelang verschleppte Verfahren beschädigt. Erstaunlicherweise kommt sogar ein Vertreter des UNHCR zu dieser Erkenntnis. Die Abschiebung abgelehnter Asylbewerber dauere zu lang, sagt Dominik Bartsch vom UNHCR. Das schade letztlich dem deutschen Asylsystem, weil dessen Akzeptanz darunter leide. Dazu kommt, dass die aufwendigen Abklärungen zur Frage der Asylberechtigung und die auf dieser Basis gefällten Entscheidungen infrage gestellt werden, wenn Ablehnungen praktisch keine Wirkung haben. Dies gilt vor allem für Kandidaten aus Ländern wie den Maghrebstaaten, bei denen eine Rückkehr in den meisten Fällen zumutbar ist. Sehr viel heikler ist die Ausgangslage bei Staaten wie Afghanistan, Irak oder Somalia. Doch dies ist ein anderes Thema, das hier nicht ausführlich behandelt werden kann.

Staaten, die Menschen Schutz gewähren, müssen auch den Mut und die Durchsetzungskraft haben, Migranten eine Aufnahme zu verweigern und die entsprechenden Ausweisungsbescheide durchzusetzen, auch wenn dies unangenehm und für die Betroffenen mit Härten verbunden ist. Vereinfacht lässt sich sagen: ohne Abschiebungen kein glaubwürdiges und funktionierendes Asylwesen. Dass sich dieses Prinzip häufig nicht durchsetzen lässt, hat auch mit dem Widerstand gewisser Parteien sowie mit utopischen Konzepten einer Welt ohne Grenzen zu tun.

Grosse Probleme für die Herkunftsstaaten

Seit einiger Zeit landen Woche für Woche spezielle Charterflugzeuge auf dem riesigen Flughafen Enfidha in der Nähe von Hammamet, der noch unter dem Regime von Ben Ali gebaut wurde, dann aber nach der Revolution einige Jahre verwaist war. Es handelt sich um Sonderflüge, mit denen abgewiesene tunesische Asylbewerber und straffällig gewordene Migranten, aber auch radikale Islamisten nach Tunesien rückgeführt werden. In den meisten Fällen sind es um die 20 Personen pro Flugzeug, die auf solche Weise «repatriiert» werden; dies hatte sich Tunesien in den Verhandlungen mit verschiedenen europäischen Staaten ausbedungen.

Diese Rückführungen sind möglich, weil Tunesien zu Rückführungsabkommen und Migrationspartnerschaften mit verschiedenen europäischen Ländern die Hand angeboten hat. Sowohl mit der Schweiz als auch mit Deutschland besteht eine solche Migrationspartnerschaft (siehe Kap. 16). Laut tunesischen Medien landen mehrfach pro Woche Charterflugzeuge aus Italien, Frankreich, Deutschland und gelegentlich auch aus der Schweiz. Diese Rücknahmen sind für Tunesien eine bittere Pille. Denn alle drei Kategorien von Rückkehrern stellen für das Land eine Hypothek dar. Die abgewiesenen Asylbewerber und irregulären Migranten, die zwangsweise ausgewiesen werden, sind ohne jeden Zweifel frustriert und oft auch zornig; sie werden das eh schon ansehnliche Heer der Arbeitslosen und Unzufriedenen weiter vergrössern. Die ausgewiesenen Straftäter stellen hingegen aus naheliegenden Gründen eine Belastung dar, da sie in einem gewissen Mass polizeilich überwacht werden müssen. Dies trifft noch mehr für die dritte Kategorie zu, die islamistischen Gefährder. Tunesien muss und will verhindern, dass diese in ihrer alten Heimat aktiv werden und junge Menschen radikalisieren. Für diese Überwachung sind Polizeikräfte nötig, die schon anderweitig sehr stark gefordert sind.

Für den jungen und immer noch fragilen, postrevolutionären tunesischen Staat sind diese Rückkehrer eine grosse Belastung. Manche Beobachter befürchten sogar, dass das Land dadurch überfordert werden könnte. Tunesien verfüge zurzeit noch nicht über die nötige Infrastruktur, um sowohl die Jihad-Rückkehrer wie auch die aus Europa ausgeschafften Islamisten zu betreuen und zu deradikalisieren, sagt Alaya Allani, Professor an der Universität Tunis und Spezialist für islamistische Bewegungen. Dies muss bedacht werden, wenn von Tunesien ein noch stärkeres Engagement bei der Rücknahme seiner «schwierigen» Landsleute verlangt wird. Denn es kann nicht im Interesse Europas sein, dass das tunesische Experiment scheitert und sich der kleine Maghrebstaat wieder einer autoritären Regierungsform zuwendet.

16
Migrationspartnerschaften mit Maghrebstaaten: Gemeinsam nach Lösungen suchen?

Interessenausgleich über Migrationspartnerschaften?
Von Partnerschaften war in Europa erst im Zusammenhang mit der Steuerung von Migrationsbewegungen die Rede, als offensichtlich wurde, dass es ohne solche nicht geht. Denn Migration ist in den vergangenen Jahrzehnten immer mehr zu einem Druckmittel, ja zu einer Art Waffe der Herkunfts- oder Transitländer von Migranten geworden. Dabei verzichten fast alle diese Staaten auf eine kriegerische Rhetorik – im Gegensatz zu Gaddafi, der Europa offen mit einer «Überschwemmung» durch afrikanische Migranten drohte, sollte die EU seinen Forderungen nach einer massiven finanziellen Unterstützung nicht entsprechen. Doch de facto sind klandestine Migranten und teilweise auch Flüchtlinge das grosse Druckmittel vieler Länder des Südens gegenüber den vergleichsweise reichen Staaten des Westens und des Nordens. Gleichzeitig können sie durch Emigration einen Teil ihrer arbeitslosen sowie oft auch wütenden Jugend loswerden und Belastungen durch die Aufnahme von Flüchtlingen aus anderen Staaten vermeiden.

Doch weshalb funktioniert dieses Druckmittel so gut? Dafür gibt es im Wesentlichen zwei Gründe. Erstens respektieren die meisten Länder des Südens die internationalen Konventionen, die sie unterschrieben haben, nicht; ein Beispiel hierfür ist die Genfer Flüchtlingskonvention. Diese völkerrechtlichen Verträge bleiben somit toter Buchstabe, und diejenigen, die sich zu ihrem Schutz darauf berufen wollen, können dies in den meisten Fällen nicht tun. So verfügt kein einziger der fünf Maghrebstaaten über Gesetze zum Schutz und zur Aufnahme von Flüchtlingen, obwohl sie dies seit Jahrzehnten hätten tun müssen (siehe Kap. 8). Sie sind bislang, vereinfacht gesagt, davon ausgegangen, dass Europa dafür zuständig ist.

Der zweite Grund, weshalb klandestine Migranten bestens als Druckmittel funktionieren, ist der Umstand, dass sich Europa auch als eine Art Wertegemeinschaft versteht. Würden diese Grundwerte verletzt – etwa das Folter- und das Refoulement-Verbot (das Verbot einer Ausweisung von Flüchtlingen, wenn ihnen in ihrem Herkunftsstaat Folter oder Misshandlung drohen) –, so würde Europa in seinem Kern, in seiner Identität tangiert. Aus diesem Grund herrscht ein grosser Konsens darüber, dass das politische Handeln nicht gegen diese Grundwerte verstossen darf. Und das ist gut so.

Dies macht Europa aber in einem gewissen Sinn erpressbar. Wenn ein übler Diktator die eigenen Landsleute durch seine Politik ausser Landes treibt, sich aber gleichzeitig weigert, abgewiesene Asylbewerber wieder aufzunehmen, so sind den Staaten Europas weitgehend die Hände gebunden. Dies ist anstössig, lässt sich kurzfristig aber kaum ändern.

Die Frage der Rücknahme von abgewiesenen Asylbewerbern und Personen, die in einem Aufnahmeland Delikte begangen haben, stand denn auch für das Konzept von Migrationspartnerschaften Pate. Dies wird – zumindest amtsintern – auch offen deklariert. Eine Arbeitsgruppe Migration (IDAG) kam im Jahr 2004 zu dem Schluss, die Schweiz habe «nicht die Machtmittel, ihre Interessen einseitig durchzusetzen». Gleichzeitig sei künftig mit einer Zunahme irregulärer Einwanderung aus Afrika zu rechnen. Um weiterzukommen, müsse man den betroffenen Ländern einen Interessenausgleich anbieten. Zu diesem Zweck sollten mit den verschiedenen Herkunfts- und Transitstaaten Migrationspartnerschaften abgeschlossen werden. Diese hätten «ausgewogen und fair» zu sein. Solche Partnerschaften wurden schliesslich im Schweizerischen Ausländergesetz (Artikel 100) verankert.

Etwas wolkiger formuliert das SEM den Sachverhalt. Im Rahmen von Migrationspartnerschaften werde versucht, die Migrationsthematik «als umfassendes und globales Phänomen zu betrachten und ein gerechtes Gleichgewicht der Schweizer Interessen, der Partnerländer und der Migranten selbst (eine Win-win-win-Situation) anzustreben».

Doch wie steht es um den angekündigten Interessenausgleich? Werden die Interessen beider Partner sowie der Flüchtlinge tatsächlich gleichermassen berücksichtigt? Sowohl die Schweiz als auch die EU sind in erster

Linie an Rücknahmen sowie an Massnahmen gegen künftige irreguläre Migration interessiert. Als eine Art Gegenleistung werden den Ländern, die zu einer solchen Migrationspartnerschaft bereit sind, individuelle Rückkehrhilfen für Migranten, die ausreisen müssen, sowie Reintegrationsmassnahmen vor Ort angeboten. Zudem unterstützen die Schweiz und die EU die betroffenen Staaten finanziell sowie logistisch bei der Verbesserung der Grenzsicherung, bei der Bekämpfung des Schlepperwesens oder bei der organisierten Kriminalität.

Doch das genügt nicht. Um bei diesen Ländern ein Interesse an einer solchen Partnerschaft zu wecken, muss sehr viel mehr angeboten werden. So beinhalten Migrationspartnerschaften denn auch Angebote für Studienplätze, Praktika oder berufliche Weiterbildungsmöglichkeiten für junge Bürger der betroffenen Länder, Visa- und Handelserleichterungen sowie die Finanzierung von Infrastrukturprojekten. Heute seien auch Fragen im Zusammenhang mit Synergien zwischen Migration und Entwicklung sowie im Bereich der Menschenrechte von Migranten fester Bestandteil der Migrationspartnerschaften, heisst es beim SEM.

Die Schweiz hat zurzeit mit sechs verschiedenen Ländern Migrationspartnerschaften abgeschlossen. Rechtlich handelt es sich dabei jeweils um Memoranda of Understanding (MoU). Solche Abkommen wurden mit Bosnien und Herzegowina (April 2009), mit Serbien (Juni 2009), mit Kosovo (Februar 2010), mit Nigeria (Februar 2011), mit Tunesien (Juni 2012) und zuletzt mit Sri Lanka (August 2018) unterzeichnet.

Vergleichbare Migrationspartnerschaften hat auch die EU mit verschiedenen Staaten vereinbart. Zurzeit bestehen mit den sieben Staaten Tunesien, Niger, Äthiopien, Mali, Senegal, Nigeria und Libyen sowie mit den Nahoststaaten Jordanien und Libanon derartige Abkommen. Auch die EU macht keinen Hehl daraus, dass es ihr in erster Linie darum geht, Rückführungen zu ermöglichen und die irreguläre Migration einzudämmen. «Wir können denjenigen Ländern, die sich kooperativ zeigen, zusätzlich zu den bisherigen Hilfsgeldern eine weitere substanzielle Unterstützung oder etwa den Ausbau von Handelsbeziehungen zusagen», erklärte EU-Innenkommissar Dimitris Avramopoulos. Insgesamt seien in den kommenden Jahren Investitionen von mehreren Milliarden Euro vorgesehen. Ausserdem wolle die EU-Kommission hoch qualifizierten Arbeitnehmern aus Drittstaaten künftig den Zugang zum Arbeitsmarkt erleichtern.

Kritik an den Migrationspartnerschaften

Diese Migrationspartnerschaften werden von Hilfswerken und anderen NGOs kritisiert. Sie stellten das «Grundprinzip der Partnerschaften infrage» und seien in mehrerlei Hinsicht problematisch, schrieben rund 100 Organisationen – darunter Ärzte ohne Grenzen und Amnesty International – in einer gemeinsamen Erklärung. Es handle sich um ein «dunkles Kapitel in der Geschichte der EU»; von einer Win-win-Situation könne weder für die Migranten noch für die betroffenen Länder die Rede sein.

Die «Achillesferse der Migrationspartnerschaften» sei der Umstand, dass aus diesen Ländern keine legale Migration möglich sei. Aus der Sicht der Hilfswerke müsse eine solche aber eingefordert werden, so Peter Niggli, der vormalige Geschäftsführer von Alliance Sud; die irreguläre Migration werde so oder so weiterhin stattfinden.

Keine Antwort liefern die Hilfswerke allerdings auf die Frage, was zu tun ist, wenn die irreguläre Immigration, wie im Sommer 2015, sehr grosse Dimensionen erreicht und wenn selbst die Bevölkerung in traditionell sehr flüchtlings- und migrationsfreundlichen Ländern wie Schweden sich von einer Politik der offenen Grenzen abwendet. Alles weist darauf hin, dass, aller berechtigten Kritik zum Trotz, Formen von echten Migrationspartnerschaften auch in Zukunft an Bedeutung gewinnen werden.

Migrationspartnerschaften zwischen der Schweiz und den Maghrebstaaten

Im Folgenden soll wieder ausschliesslich vom Maghreb die Rede sein. Dort ist es der Schweiz bislang einzig mit Tunesien gelungen, eine derartige Partnerschaft abzuschliessen. Mit Algerien existiert zwar ein bilaterales Rücknahmeabkommen, das vom algerischen Parlament aber noch nicht ratifiziert worden ist und zu dem auch das sogenannte technische Protokoll fehlt. Rückführungen nach Algerien sind deshalb äusserst langwierig. Mit der marokkanischen Regierung versucht die Schweiz seit Jahren, eine solche Partnerschaft abzuschliessen. Ein Insider berichtet, Eduard Gnesa, der vormalige Sonderbotschafter für internationale Migrationszusammenarbeit, sei rund ein Dutzend Mal persönlich nach Rabat gereist, um die marokkanische Regierung zum Abschluss eines solchen Abkommens zu bewegen. Ohne Erfolg; Rabat war nicht bereit, in dieser Sache einzulenken. Bis heute ist es sehr schwierig und ausserordentlich aufwendig, abgelehnte Asylbewerber und Delinquenten marokkanischer Herkunft rückzuführen (siehe Kap. 15).

Mit Tunesien ist eine solche Migrationspartnerschaft im Juni 2012 geschlossen worden. Sie beinhaltet im Wesentlichen eine engere Kooperation Tunesiens bei der Identifikation und Rückführung von tunesischen Staatsbürgern, die die Schweiz verlassen müssen, aber auch Erleichterungen in der Erteilung von Mehrfachvisa für tunesische Geschäftsleute, Intellektuelle, Künstler sowie Auslandsaufenthalte für junge tunesische Berufsleute in der Schweiz. Diese Migrationspartnerschaft mit Tunesien funktioniert nach übereinstimmender Einschätzung gut. Tunesien erlaubt zur Rückführung von Personen, die die Schweiz verlassen müssen, als einziger Maghrebstaat auch Sonderflüge. Dies ist entscheidend, können doch Ausweisungen in Linienflügen zu Problemen führen: Oft weigern sich die Piloten, die betroffenen Personen in ihrem Flugzeug mitzunehmen.

Das SEM beurteilt die Migrationspartnerschaft mit Tunesien positiv. Es seien «signifikante Fortschritte» verzeichnet worden, und die Zahl der noch nicht entschiedenen Rückführungsgesuche habe sich gegenüber dem Stand von vor zwei Jahren halbiert. Die Zusammenarbeit mit der tunesischen Botschaft in Bern wie auch mit den tunesischen Behörden habe sich grundsätzlich verbessert, erklärt ein SEM-Sprecher. Rückführungen dauerten aber noch immer sehr lange. So nimmt laut SEM allein schon der Identifikationsprozess drei bis sechs Monate Zeit in Anspruch.

Sehr positiv ist auch die Einschätzung kantonaler Migrationsfachleute. Die Zusammenarbeit mit der tunesischen Botschaft sei deutlich besser geworden, insbesondere bezüglich der Beschaffung von Papieren für Personen, die die Schweiz verlassen müssten, sagt Marcel Suter, Präsident der VKM. Auch die eigentliche Rückführung der betroffenen Personen funktioniere besser. Ganz ähnlich, wenn auch etwas zurückhaltender, äussern sich andere Migrationsfachleute aus den Kantonen.

Auch von tunesischer Seite wird die Entwicklung seit dem Abschluss der Partnerschaft positiv gewertet. In der in diplomatischer Sprache verfassten Stellungnahme der tunesischen Botschaft in der Schweiz lässt sich allerdings auch in mehrfacher Hinsicht eine leichte Enttäuschung herauslesen. Der Grund liegt in den Gegenleistungen, die die Schweiz Tunesien für die zügige Identifikation und anschliessende Rücknahme von tunesischen Staatsbürgern ohne Aufenthaltsrecht in Aussicht gestellt hat. Zwar ist die Erteilung von Mehrfachvisa aus tunesischer Perspektive deutlich leichter geworden. Doch bei den Ausbildungsplätzen für junge Berufsleute hapert es noch. So wurden seit 2012 wie bereits erwähnt gerade einmal 57 Visa für «stagiaires» bewilligt. Statt der im Abkommen vorgesehenen maximal 150 jungen Berufsleute pro Jahr haben also im Schnitt nur etwa acht davon ein Visum für einen Arbeitsaufenthalt in der Schweiz bekommen. Schuld daran ist offenbar die bislang fehlende Bereitschaft schweizerischer Unternehmen, jungen Tunesiern solche Arbeitsaufenthalte anzubieten. Angesichts des riesigen Bedarfs an Aus- und Weiterbildungsplätzen im Land ist dies in der Tat ein Tropfen auf den heissen Stein. Die Zahl liege unter den Erwartungen, heisst es von tunesischer Seite. Ein Insider wählt deutlichere Worte: Tunesien habe für seine innenpolitisch heikle Bereitschaft zu Rücknahmen tunesischer Staatsbürger von der Schweiz viel zu wenig erhalten.

Aus schweizerischer Sicht wird die neue, deutlich bessere Zusammenarbeit mit Tunesien positiv bewertet. Sie sei ein Lichtblick, sagt Marcel Suter von der VKM. Denn mit Marokko und Algerien sind trotz jahrelanger Verhandlungen kaum Fortschritte erzielt worden. Die Kantone seien mit der stagnierenden Situation «sehr unzufrieden», so Marcel Suter, und sie verlangten, dass das SEM in dieser Sache weiter dranbleibe und nicht aufgebe.

17
Aufnahmezentren in Nordafrika: Ein Hirngespinst europäischer Politiker?

«Man sollte Asylverfahren in Herkunftsländern durchführen, um die wirklich Schutzbedürftigen nach Europa zu holen», sagt der britische Entwicklungsökonom Paul Collier. Heute würden Migranten belohnt, die risikobereit seien und die genügend Geld für die Reise und für die Schlepper hätten. Indirekt werde so das Schlepperwesen gefördert.

Dies wäre ein Argument für die Wiedereinführung des Botschaftsasyls oder aber für die Schaffung besonderer Aufnahmezentren für Flüchtlinge und Migranten in Ländern ausserhalb Europas. Dort könnte ihr Asylantrag zumindest ein erstes Mal geprüft und auch über eine eventuelle direkte Einreise nach Europa befunden werden. Gleichzeitig müsste den Migranten, die ausschliesslich oder vorwiegend aus wirtschaftlichen Motiven unterwegs sind, dargelegt werden, dass ihre Chance auf Asyl in einem europäischen Land sehr gering ist und dass sie sich keine entsprechenden Hoffnungen machen sollten.

Eines der heissesten Themen in der Migrations- und Asyldebatte

Solche Aufnahmezentren sind eines der heissesten Themen in der eh schon aufgeladenen Migrations- und Asyldebatte. Dies lässt sich bereits an den verschiedenen, zum Teil euphemistischen Bezeichnungen ablesen, die in den letzten 15 Jahren für solche Zentren verwendet worden sind. Sammelzentren, Aufnahmezentren, Triage- und Verfahrenszentren, Aufnahmelager, Transitlager, Auffanglager – und neuerdings, mit einem leicht anderen Schwerpunkt: Anlandeplattformen und Anlandezentren. Die Vielfalt der Begriffe für ein Phänomen, das erst in den Köpfen von Migrationspolitikern existiert, manifestiert, dass diese schon auf der semantischen Ebene versuchen, etwas von der Sprengkraft der geplanten Einrichtung zu eliminieren. Denn klar ist: Während für politisch Verfolgte und wohl auch für Flüchtlinge aus Kriegsgebieten eine solche Einrichtung durchaus segensreich sein könnte – zumindest dann, wenn die EU tatsächlich bereit wäre, Asylsuchende direkt aus solchen Zentren nach Europa auszufliegen –, so hätten alle Migranten, die vor allem aus wirtschaftlichen Gründen nach Europa emigrieren wollen, von solchen Zentren mehrheitlich Nachteile zu erwarten. Sie würden dadurch nämlich noch stärker in die Illegalität getrieben, als dies heute bereits der Fall ist. Würden sie nach einer Registrierung – und ohne eine solche sind derartige Zentren nicht vorstellbar – in Richtung Europa weiterreisen, so könnten sie weniger gut irgendwo untertauchen.

Die irregulären Migranten, die in Europa letztlich ein besseres Leben suchen, sind denn auch die grosse Knacknuss bei der Frage nach der Einrichtung solcher Zentren; ganz unabhängig davon, wo sie errichtet würden. Alles spricht dafür, dass sich diese durch die Beratung in einem solchen Zentrum nicht davon abhalten liessen, ihr «Europaprojekt» weiterzuverfolgen. Handelte es sich um offene und nicht um geschlossene, polizeilich gesicherte Zentren, so wäre davon auszugehen, dass die meisten Migranten das jeweilige Zentrum wieder verlassen und ihr Ziel mithilfe eines Schleppers weiterverfolgen würden. Einzig Migranten, die durch die grossen Schwierigkeiten oder gar durch Misshandlungen zermürbt sind, wären wohl bereit, sich mithilfe der IOM heimfliegen zu lassen. Dies ist bei gewissen Migranten und Flüchtlingen zu beobachten, die durch die libysche «Hölle» gereist sind oder mehrfach versucht haben, die Grenzbefestigungen von Ceuta und Melilla zu überwinden. Andere geben allerdings auch nach mehreren gescheiterten Versuchen nicht auf.

Viele Experten sind denn auch der Überzeugung, dass solche Zentren nur funktionieren könnten, wenn sie geschlossen wären und wenn diejenigen, die kein Asyl erhalten, sogleich wieder in ihre Herkunftsländer rückgeführt würden. Voraussetzung dafür wäre eine massive Bewachung solcher Zentren. Dies könnte allerdings zu Problemen führen, da sich viele der betroffenen Migranten mit Sicherheit gegen eine Rückführung wehren würden.

«Ein zynischer und rechtswidriger Vorschlag»

Noch heikler ist selbstverständlich die Frage, wo solche Aufnahmezentren stehen sollten. Als der damalige deutsche Bundesinnenminister Otto Schily (SPD) im Jahr 2004 öffentlich zur Diskussion stellte, die EU solle mit nordafrikanischen Ländern Verhandlungen über die Einrichtung von Aufnahmelagern für Asylbewerber führen, stiess er damit in seiner Partei, vor allem aber bei den Grünen, auf scharfe Kritik. Schilys Vorstoss sei absurd, erklärte etwa Angelika Beer, die damalige Vorsitzende der Grünen, und die Einrichtung von Auffanglagern ausserhalb der EU würde «gegen die humanitären Grundsätze Europas verstossen». Auch Vertreter anderer Parteien, etwa der FDP, lehnten Schilys Vorschlag ab, und die Union, bestehend aus CDU und CSU, war in dieser Sache gespalten. Ablehnend auf Schilys Vorschlag reagierte auch das UNHCR: Die Errichtung von Auffanglagern ausserhalb der EU drohe gegen den Grundsatz des sogenannten Non-Refoulements zu verstossen, wonach Flüchtlinge nicht abgeschoben werden dürfen, wenn ihnen in ihren Herkunftsländern Misshandlung oder Folter drohen. Auf kategorische Ablehnung stiessen Schilys Vorschläge auch bei Asyl- und Flüchtlingsorganisationen. Sie seien «zynisch und rechtswidrig» und würden «das Ende des internationalen Flüchtlingsschutzes» bedeuten, liess etwa die deutsche Flüchtlingsorganisation Pro Asyl verlauten.

In der EU stiessen diese Vorschläge auf Interesse, aber auch auf Skepsis. Doch sowohl in Deutschland als auch in der EU überwog die Ablehnung. Über die Drittstaatenregelung sei bereits dafür gesorgt, dass praktisch keine Flüchtlinge mehr nach Deutschland kommen könnten, wurde argumentiert. Zudem gebe es kein europäisches Flüchtlingsrecht, das in Nordafrika angewandt werden könne. Solche Lager könnten deshalb nicht funktionieren.

Drastischer Kurswechsel in der Asyl- und Migrationsdebatte

Mehr als zehn Jahre lang war die Idee solcher Auffangzentren weg vom Tisch. Doch infolge der grossen Flüchtlingsbewegung im Spätsommer und Herbst 2015 und des offensichtlichen Scheiterns des Dublinsystems schlugen mehrere Politiker erneut vor, Zentren für Asylsuchende und

Migranten in Nordafrika zu errichten. So sprachen sich im Februar 2017 mehrere Regierungschefs und führende EU-Politiker für verschiedene Formen von Auffanglagern aus, ebenso EU-Parlamentspräsident Antonio Tajani oder EU-Ratschef Donald Tusk. Dieser schlug vor, aus Seenot gerettete Flüchtlinge zu zentralen Sammelpunkten ausserhalb der EU zu bringen, wo direkt über ihre Schutzbedürftigkeit entschieden werde.

Auch in den deutschen Medien wurde nun sehr viel wohlwollender über solche Zentren diskutiert. Als Beispiel sei hier die Ausgabe der *Zeit* vom 23. Februar 2017 erwähnt. Unter dem Titel: «Sind Auffanglager in Nordafrika sinnvoll?» wurden die Argumente, die für und gegen derartige Zentren sprechen, von zwei Autorinnen kontradiktorisch dargelegt. Für solche Zentren spreche etwa, dass «die meisten Menschen, die über das Mittelmeer nach Europa kommen, keine Flüchtlinge im Sinn der Genfer Flüchtlingskonvention» seien, argumentierte die Journalistin und Autorin Mariam Lau. Je länger die EU den massenhaften Missbrauch der Genfer Flüchtlingskonvention dulde, desto stärker würden rechte Parteien und xenophobe Strömungen. Zudem könne fast jeder Migrant oder Flüchtling, der seinen Fuss auf europäischen Boden gesetzt habe, in Europa bleiben. Die «völlig überforderte südeuropäische Asylbürokratie» sei zudem schon längst nicht mehr in der Lage, zu «sortieren, schnell zu entscheiden und dann entweder abzuschieben oder die anerkannten Flüchtlinge auf die Mitgliedsstaaten der EU zu verteilen». Abklärungen in den mittel- und nordeuropäischen Staaten dauerten viel zu lange, nicht zuletzt deshalb, weil viele Asylbewerber ihre wahre Identität verschleierten. Wer zu den Schutzbedürftigen gehört, folgerte die Autorin, «sollte nicht erst in Europa entschieden werden, sondern bereits in Afrika. Notfalls in eigenen Auffangeinrichtungen».

Ganz anders argumentierte die Journalistin Caterina Lobenstein. Mit der Schaffung derartiger Zentren würde das Asylrecht faktisch abgeschafft. Die Argumente der Gegenseite würden zwar auf den ersten Blick ganz überzeugend klingen: Die Zahl der Toten im Mittelmeer könnte auf solche Weise drastisch sinken, und jene, die als schutzbedürftig anerkannt werden, könnten im Flugzeug direkt nach Europa fliegen. Doch alles spreche dagegen, dass dieser Plan funktioniere. Zum einen gebe es grösste Zweifel, ob die Maghrebstaaten die Voraussetzungen erfüllten, die dazu erforderlich seien. Vor allem aber sei nicht anzunehmen, dass Europa die Menschen, die in solchen Lagern offiziell als Flüchtlinge anerkannt würden, tatsächlich aufnehmen würde. Europa schaffe es schon nicht, die Flüchtlinge, die hier sind, auf die verschiedenen Länder zu verteilen.

Faktisch würde damit das Asylrecht ausgehöhlt. «Die Lager vor den Toren Europas würden so nicht errichtet, um das Asylsystem vor dem Kollaps zu schützen», schreibt die Autorin, «sondern um es still und heimlich abzuschaffen.»

In der öffentlichen Diskussion wurden und werden dabei immer zwei Formen solcher Zentren vermischt. Zum einen geht es um sogenannte Anlandeplattformen, in die auf dem Meer gerettete Flüchtlinge und Migranten gebracht werden könnten. Zum anderen handelt es sich um Aufnahmezentren für Migranten, die auf dem Landweg in den Maghrebstaaten unterwegs sind. In diesen Zentren, so die Idee, könnten die Betroffenen ein Asylgesuch stellen, sich beraten lassen, medizinisch betreut werden und natürlich ein Dach über dem Kopf finden. Solche Zentren existieren de facto bereits an einigen Orten, so etwa in der Stadt Medenine im Süden Tunesiens. Dort werden Flüchtlinge und Migranten beherbergt und betreut. Gleichzeitig hindert sie aber niemand an einer Weiterreise, wenn sie dies wünschen. Zudem hilft ihnen die IOM bei der freiwilligen Rückkehr in ihren Heimatstaat. Kritiker bemängeln, dass die Rückkehr de facto nicht immer freiwillig sei.

In der Debatte um solche Auffangzentren ist auch eine tüchtige Portion Heuchelei festzustellen. Denn zumindest offene Zentren unter der Aufsicht des UNHCR, in denen Migranten und Flüchtlinge Zugang zu einer Unterkunft und zu medizinischer Betreuung hätten, wären für alle Kategorien von Flüchtlingen hilfreich. An vielen Orten Nordafrikas leben Tausende von Migranten unter erbärmlichen, menschenunwürdigen Bedingungen. Augenfällig ist dies etwa in Marokko. Das Leiden dieser Migranten könnte zumindest gemindert werden, wenn sich auch ihr Wunsch nach einer direkten Ausreise nach Europa in den meisten Fällen nicht realisieren liesse.

Einhelliger Widerstand der Maghrebstaaten gegen Aufnahmezentren
Ungeachtet der kontroversen öffentlichen Debatte griff die EU die Vorschläge von Aufnahmezentren wieder auf. Beim EU-Gipfel in Brüssel Ende Juni 2018 forderten die Staats- und Regierungschefs die EU-Kommission auf, schnell Konzepte für Asylzentren in Drittstaaten zu prüfen. Auf dem Mittelmeer gerettete Flüchtlinge sollten dorthin, anstatt nach Europa gebracht werden. Die vier Maghrebstaaten, die Zugang zum Mittelmeer haben, gaben allerdings kurz nach diesem Gipfel unmissverständlich zu Protokoll, dass solche Zentren in ihren Ländern nicht infrage kämen. «Wir werden nicht zulassen, dass Tunesien zu einer Anlandeplattform für illegale Migranten wird», erklärte etwa der tunesische Aussenminister Khemaies Jhinaoui in einem Interview. Zwar weist vieles darauf hin, dass sich zumindest Marokko und in einem gewissen Mass auch Tunesien ein Hintertürchen offenhalten, derartige Zentren zu einem späteren Zeitpunkt im Rahmen von Verhandlungen und unter klaren Einschränkungen dennoch zuzulassen. Doch kurzfristig sind solche Zentren im Maghreb unrealistisch (siehe Kap. 17).

Verschiedene Experten, so etwa Stephen Smith, Professor für Afrikastudien und Buchautor, lehnen solche Zentren auf nordafrikanischem Boden ab. «Wenn wir Lager für Migranten bauen wollen, dann soll das in Europa geschehen», erklärte Smith im August 2018 in einem Interview. «Auf solche Weise vermögen wir unsere Verantwortung dafür wahrzunehmen, dass dies unter Umständen passiert, die wir akzeptieren können.» Skeptisch äusserte sich auch Gerald Knaus, der den «Migrationsdeal» zwischen der Türkei und der EU konzipiert hatte.

Zur Zeit der Niederschrift dieses Buches stand der Fokus der EU eher auf Aufnahmezentren beziehungsweise Sammelstellen für gerettete Flüchtlinge in Südeuropa, von denen aus die Betroffenen nach einem bestimmten Schlüssel auf alle Länder der EU verteilt werden sollten. Zudem ist sich die EU darüber uneins, ob in Aufnahmezentren für Flüchtlinge in Nordafrika Asylanträge gestellt werden könnten oder nicht; Österreich hat sich dagegen ausgesprochen. Angesichts der zurzeit völlig blockierten Situation und der stark eingeschränkten Handlungsfähigkeit der EU in Sachen Migrations- und Flüchtlingspolitik ist es alles andere als sicher, ob derartige neue Modelle in absehbarer Zeit realisiert werden können.

Dennoch scheint klar, dass mittel- und längerfristig Lösungen gefunden werden müssen, damit politisch Verfolgte und Kriegsvertriebene bereits in ihren Herkunftsländern oder zumindest vor der gefährlichen Reise über das Mittelmeer Asylgesuche stellen können. Unbestritten ist zudem, dass es für alle Formen von Aufnahmezentren für Flüchtlinge und Migranten, sei es in den Maghrebstaaten oder in Südeuropa, guter und fairer Beziehungen zu den betroffenen Ländern bedarf. Im Fall des Maghreb können in diesem Zusammenhang Migrationspartnerschaften eine wichtige Rolle spielen.

18
Eine verfahrene Situation: Sind Lösungen in Sicht?

«Wenn sämtliche Restriktionen von vornherein ethisch unzulässig sind, wird die Migration Ausmasse annehmen, die weit über all das hinausgehen werden, was wir in den letzten Jahren erlebt haben.»
Collier, *Exodus*, S. 60

Die Problemlage im Zusammenhang mit der irregulären Migration – im Mittelmeerraum wie auch weltweit – ist derart komplex, dass kurzfristig kaum Lösungen möglich sind. Dennoch muss Europa handeln; ein blosses Geschehenlassen ist nach den Ereignissen vom Spätsommer 2015 definitiv keine Option mehr.

Mehrere Experten, Autoren und auch Politiker haben versucht, die wichtigsten Forderungen in Hinblick auf eine Steuerung der irregulären Migration prägnant und thesenartig zusammenzufassen. Auch in diesem Buch wird versucht, in Form von Thesen zu präsentieren, was in den kommenden Jahren getan werden sollte. Ich orientiere mich in einem gewissen Umfang an den bereits publizierten Ideen beziehungsweise Thesen, fokussiere aber ausschliesslich auf die Emigration aus dem Maghreb und über den Maghreb. Dabei handelt es sich um Lösungsansätze, die Diskussionen anstossen sollen – unter Fachleuten, aber auch in der breiten Bevölkerung.

Die Quadratur des Kreises oder die Unmöglichkeit kurzfristiger Lösungen

Kurzfristig lässt sich die irreguläre Migration nur schwer steuern. Auch mittelfristig gibt es, etwas zugespitzt formuliert, nur schlechte und weniger schlechte Lösungen. Der Grund dafür ist die völlig unterschiedliche

Interessenlage der Migranten, der Gesellschaften der Transitländer und der Staaten Europas. Dazu kommt, dass sowohl im Maghreb als auch im subsaharischen Afrika Prozesse im Gang sind, die Lösungen für dieses komplexe Problem stark erschweren. Während in vielen europäischen Ländern rechtspopulistische Parteien an die Macht gekommen sind oder zumindest die Politik massgeblich beeinflussen, sind in einzelnen Maghrebstaaten und im subsaharischen Afrika gewalttätige Konflikte oder gar Bürgerkriege im Gang. Diese machen nicht nur Abkommen bezüglich einer Steuerung der Migration unmöglich, sondern heizen auch die Emigration zusätzlich an.

Und dennoch ist es von grösster Bedeutung, dass auch kurzfristige Massnahmen ergriffen werden, um die irreguläre Migration zu steuern und damit auch das Sterben in der Wüste und auf dem Mittelmeer zu vermindern. Diese Massnahmen sind alle «hart», schmerzhaft und mit vielen Mängeln behaftet – so wie das Abkommen mit der Türkei und die weitgehende Schliessung der Balkanroute im Frühjahr 2016 oder der zentralen Mittelmeerroute im Frühsommer 2017. Doch sie sind unvermeidbar, wenn Europa seine Handlungsfähigkeit bezüglich der Kontrolle und Steuerung der Migrationsbewegungen behalten will.

Will die EU glaubwürdig bleiben, so muss sie versuchen, die problematischen Folgen dieser migrationssteuernden Massnahmen so rasch wie möglich anzugehen. Dies betrifft in erster Linie die Situation in Libyen: Es ist in der Tat nur schwer zu ertragen, dass Tausende von Migranten und Flüchtlingen von Milizen in staatlichen Internierungslagern und Haftanstalten festgehalten werden, in denen Menschenrechtsverletzungen an der Tagesordnung sind. Die EU sowie das UNHCR müssen mit einem grossen Kraftakt diese Menschen so rasch wie möglich an sichere Orte bringen und zumindest die Verletzlichsten nach Europa einfliegen. Ähnliches gilt für die Folgen der «Migrationsabwehr» an anderen Orten, etwa in der Nähe der beiden spanischen Exklaven Ceuta und Melilla, wo Tausende junger Westafrikaner unter prekären Bedingungen vegetieren.

Bei der scharfen Kritik an den Zuständen in libyschen «Lagern» wird oft vergessen, dass die Situation auch für Hunderttausende von Libyern äusserst schwierig ist. So wurden etwa die rund 40 000 dunkelhäutigen Tawerga, die Familien der ehemaligen Leibwächter Gaddafis, vertrieben, und die gesamte libysche Bevölkerung muss die prekäre Sicherheitslage, die hohe Kriminalität und die Willkürherrschaft der Milizen erdulden. Auch diese Libyer hätten das Anrecht auf ein Leben, das minimalen Standards entspricht. Es gibt in Afrika zudem sehr viele Konfliktherde, die unglaubliches Leid verursachen. Hier seien nur der Kongo erwähnt, wo eine von der Weltöffentlichkeit kaum beachtete humanitäre Katastrophe stattfindet, oder der Krieg im Jemen. All diese Menschen hoffen gleichermassen auf unsere Hilfe.

Damit soll die Situation von Flüchtlingen und Migranten in Libyen aber keinesfalls beschönigt werden. Es geht vielmehr darum aufzuzeigen, welche unglaublichen Dilemmata sich für jede Migrations- und Flüchtlingspolitik ergeben, die mehr als folgenlose Bekundungen und Absichtserklärungen beinhaltet. Um beim Beispiel Libyen zu bleiben: Ja, es wären dringend humanitäre Korridore nötig, um zumindest einen Teil der in Libyen gestrandeten Flüchtlinge und Migranten nach Europa zu evakuieren. Aber nach welchen Kriterien soll zwischen denjenigen, die ausgeflogen werden, und den anderen, die in ihre Heimatländer rückgeführt werden, unterschieden werden? Wie soll diese Triage angesichts des Umstands, dass praktisch alle Flüchtlinge nach Europa ausgeflogen werden möchten, bewerkstelligt werden? Und was ist mit den jungen Wirtschaftsmigranten, die nicht unter die Kriterien der Genfer Konvention fallen? Wie soll schliesslich mit den 700 000 bis einer Million Menschen aus afrikanischen Ländern umgegangen werden, die zur Arbeitssuche nach Libyen gekommen sind? Viele von ihnen würden nach Einschätzung von Kennern der Verhältnisse ebenfalls liebend gerne nach Europa weiterreisen. Und wie soll eine solche humanitäre Aufnahme praktisch funktionieren, wenn sich die EU nicht einmal auf die Verteilung der Flüchtlinge einigen kann, die sich bereits in Europa aufhalten?

Libyen soll hier nur erwähnt werden, weil an diesem Beispiel die fast unlösbaren praktischen Probleme und Dilemmata augenfällig sind. Mit Nachdruck humanitäre Korridore zu fordern, wie dies Hilfswerke und gewisse politische Parteien tun, ist das eine. Das andere ist, eine solche Forderung in der Praxis umzusetzen.

Verschiedene Autoren haben sich mit der Frage beschäftigt, was zur Lösung der Flüchtlingsfrage kurzfristig unternommen werden könnte.

«Es gibt keine kurzfristige oder endgültige Lösung dieses Problems. Weder in Europa noch vor Ort, wo die Bewegungen zur Verbesserung der Situation viel zu klein und zu zaghaft sind», sagt etwa der aus Mali stammende Literaturwissenschaftler Mohomodou Houssouba. Patentlösungen für die weltweite Flüchtlingskrise gebe es nicht, schreiben die Autoren des *Schwarzbuch Migration*, und gerade dies müsse den Menschen in Europa vermittelt werden. Andere Autoren haben sich ähnlich geäussert.

Solche Aussagen vermitteln den Eindruck, dass die Politik die irreguläre Migration und den Zustrom von Asylsuchenden aus (Nord-)Afrika überhaupt nicht steuern könne und damit letztlich vollkommen machtlos sei. Dies stimmt so nicht. Es gibt durchaus Möglichkeiten, die Migrationsbewegungen in einem gewissen Mass zu kanalisieren und einzudämmen. Diese Einschätzung teilt auch Stephen Smith in seinem Buch *Nach Europa!* Doch sind alle derartigen Massnahmen in der Tat problembehaftet. Aus diesem Grund muss unbedingt korrigierend eingegriffen werden, um die Situation für die betroffenen Migranten und Flüchtlinge zu erleichtern und um humanitäre Katastrophen zu verhindern. Eine Möglichkeit wäre ein Angebot an alle Migranten, die bis zu einem bestimmten Stichtag unterwegs sind, auf Kosten der EU und internationaler Organisationen mit einem Startkapital in ihre Länder zurückzukehren.

Festzuhalten ist, dass auch die entgegengesetzte Option, die Migrationsströme mehr oder weniger unkontrolliert fliessen zu lassen, mit zahlreichen Problemen verbunden ist. So kann es sein, dass Migranten und Flüchtlinge zwar nach Europa gelangen, sich dann aber rasch in äusserst schwierigen und unwürdigen Verhältnissen wiederfinden. An dieser Stelle sei nur das Schicksal der Erntearbeiter auf Plantagen und Farmen in Süditalien und Südspanien erwähnt. Eine unkontrollierte Zuwanderung würde zudem den Zerfall der europäischen Sozialwerke und schwere soziale Konflikte sowie Verteilungskämpfe auslösen. Dies zu fordern ist deshalb unverantwortlich und dient niemandem.

Entscheidend ist, dass der Kontrollverlust in Sachen Zuwanderung bei einem grossen Teil der europäischen Bevölkerung zu heftigen Gegenreaktionen führt. Wer nicht will, dass in sämtlichen europäischen Ländern rechtsnationalistische oder gar rechtsextreme Parteien an die Macht gelangen, muss Strategien aufzeigen können, die in der Lage sind, das Phäno-

Die Kontrollen an den europäischen Aussengrenzen sind bis anhin sehr lückenhaft. Die Pläne, die Frontex innert kurzer Zeit massiv auszubauen, sind gescheitert. Viele Staaten versuchen deshalb zunehmend, ihre eigenen Grenzen besser zu schützen. Bild: Kontrolle zweier afrikanischer Migranten durch die Schweizer Grenzwache in Chiasso (Tessin).

men der irregulären Migration zumindest spürbar einzudämmen. Dies soll im Folgenden versucht werden; wohl wissend, dass die Herausforderung gewaltig ist und hier kaum mehr als eine grobe Skizze präsentiert werden kann.

Irreguläre Migration stoppen

«Keine Massnahmen werden die Einwanderungsbewegung wirkungsvoll stoppen können», orakelte der Club of Rome im Jahr 1991. «Die Abschreckungsmassnahmen werden die Menschen letztlich nicht aufhalten», schreiben die beiden Autoren des 2017 publizierten *Schwarzbuch Migration*. Haben diese Skeptiker recht? Oder gibt es vertretbare Mittel, mit denen es gelingen kann, gross angelegte Migrationsbewegungen in einem gewissen Mass zu stoppen, zu drosseln und teilweise auf legale Bahnen zu lenken?

Die Antwort auf diese Frage ist entscheidend. Denn allein schon angesichts des (nach wie vor) sehr hohen Migrationsdrucks in Ägypten, in den Maghreb- und Sahelstaaten sowie in Westafrika wird Europa nicht umhinkönnen, die irreguläre Migration sehr stark einzuschränken. Eine grosse Zuwanderung im Umfang von mehreren Hunderttausend Migranten pro Jahr aus diesem Raum würde die Kapazitäten und die Aufnahmebereitschaft Europas bei Weitem übersteigen. Viele Studien belegen, dass die Emigrationsbereitschaft in Ländern wie Senegal, die sehr stabil sind und auch ein gewisses Wirtschaftswachstum aufweisen, eher noch zunimmt. Sollten sich die erwähnten Länder tendenziell positiv entwickeln, wäre vermutlich trotzdem mit einer wachsenden irregulären Emigration zu rechnen. Kommt es aber zu politischen Konflikten, so wie gegenwärtig in Algerien nach dem erzwungenen Abgang von Präsident Bouteflika, oder gar zu gewalttätigen Krisen, so müsste ebenfalls mit einer starken Zunahme der Auswanderung gerechnet werden.

Was die anderen Länder des subsaharischen Afrika sowie Somalia, Eritrea und Äthiopien betrifft, so zeichnen sich die meisten von ihnen durch ein sehr starkes Bevölkerungswachstum aus. Abgesehen von einzelnen positiven Ausnahmen dürfte es diesen Ländern in den kommenden Jahren und Jahrzehnten nicht gelingen, den Millionen junger Menschen, die Jahr für Jahr auf den Arbeitsmarkt strömen, ausreichend Arbeitsplätze anzubieten. Allein schon dieser Umstand wird bei den jungen Menschen, die unter prekären Verhältnissen und ohne Perspektiven leben müssen, zu einem riesigen Frust führen und die Emigrationswünsche anheizen.

Niemand kann wissen, wie viele junge Männer sich in fünf oder zehn Jahren auf den Weg nach Europa machen werden. Es stimmt, dass viele, vielleicht die meisten, gar nicht über die nötigen finanziellen Mittel verfügen, um zu emigrieren und insbesondere auch die Schlepper zu bezahlen. Viele Experten gehen aber davon aus, dass sich Europa auf eine sehr starke Migration aus den Ländern südlich der Sahara einstellen muss. «Die einzige Gewissheit für den Moment ist die, dass sich eine gigantische ‹Migrationsbegegnung› zwischen Europa und Afrika anbahnt», schreibt etwa Stephen Smith. Relativ klar sind sich die Experten aber über das Bevölkerungswachstum in ganz Afrika: Die Prognosen bewegen sich übereinstimmend zwischen 2 und 2,5 Prozent pro Jahr. Falls dies zutrifft, würde Afrika bis 2050 von heute 1,2 auf 2,5 Milliarden Menschen wachsen.

Allein schon diese Prognosen müssten in Europa alle Alarmglocken läuten lassen. Dass viele entwicklungspolitischen Organisationen dieses Problem nicht sehen – oder besser: nicht sehen wollen? – belegt wohl in erster Linie, wie stark die Migrationsfrage ideologisch aufgeladen ist; was nicht sein darf, kann nicht sein. Dahinter steht wohl der Umstand, dass die Forderung nach Geburtenkontrolle in diesen NGOs als «paternalistisch» und zudem als politisch inkorrekt gilt. Zudem weist alles darauf hin, dass sich viele dieser Organisationen prinzipiell nicht auf eine solche Diskussion einlassen wollen, weil dadurch unweigerlich die Frage nach der Kontrolle und Steuerung der Migration ins Blickfeld rücken würde.

Fasst man den ganzen afrikanischen Kontinent ins Blickfeld, so wird augenfällig, dass diese Dimensionen die Aufnahmefähigkeit Europas auch beim besten Willen übersteigen. «Wenn 500 Millionen aus Nahost oder Afrika zu uns kommen wollen, ergibt sich daraus zwingend, dass Europa die Immigration regulieren muss», schrieben Gunter Weissberger, Richard Schröder und Eva Quistorp in ihrem Buch *Weltoffenes Deutschland? Zehn Thesen, die unser Land verändern*. Zudem kann es nicht sein, dass die Jugend eines ganzen Kontinents ihre Zukunft in Europa sucht. Das macht keinen Sinn, und das kann auch nicht funktionieren. Die Zukunft für die

Afrikaner ist in ihrem eigenen Land, auf ihrem eigenen Kontinent. Paul Collier hat diese Einschätzung schon vor Jahren vertreten, als er mit einer solchen Stellungnahme in manchen «wohlmeinenden» Milieus heftig angefeindet wurde. Mittlerweile teilen viele Experten diese Ansicht. Die grösste Herausforderung für Europa bleibe die Verminderung der ungesteuerten Zuwanderung im Asylwesen, sagt etwa der Soziologe und Migrationsforscher Ruud Koopmans. Das bedeutet aber nicht, dass es Afrikanern und Afrika nicht möglich sein soll, sich in Europa weiterzubilden oder nach Europa zu reisen. Einer gewissen Anzahl von Menschen aus Afrika soll es vielmehr auch möglich sein, in Europa legal zu arbeiten (siehe unten). Dies setzt aber voraus, dass die irreguläre Migration aus Afrika weitgehend gestoppt wird. Dies ist im Übrigen auch eine Voraussetzung dafür, dass Europa Kriegsflüchtlingen grosszügiger als bisher helfen und diese wie auch politisch verfolgte Menschen direkt aufnehmen kann.

Der Schreibende vertritt mit Nachdruck die These, dass es unumgänglich ist, die irreguläre Migration so weit wie möglich zu stoppen beziehungsweise einzudämmen. Dabei steht ausser Frage, dass eine hermetische Abriegelung nie möglich sein wird. Doch es macht einen riesigen Unterschied, ob pro Jahr an einer Landesgrenze 5000 oder 100 000 Migranten und Flüchtlingen Einlass gewährt wird. Ob eine starke Eindämmung in der Praxis aber tatsächlich möglich und mit vertretbaren Mitteln realisiert werden kann, ist unter Experten umstritten. Während die einen – etwa Ridha Fraoua – dies für vollkommen unrealistisch halten, sind andere davon überzeugt, dass dies durchaus machbar ist. Zu ihnen gehört auch der Migrationsexperte Gerhard Knaus, der im Winter 2015/16 den Deal mit der Türkei konzipiert hatte. Mit einem Bündel von Massnahmen sei es möglich, sagte Knaus gegenüber der Zeitung *Tages-Anzeiger*, «die illegale Migration nach Europa innerhalb von drei Jahren unter Kontrolle zu bringen». Auch der langjährige Afrika-Korrespondent Stephen Smith geht davon aus, dass Europa in der Lage ist, die Zuwanderung in einem gewissen Mass zu steuern. «Mit der unausgesprochenen Zustimmung einer öffentlichen Meinung – viel zu froh über den Rückgang, als dass sie die Gründe dafür wissen will – verfügt Europa durchaus über die Mittel, seine Grenzen abzudichten.» Gleichzeitig hält Smith unmissverständlich fest, dass alle Versuche, Migrationsbewegungen allein mit Sicherheitsmassnahmen aufzuhalten, zum Scheitern verurteilt sind.

Eine klare Begrenzung der Zuwanderung fordert auch der britische Entwicklungsökonom Paul Collier, der in Oxford lehrt. Eine Zuwanderung ohne Restriktionen sei «unrealistisch und auch unmoralisch». Ein armes Land könne der eigenen Bevölkerung nicht verbieten abzuwandern, sagt Collier. Vielmehr müssten die reichen Länder – positive und negative – Anreize bieten, damit es zu keiner Abwanderung der Talentiertesten aus den weniger wohlhabenden Staaten komme.

Auch Gerd Müller, der deutsche Minister für Entwicklungszusammenarbeit, erachtet es als wichtig, «die illegale Zuwanderung durch Schlepper» zu stoppen. «Das ist auch im Interesse der afrikanischen Länder», sagte Müller gegenüber der Zeitung *Die Welt*. Europa könne sich aber nicht völlig abschotten.

Manche Autoren sehen in der Eindämmung der irregulären Immigration gar eine Voraussetzung für eine neue Migrationspolitik. «Nur wer die illegale Migration stoppt, wird die politische Kraft für die Offenheit und Grosszügigkeit haben, die eben auch zu einer guten Migrationspolitik gehören: Kontingente, Arbeitsvisa, geförderte Jobs», sagte etwa die Journalistin und Autorin Mariam Lau in der *Zeit*. Auch der ehemalige Entwicklungsexperte und Buchautor Toni Stadler fordert eine weitgehende Eindämmung der irregulären Migration und gleichzeitig eine neue Migrationspolitik. «Begrenzbar ist die Armutsmigration nur mit kontrollierten Aussengrenzen und Visa auf dem Botschaftsweg. Dies ist politisch und menschlich vertretbar, wenn Europa gleichzeitig Hand bietet zu einer echten Modernisierung der Region, wirtschaftlich, rechtsstaatlich, sozial», schrieb Stadler in der *Neuen Zürcher Zeitung*. Das gigantische Armutsgefälle zwischen Europa und Afrika lasse sich keinesfalls durch Migration lösen und auch nicht über ein Flüchtlingsrecht, das heute kaum noch ein Land einhalte.

Die zentrale Voraussetzung, um irreguläre Migration einzudämmen, ist aber eine klare Unterscheidung der verschiedenen Kategorien von Migranten und Flüchtlingen. Denn Asyl für politisch Verfolgte gemäss der Genfer Konvention soll weiterhin aufrechterhalten werden, und auch Kriegsflüchtlingen soll unbedingt weiterhin geholfen werden.

Asylsuchende, Kriegsflüchtlinge und Wirtschaftsmigranten

Eine Unterscheidung – eine Triage – zwischen den verschiedenen Kategorien von Flüchtlingen und Migranten wird immer mehr zur unabdingbaren Voraussetzung für einen besseren Umgang mit der Flüchtlingsfrage – oder, technisch gesprochen, für ein besseres Migrationsmanagement. Dafür gibt es mehrere Gründe. Den wohl wichtigsten bringt der Jurist Ridha Fraoua auf folgende prägnante Formel: «Es ist eine Illusion, die Migration über das Asylrecht zu steuern!» In der Tat sind zahlreiche Probleme, mit denen das Asylwesen sowohl in der Schweiz als auch in anderen Ländern konfrontiert ist, damit zu erklären, dass junge Migranten, die auf der Suche nach Arbeit und einem besseren Leben nach Europa gekommen sind, sich als Asylbewerber registrieren lassen. Das ist durchaus verständlich, gibt es doch für Angehörige der Maghrebstaaten ausser der Heiratsmigration keine anderen Möglichkeiten, in Europa einen legalen Aufenthalt zu erhalten. Einmal auf der «Asylschiene», sind sie gezwungen, irgendwelche Fluchtgründe zu erfinden, um zumindest eine gewisse Chance zu haben, in Europa bleiben zu können. Sind schon die Abklärung der Glaubwürdigkeit der vorgebrachten Asylgründe und die Rekurse gegen erstinstanzliche Entscheidungen mit grossem Aufwand verbunden, so sind es die Ausweisungen in ihre Herkunftsländer erst recht. Da alle Maghrebstaaten mit Ausnahme Tunesiens bei der Rücknahme ihrer Bürger ziemlich unkooperativ sind, braucht es für Rückführungen Monate, wenn nicht Jahre, sofern diese nicht vollends scheitern. Viele irregulär eingereiste Maghrebiner bleiben dann aufgrund dieser Schwierigkeiten jahrelang als abgewiesene Asylbewerber beziehungsweise als Geduldete (Deutschland) in ihrem Aufnahmeland und verursachen nicht nur zahlreiche Probleme, sondern auch hohe Kosten.

Diese jungen Männer sind von Anfang an auf eine falsche Schiene geraten. Ihr Schicksal ist in einem gewissen Mass tragisch zu nennen, denn sie haben keine echten Chancen auf eine legale Aufenthaltsbewilligung und in dem Sinn auf eine Perspektive. Dass diese Personen, die weder politisch Verfolgte noch Kriegsflüchtlinge sind, aber de facto einen hohen Anteil am gesamten Budget des Asylwesens beanspruchen, ist schlicht absurd. Würde man die Kosten für Ausweisungen und die gesamten Ausgaben, die für solche «falschen» Asylbewerber erbracht werden, veröffentlichen, so würden dies viele Menschen als schockierend empfinden; schockierend etwa im Vergleich zu den geringen Summen, die pro Kopf für Menschen in Kriegsgebieten wie im Jemen ausgegeben werden.

Dazu kommt, dass viele westliche Länder aufgrund der häufigen Weigerung der Maghrebstaaten, abgelehnte Asylbewerber oder Delinquenten zurückzunehmen, mit der Erteilung von Visa an Studierende, Kulturschaffende und Intellektuelle deutlich zurückhaltender geworden sind. So kommt es, dass der algerische Migrant, der irregulär nach Europa eingereist ist, in vielen Fällen faktisch bleiben kann, während der Germanist oder Ingenieurstudent nicht einmal ein Visum für eine touristische Reise oder einen Studienaufenthalt bekommen kann. Auch dies ist absurd.

Es führt wohl kein Weg daran vorbei, eine Unterscheidung nach den erwähnten drei Hauptkategorien von Migranten und Flüchtenden vorzunehmen. Die Definition kann dabei leicht variieren. Der britische Entwicklungsökonom Collier unterscheidet etwa zwischen «Vertriebenen, Flüchtlingen und Menschen, die infolge anderer Ursachen zu Migranten werden». Entscheidend ist vor allem der Unterschied zwischen denjenigen Menschen, die sich aus eigenem Antrieb auf eine Reise machen und den im weitesten Sinn Vertriebenen. Dabei ist klar, dass sich die verschiedenen Kategorien von Flüchtenden nicht immer scharf voneinander abgrenzen lassen. Ein Kriegsflüchtling aus Syrien kann sehr wohl auf ein besseres Leben in Europa hoffen, und ein junger Mann, der vorwiegend aus wirtschaftlichen Gründen sein Land verlässt, kann unter den beengten Verhältnissen in seiner Heimat so stark leiden, dass er es subjektiv nicht mehr aushält. Zudem lassen sich Bürgerkriege, bewaffnete Konflikte und starke gesellschaftliche Spannungen oft nicht leicht voneinander abgrenzen. Es wird bei einer solchen Einteilung immer Zweifelsfälle geben. Doch die gibt es auch schon in den heutigen Asylverfahren.

Die meisten Flüchtlinge, die heute zumindest aus dem Maghreb und aus Westafrika nach Europa gelangen, sind Migranten, die vorwiegend oder ausschliesslich aus wirtschaftlichen Gründen ihre Länder verlassen. Eine Ausnahme bilden dabei Flüchtlinge, die über Libyen nach Europa kommen; dort ist der Anteil an Kriegsflüchtlingen und zum Teil auch an politisch Verfolgten deutlich höher. Es stimmt zwar, dass sich die wirtschaftlichen Motive nicht eindeutig von einer Flucht aus Gründen der

Armut abgrenzen lassen. Doch zum einen sind die wirklich Armen in den meisten Fällen gar nicht in der Lage, das Geld für die Ausreise und vor allem für die Schlepper aufzubringen. Zum anderen würde eine Ausweitung der legitimen Fluchtgründe auf Armut beziehungsweise auf prekäre Lebensverhältnisse zu einer ungeheuren Zunahme der potenziell aufnahmeberechtigten Menschen führen; eine Dimension, die selbst die reichsten Länder Europas nicht bewältigen könnten. Es ist ein Argument mehr dafür, die Genfer Konvention, die 1951 für die damaligen Verhältnisse konzipiert worden ist, dringend zu überarbeiten. Dies fordern übereinstimmend der Völkerrechtler Ridha Fraoua und der Autor Toni Stadler.

Triage- und Verfahrenszentren für Flüchtlinge in Südeuropa eröffnen
Um eine Lösung in der Flüchtlings- und Migrationskrise zu erzielen, führt kein Weg daran vorbei, politisch Verfolgte und Menschen aus Kriegsgebieten von jungen, kräftigen Migranten zu trennen, die auf der Suche nach einem besseren Leben sind. Dazu bedarf es der Möglichkeit, in den Herkunftsländern direkt bei Botschaften Asyl zu beantragen. Europa sollte, wenn es seine Schutzpflicht ernst nimmt, zudem humanitäre Korridore eröffnen, auf denen an Leib und Leben gefährdete Menschen in ein Nachbarland oder direkt nach Europa ausgeflogen werden können.

Es wird aber auch weiterhin Formen gemischter Migration geben. Zu diesem Zweck müssen dringend Zentren her, in denen die verschiedenen Kategorien von Flüchtlingen und Migranten getrennt werden können. Triage nennt sich dies in der Fachsprache.

Höchstwahrscheinlich werden solche Zentren in den kommenden Jahren nicht in Nordafrika, sondern in Südeuropa errichtet werden. Zu gross ist vorderhand das Misstrauen der Maghrebstaaten, zu gross auch die Angst, dass sie am Schluss die Leidtragenden solcher Zentren sein werden. Verschiedene Experten, so etwa Stephen Smith, lehnen solche Zentren auf nordafrikanischem Boden ab. «Wenn wir Lager für Migranten bauen wollen, dann soll das in Europa geschehen», erklärte Smith im August 2018 gegenüber Radio SRF. «Auf solche Weise können wir unsere Verantwortung dafür wahrnehmen, dass dies in Umständen passiert, die wir akzeptieren können.»

Skeptisch äusserte sich auch Gerald Knaus. Er spricht sich dagegen aus, Migranten gewissermassen an der Küste Nordafrikas zu stoppen und sie an einer Weiterreise in Richtung Norden zu hindern; vielmehr setzt er auf einen Deal mit den Herkunftsländern, der ab einem bestimmten Stichtag eine rasche Rückführung abgewiesener Asylbewerber ermöglichen sollte. Im Gegenzug könnte Migranten aus den betroffenen Ländern, die sich bereits seit mehreren Jahren illegal in Europa aufhalten, ein Bleiberecht gewährt werden.

Dieses Modell hat zurzeit die grössten Chancen auf eine Umsetzung. Denn sowohl die Maghrebstaaten als auch Länder südlich der Sahara wehren sich mit Händen und Füssen gegen die Rücknahme abgewiesener Landsleute. Sie befürchten eine Zunahme der Arbeitslosigkeit und geringere Überweisungen aus den reichen Ländern des Westens.

Wenn ihnen aber die EU beziehungsweise europäische Länder in Aussicht stellen, dass ihre Landsleute, die bereits in Europa sind, dort in Zukunft auch legal bleiben können, so ist die Chance deutlich höher, dass es zu einer Einigung und zu entsprechenden Migrationspartnerschaften kommt. Angesichts der zurzeit spürbaren Blockade und der stark eingeschränkten Handlungsfähigkeit der EU in Sachen Migrations- und Flüchtlingspolitik ist es aber alles andere als sicher, ob derartige neue Modelle in absehbarer Zeit wirklich realisiert werden können.

Dennoch scheint klar, dass mittel- und längerfristig Lösungen gefunden werden müssen, damit politisch verfolgte Menschen und Kriegsvertriebene bereits in ihren Herkunftsländern oder zumindest vor der gefährlichen Reise über das Mittelmeer Asylgesuche stellen können. Der Autor Toni Stadler schlägt vor, genau dies in einer überarbeiteten Genfer Konvention festzuschreiben. Kriegsvertriebene und Verfolgte würden so «in sicheren Zonen und Auffanglagern benachbarter Länder untergebracht, wie heute schon in Jordanien oder in der Türkei». Die Nachbarländer wären verpflichtet, sichere Zonen und Auffanglager guter Qualität zur Verfügung zu stellen, während die Staatengemeinschaft die Kosten dafür tragen müsste. Geflüchtete blieben auf diese Weise in Kontakt mit der Heimat, schreibt Stadler, könnten sich organisieren, einen politischen Kampf zur Verbesserung der Lage im Herkunftsland führen und sich auf die Repatriierung vorbereiten. Geflohene hätten zudem das Recht, an einer Anlaufstelle oder bei Botschaften im Nachbarland Asylanträge für Drittländer zu stellen.

Klar ist: Für alle Formen von Aufnahmezentren für Flüchtlinge und Migranten im Maghreb und in anderen Ländern des Südens bedarf es guter und fairer Beziehungen zu den betroffenen Staaten. Migrationspartnerschaften können in diesem Zusammenhang eine wichtige Rolle spielen.

Botschaftsasyl wieder einführen

33 Jahre lang, von 1980 bis 2013, kannte die Schweiz das Botschaftsasyl. Politisch verfolgte Menschen konnten bei der Schweizer Vertretung ihres Herkunftslands oder eines Nachbarstaats ein Asylgesuch stellen. Dieses wurde dann ans damalige Bundesamt für Migration – heute Staatssekretariat für Migration (SEM) – weitergeleitet und in einem regulären Verfahren geprüft. Insgesamt hat die Schweiz auf diesem Weg über 46 000 Asylanträge entgegengenommen und davon 4386 Anträge positiv beschieden. Tatsächlich eingereist sind schliesslich rund 3900 Personen. Ende 2012 schaffte die Schweiz das Botschaftsasyl ab. Der Bundesrat begründete diese Entscheidung damit, dass «die Schweiz der einzige Staat in Europa» mit einer solchen Option sei und dies «zu einer ungleichen Lastenverteilung zuungunsten der Schweiz» führe. Die Zahl der Distanzasylgesuche war zuletzt zu sehr angestiegen.

Die anderen EU-Staaten kannten kein vergleichbares Botschaftsasyl. Nur in Ausnahmefällen liessen einzelne EU-Staaten ein solches Verfahren zu. Und sie beharrten auch während und nach der grossen Flüchtlingskrise von 2015/16 auf diesem Standpunkt. Eine fünfköpfige christlich-orthodoxe Familie aus Syrien, die im Oktober 2016 in der belgischen Botschaft der libanesischen Hauptstadt Beirut einen Visumsantrag stellte, erhielt etwa einen negativen Bescheid. Der Europäische Gerichtshof stützte Anfang März 2017 diese Entscheidung der belgischen Regierung. EU-Mitgliedsstaaten sind nach europäischem Recht somit nicht verpflichtet, Asylanträge in ihren Botschaften entgegenzunehmen. Die Richter urteilten, dass die Vergabepraxis bei Botschaftsvisa eine rein nationale Angelegenheit sei. Es existiere auf EU-Ebene keine verbindliche Rechtsbasis für die Erteilung humanitärer Visa.

Sowohl die EU-Staaten als auch die Schweiz befürchteten, dass ihre Botschaften in Kriegs- und Konfliktgebieten von Asylsuchenden regelrecht «gestürmt» werden könnten und dass die vorhandene Infrastruktur dafür vollkommen ungeeignet sei. Dieser Einwand ist nicht leicht abzuweisen. Dazu kommen praktische Probleme, etwa mit der Befragung der Asylsuchenden durch Fachleute, die sich ja in Europa befinden. Klar ist ebenfalls, dass ein Botschaftsasyl nur in Absprache mit allen oder zumindest mit den meisten EU-Staaten überhaupt denkbar ist.

Ebenso klar ist, dass das Botschaftsasyl verfolgten Menschen ermöglichen würde, ein Asylgesuch in einem europäischen Land zu stellen, ohne dafür eine gefährliche Reise antreten und dafür Schlepper bezahlen zu müssen.

Sowohl in der Schweiz als auch in Deutschland forderten denn auch Hilfswerke – etwa Caritas Schweiz – sowie Vertreter linker und grüner Parteien die (Wieder-)Einführung des Botschaftsasyls. So ersuchte etwa die SP-Nationalrätin Silvia Schenker den Bundesrat im Jahr 2015 in einer Motion, «die ganze EU vom Konzept des Botschaftsasyls zu überzeugen». Dies sei unrealistisch, befand der Bundesrat und verwies auf Visaerleichterungen für syrische Staatsangehörige mit Verwandten in der Schweiz sowie auf die schweizerische Beteiligung an einem dreijährigen Pilotprojekt zur Aufnahme von 500 besonders schutzbedürftigen Flüchtlingen. Ferner beteilige sich die Schweiz an einem Resettlementprogramm der EU, das die Aufnahme von 20 000 Personen auf europäischer Ebene vorsieht. Gleichzeitig hielt der Bundesrat fest, dass er sich an eventuellen Diskussionen zu einer EU-weiten Einführung des Botschaftsasyls beteiligen würde.

Dennoch ist dieses Anliegen von grosser Wichtigkeit. Viele Migrationsexperten halten es trotz der damit verbundenen logistischen Herausforderungen für sinnvoll, das Botschaftsasyl EU-weit einzuführen. Wenn sich zumindest die Hauptzielländer dazu durchringen könnten, sagt etwa Isabelle Werenfels, Senior Fellow an der Stiftung Wissenschaft und Politik mit Schwerpunkt Maghrebstaaten, liesse sich ein Teil der gefährlichen Reisen durch die Sahara und übers Mittelmeer verhindern. Angesichts der grossen Zerstrittenheit der EU in Migrations- und Flüchtlingsfragen ist eine Realisierung dieser Idee in den kommenden Jahren allerdings sehr unwahrscheinlich. Stattdessen ist in den letzten Jahren die Idee, Asylgesuche in besonderen Aufnahmezentren an den südlichen Grenzen Europas oder gar in den Maghrebstaaten zu prüfen und eine Auswahl zwischen potenziell Asylberechtigten und Wirtschaftsmigranten vorzunehmen, wieder in den Vordergrund gerückt.

Echte Migrationspartnerschaften aufbauen

Zwischen der Schweiz beziehungsweise der EU und den Maghrebstaaten besteht ein Wohlstands- und Machtgefälle, das sich nicht wegdiskutieren lässt. Europa sitzt diesen Staaten gegenüber, deren politische Einigung erst auf dem Papier existiert, am längeren Hebel. Dies lässt sich auch durch blumige Formulierungen und Absichtsbekundungen nicht verbergen. Dasselbe gilt auch für die Zusammenarbeit in Migrationsfragen.

Zwar hat sich dieses Gefälle aufgrund der terroristischen Bedrohungen in den letzten Jahren etwas gemindert. Europa ist in diesem Bereich dringend auf eine enge Zusammenarbeit mit den Maghrebstaaten und vor allem mit den jeweiligen Nachrichtendiensten angewiesen. Am ausgeprägtesten ist dies im Fall Marokkos zu beobachten. Vor allem Spanien und Frankreich – beide verfügen über sehr grosse marokkanischstämmige Bevölkerungsteile – arbeiten eng mit den marokkanischen Behörden zusammen.

Auch um die irreguläre Immigration zu steuern, gibt es keine Alternative mehr zu einer solchen Zusammenarbeit. Bei der Rückführung abgelehnter Asylbewerber und anderer Personen ohne legalen Aufenthaltsstatus zeigen sich aber alle Maghrebstaaten sehr zurückhaltend. Vieles weist darauf hin, dass sie dieses Druckmittel gegenüber Europa in den Händen behalten möchten.

Migrationspartnerschaften sollen die Maghrebstaaten dazu bewegen, Rückführungen ihrer Staatsangehörigen ohne legalen Status in Europa zu akzeptieren. Sowohl Deutschland als auch die Schweiz haben mit Tunesien solche Partnerschaften vereinbart. Diese funktionieren recht gut. Doch zumindest im Fall der Schweiz fällt die Bilanz aus der Perspektive Tunesiens weit weniger positiv aus (siehe auch Kap. 16). Die in Aussicht gestellten Gegenleistungen für die Bereitschaft zu einer Rücknahme tunesischer Staatsangehöriger sind eher bescheiden. Wenn statt der maximal vorgesehenen 150 jungen Berufsfachleute nur gerade acht pro Jahr ein Visum für einen Arbeitsaufenthalt in der Schweiz bekommen, so ist dies etwas kleinlich. Dies könnte längerfristig die Bereitschaft Tunesiens zu einer solchen – innenpolitisch heiklen – Zusammenarbeit dämpfen und die Abklärungen zur Feststellung der Identität der betroffenen Migranten mit einer Ausweisungsverfügung weiter verlangsamen.

Um das Argument zu entkräften, dass Migrationspartnerschaften letztlich nur die verklausulierten Druckmittel der europäischen Staaten gegenüber den Ländern des Südens sind und dass es nur um erleichterte Rückführungen von Staatsangehörigen dieser Länder geht, muss hier energisch gegengesteuert werden. Die EU, aber auch die Schweiz müssen durch Taten dokumentieren, dass sie den Maghrebstaaten (sowie anderen Ländern des Südens) für eine solche Zusammenarbeit etwas Substanzielles anbieten. Das setzt eine gewisse Grosszügigkeit sowohl auf der faktischen als auch auf der symbolischen Ebene voraus. Jährlich 100 jungen Tunesiern zu ermöglichen, auf Kosten der Eidgenossenschaft ein Studium in der Schweiz zu absolvieren, wäre eine solche Geste mit einer enormen Breitenwirkung. Vergleicht man die Kosten für die zum Teil extrem teuren Ausweisungen, so wäre ein solches Angebot unter dem Strich kaum sehr viel teurer, wenn dafür der betroffene Maghrebstaat zu einer raschen Identifikation und zu einer Beschaffung der Papiere der betroffenen Personen sowie zu einer anschliessenden Rückführung die Hand anbieten würde.

In dem Sinn ist zu fordern, dass echte Migrationspartnerschaften aufgebaut werden, deren Vorteile sich an die Bevölkerung der betroffenen Staaten kommunizieren lassen. Dies könnte die schwierigen Verhandlungen entspannen und zukunftsträchtige Lösungen erst ermöglichen.

Rasche Rückführungen abgelehnter Asylbewerber

Die Rückführung von abgelehnten Asylbewerbern, von Delinquenten sowie von anderen Menschen ohne Bleiberecht in Europa ist schwirig, da die Interessen der Maghrebstaaten und Europas in diesem Punkt gegensätzlich sind. Gleichzeitig ist eine schnelle Rückführung vor allem junger Harraga ohne Anrecht auf Asyl von zentraler Bedeutung für eine Lösung der blockierten Situation. Eine mögliche Lösung verspricht hier der

Maltaplan von Gerald Knaus. Er sieht vor, dass Griechenland und Italien EU-Asylmissionen gründen, die innerhalb von nur vier Wochen über Asylanträge entscheiden. Die Bewerber dürfen während dieser Zeit die Auffanglager nicht verlassen. So soll eine unkontrollierte Weiterreise in andere EU-Staaten verhindert werden. Anerkannte Flüchtlinge werden anschliessend sofort innerhalb der EU verteilt. Alle Wirtschaftsmigranten ohne Recht auf Asyl – und damit die grosse Mehrheit der aus Afrika Ankommenden – werden auf Basis von Rücknahmeabkommen zügig in ihre Heimatländer abgeschoben. Dies setzt voraus, dass die afrikanischen Herkunftsländer – allen voran Nigeria, Eritrea und Guinea – mit der EU vollumfänglich kooperieren. Um diese Länder für eine solche Zusammenarbeit zu gewinnen, schlägt Knaus eine Stichtagsregelung vor. Ab einem bestimmten Datum – etwa ab dem 1. Mai 2019 – müssten alle Migranten dieser Länder, die keine Asylberechtigung haben, unverzüglich zurückgenommen werden. Die EU würde ihnen aber gleichzeitig anbieten, dass ihre Landsleute, die ohne Papiere bereits in der EU sind, einen Aufenthaltstitel erhalten und legal bleiben können.

«Bisher haben irreguläre Migranten eine 99-prozentige Chance, dauerhaft in der EU zu bleiben», sagte Knaus in einem Gespräch mit dem *Spiegel*. «Wenn sich aber herumspricht, dass die teure und lebensgefährliche Reise vergeblich ist, weil man vier Wochen später wieder in der Heimat landet, wird sich die Lage rasch ändern.» Die Zahl der irregulären Migranten aus Afrika könne auf diese Weise schnell auf unter 100 000 pro Jahr gesenkt werden. Damit will ESI-Chef Knaus nicht nur die Reisefreiheit innerhalb des Schengenraums, sondern auch das Asylrecht retten.

Auch dieser Plan enthält Unwägbarkeiten und Risiken. Doch es ist denkbar, dass ein solcher Deal mit afrikanischen Staaten tatsächlich funktionieren könnte – im Gegensatz zu unzähligen anderen Vorschlägen, die von Anfang an zum Scheitern verurteilt sind.

Humanitäre Korridore öffnen und legale Migrationswege schaffen
Europa muss seine Grenzen für irreguläre Migranten weitgehend dichtmachen. Doch dabei kann es nicht bleiben. Gleichzeitig müssen neue Fluchtwege geöffnet werden, auf denen Kriegsflüchtlinge und politisch

Verfolgte ohne Risiko nach Europa gelangen können. In absehbarer Zeit sollten auch für Wirtschaftsmigranten zumindest in einem gewissen Umfang legale Möglichkeiten geschaffen werden, nach Europa einzureisen. Das ist schon allein deshalb unabdingbar, weil die Maghreb- und Sahelstaaten ohne dieses Entgegenkommen nicht bereit sein werden, in dieser Sache konstruktiv mit Europa zusammenzuarbeiten.

In der Frage der «humanitären Korridore» gibt es einen erstaunlichen Konsens zwischen Migrationspragmatikern und all den Kreisen, die sich für eine offene und grosszügige Asyl- und Migrationspolitik einsetzen. Es ist in der Tat absurd, dass ohnehin schon geschwächte und verletzliche Menschen – im Extremfall Frauen mit Kindern – auf Boote steigen müssen, um in Europa Schutz zu finden. Es muss möglich sein, eine gewisse Zahl dieser Flüchtlinge direkt aus Kriegs- und Konfliktgebieten nach Europa einzufliegen. In Libyen steht Europa besonders in der Verantwortung, weil es für das Elend der dort gestrandeten Migranten und Flüchtlinge in hohem Mass mitverantwortlich ist.

Die Aufgabe, Menschen vor Ort zu identifizieren und auszuwählen, ist äusserst schwierig. Während die Auslese nach dem Kriterium der Verletzlichkeit einfach zu bewerkstelligen ist, dürfte eine solche Auswahl bei jungen Männern zu gewaltigen Problemen führen. Konkret könnte dies bedeuten, dass ein Syrer oder ein Eritreer, der in Libyen gestrandet ist, über ein Resettlementprogramm nach Europa einreisen darf, ein Sudanese, ein Marokkaner oder ein Sengalese hingegen nicht. Das dürfte in solchen Zentren zu massiven Konflikten unter den Migranten, vielleicht sogar zu Angriffen auf die Personen führen, die diese Auswahl vornehmen müssen. Wer schon ein grosses Flüchtlingszentrum – etwa dasjenige von Choucha in der Nähe der libysch-tunesischen Grenze – kennengelernt hat, weiss, wie die Stimmung in einem solchen Camp ist und wie schon kleinere Konflikte zu gewalttätigen Auseinandersetzungen führen können. Experten sind deshalb sehr skeptisch, ob ein solches Ausleseverfahren in grossen Flüchtlingscamps funktionieren kann. Sie gehen davon aus, dass wohl einzig und allein ein Resettlement aus Haftanstalten oder Internierungslagern wie im Fall Libyens realistisch ist. Dann wären aber unter den direkt Ausgeflogenen auch Migranten aus Westafrika und aus dem Maghreb, für die eine Sonderbehandlung eigentlich nicht vorgesehen wäre.

Dennoch sollte die EU, sollte die UNO-Flüchtlingshilfe solche humanitären Korridore, die bereits in einem kleinen Umfang existieren, zügig ausbauen. Sie müssen auf diese Weise klar dokumentieren, dass für sie die Hilfe für die schwächsten und verletzlichsten Flüchtlinge Priorität hat und dass sie es damit ernst meinen.

Offen bleibt allerdings die Frage, ob solche legalen Fluchtwege die irreguläre Migration wirklich deutlich reduzieren würden, wie etwa Amnesty International-Mitarbeiter Matteo de Bellis meint. Diese Annahme erscheint reichlich optimistisch. Denn im Maghreb und in den Sahelstaaten handelt es sich bei den Wanderungsbewegungen immer um eine gemischte Migration, bei der der relative Anteil an Wirtschaftsmigranten hoch bis sehr hoch ist. Wenn klar kommuniziert würde, dass diese humanitären Korridore ausschliesslich Asylsuchenden im engeren Sinn sowie Flüchtenden aus Kriegs- und Krisengebieten offenstünden, ist nicht abzusehen, wie dies die Motive junger Westafrikaner auszureisen oder in ihrem Land zu bleiben, beeinflussen könnte. Hingegen wäre davon auszugehen, dass viele versuchen würden, sich als Bürger von Kriegsgebieten auszugeben – so wie dies heute in Griechenland der Fall ist.

Dazu kommt ein weiteres Problem: Viele Wirtschaftsmigranten geraten in Libyen in die Hände von kriminellen Milizen und werden in Haftanstalten oder anderswo drangsaliert, ausgeraubt und auch gefoltert. Diese Menschen müssten nach solch traumatischen Erfahrungen ebenfalls die Möglichkeit haben, eine humanitäre Sonderbehandlung zu beanspruchen. Dies wiederum würde aber die Zahl der Flüchtlinge, die auf solche humanitären Korridore einen Anspruch hätten, erhöhen.

Mittelfristig müssten für alle Maghreb- und Sahelstaaten auch Kontingente für Arbeitsmigranten eingeführt werden. Dies dürfte in Europa innenpolitisch am meisten auf Widerstand stossen. Doch ist dies der Preis, den es für die weitgehende Eindämmung der irregulären Emigration zu bezahlen gilt. Dabei sind verschiedene Modelle denkbar; Quoten für jedes einzelne Land; Lotterieverfahren wie die Greencard in den USA; Bewerbungen für eine Zulassung und vieles mehr. Klar ist, dass Europa auf diese Weise nur einen kleinen oder sogar minimalen Bruchteil der jungen Männer berücksichtigen kann, die eigentlich emigrieren möchten. Viele Beobachter gehen davon aus, dass auch bei der Möglichkeit einer legalen

Migration die irreguläre Emigration weiterhin anhalten würde; nur schon deshalb, weil der Migrationsdruck weiterhin sehr hoch bleiben wird und viele Ausreisewillige eh keine Chance auf eine legale Ausreise haben werden.

In diesem Zusammenhang müssten dringend Modelle für eine sogenannte zirkuläre Migration entwickelt werden. Dabei arbeiten die Betroffenen nur für eine befristete Zeit – zum Beispiel für drei Jahre – in Europa und müssen anschliessend wieder in ihre Herkunftsländer zurück. Auf solche Weise hätten deutlich mehr junge Menschen eine Chance, für eine gewisse Zeit in Europa Geld verdienen zu können.

Ein Marshallplan für den Maghreb?

Wenn es gelingen soll, sowohl die Flucht junger Maghrebiner in Richtung Europa als auch diejenige von Menschen aus Staaten südlich der Sahara stark zu reduzieren, so gibt es dafür zwei entscheidende Voraussetzungen. Die fünf Maghrebstaaten müssen stabil bleiben, weil sonst die Fluchtabwehr nicht funktionieren kann, und sie müssen ihren Bürgern Lebensbedingungen anbieten, die genügend attraktiv sind. Die Stabilität von Staaten und die Akzeptanz ihrer Regierungen hängt indessen sehr stark von einer funktionierenden Wirtschaft ab. Das zeigt sich exemplarisch in Tunesien: Trotz einer weitgehend gelungenen politischen Transformation ist die Lage im Land weiterhin von häufigen Demonstrationen, Streiks und Blockaden geprägt, die oft auch die Autorität des Staates infrage stellen und zu einer gefährlichen Fragilität und Instabilität beitragen. Zusammenfassend lässt sich sagen: Ohne nachhaltigen wirtschaftlichen und sozialen Fortschritt ist die politische Stabilität im Maghreb gefährdet. Für die Sicherheit Europas hätte dies fatale Folgen.

Spätestens seit dem Ausbruch der Arabellion im Winter 2010/11 forderten verschiedene Politiker und Experten, Europa müsse den Maghrebstaaten dringend wirtschaftlich beistehen, die ökonomischen Bedürfnisse ihrer jungen Bevölkerungen zu befriedigen. Der damalige deutsche Aussenminister Frank-Walter Steinmeier sprach bereits im März 2011 von einem Marshallplan für den Maghreb. Diese Forderung wurde in der Folge wiederholt aufgegriffen. So empfahlen etwa der sogenannte Senat der

Wirtschaft Deutschland und der Club of Rome im November 2016 einen Marshallplan mit Afrika und appellierten an die deutsche Regierung, «stark erhöhte Mittel bereitzustellen» und so private Investitionen in vielfacher Höhe anzustossen, um «nachhaltig bessere Perspektiven für Menschen in Afrika zu schaffen». Damit könne auf die wachsende Migration mit einem nachhaltigen Konzept reagiert werden. Diese Empfehlung stiess im Bundesministerium für wirtschaftliche Zusammenarbeit und Entwicklung auf offene Ohren. Dort wurde in der Folge ein Marshallplan für Afrika entworfen, der Reformpartnerschaften mit afrikanischen Staaten vorsieht. Zu den ersten Partnern gehört Tunesien; Marokko und eventuell auch Ägypten sollen folgen. Reformwillige Staaten sollen nach diesem Plan mit vertiefter Zusammenarbeit belohnt werden.

Unabhängig davon spricht die EU mit den Nordafrikanern über umfassende Freihandelsabkommen. Es sei wichtig, den Maghreb in den europäischen Wirtschaftsraum zu integrieren», erklärte Müller anlässlich einer Tagung im Mai 2018. Die südlichen Mittelmeeranrainer bräuchten «einen freien Marktzugang für Waren und einen freien Marktzugang für Dienstleistungen». Und für Fachkräfte müsse der Weg nach Europa erleichtert werden.

Auch unabhängige Experten fordern mit Nachdruck eine Art Marshallplan für die Maghrebstaaten und dabei besonders für Tunesien. Europa müsse Tunesien dringend wirtschaftlich unterstützen, sagt etwa der Migrationsexperte Ridha Fraoua, um die Demokratisierung des Landes nicht zu gefährden (siehe Kap. 13). Angesichts der angespannten Lage im tunesischen Hinterland erscheint diese Forderung als gut begründet. Manche Experten verzichten dabei auf den Begriff Marshallplan. Doch ihre Vorschläge zielen letztlich in eine ähnliche Richtung. Zur Unterstützung einer nachhaltigen und inklusiven wirtschaftlichen Entwicklung bedürfe es eines Instrumentenmixes, der über die Entwicklungszusammenarbeit hinausgehe, fordert etwa der Ökonom Nassir Djafari. Denn die EU sei mit Abstand der wichtigste Handelspartner der drei nordafrikanischen Länder. Djafari plädiert dabei für eine engere wirtschaftliche Zusammenarbeit und insbesondere für den Abbau von Handelshemmnissen. Auf diese Weise könnten dem Privatsektor neue Spielräume eröffnet werden, und es könnten indirekt neue Arbeitsplätze geschaffen werden, um der enttäuschten Jugend Perspektiven im eigenen Land anzubieten. Ähnlich lauten die Forderungen von Julian Nida-Rümelin, dem ehemaligen deutschen Kulturstaatsminister: «Afrika braucht eine faire wirtschaftliche Kooperation mit Europa, einen Zugang zum EU-Agrarmarkt, Joint Ventures, Infrastruktur, Auslandsinvestitionen, neue Formen der Entwicklungszusammenarbeit, Ausbildungszentren und nicht mehr Auswanderung nach Europa.»

Die Fragen bezüglich eines solchen Marshallplans sowie der politischen und strukturellen Bedingungen, damit ein solcher Plan positive Wirkungen erzeugen könnte, sind sehr komplex. So wies etwa die Marshall Foundation auf einer Konferenz in Tunis im Jahr 2013 auf die ihrer Einschätzung nach fünf zentralen Bedingungen hin, die mit einem solchen Plan im Sinn des Erfinders verbunden seien. Diese Diskussion würde den Rahmen dieses Buches allerdings bei Weitem sprengen.

Doch wo soll im Maghreb und in Afrika investiert werden? Der Senat der Wirtschaft Deutschland und der Club of Rome empfehlen, vorrangig in den Bereichen erneuerbare Energie, Infrastrukturaufbau und Aufforstung zu investieren. Hier gebe es grosse Chancen für Afrika und die Welt. «Es gilt, die Potenziale in Afrika und in Teilen des Mittleren Ostens für netzbasierte erneuerbare Energie zu nutzen: Sonne, Wind und Wasser. Sonne vor allem in den Wüsten», erklärt der emeritierte Professor Franz Josef Radermacher. Prioritär seien auch Aufforstungsprogramme; vor allem im Zusammenhang mit der Förderung von zwölf der 17 Nachhaltigkeitsziele der Weltgemeinschaft im Rahmen der Agenda 2030 in Afrika. Diese Prioritäten lassen sich 1:1 auf den Maghreb übertragen.

Klar ist auf jeden Fall, dass sich Europa wirtschaftlich mit massiven finanziellen Mitteln im Maghreb engagieren sollte. Denn mit der Stabilität des Maghreb steht letztlich die Sicherheit Europas auf dem Spiel. Ganz abgesehen davon macht es wesentlich mehr Sinn, in solcher Weise zu investieren: «Investitionen für bessere Lebensperspektiven der in Afrika lebenden Menschen sind nicht nur massiv kosteneffektiver als der Einsatz sozialstaatlicher Mittel in Deutschland für Flüchtlinge aus Afrika», schreibt dazu Radermacher. «Alles, was den Menschen einen Anreiz bietet, ihre Zukunft im eigenen Land zu gestalten, respektiert auch in viel höherem Masse die Menschenwürde der Betroffenen.»

Eine Bildungsoffensive im Maghreb starten
Wirtschaftliche Aspekte sind ein zentraler Faktor bei der Bekämpfung der Fluchtursachen im Maghreb und in den Ländern südlich der Sahara. Dabei darf aber ein anderer Faktor nicht vergessen werden: das Bildungswesen. Im gesamten Maghreb ist das öffentliche Bildungswesen seit mindestens 20 Jahren im Niedergang begriffen. Die gesamte wirtschaftliche, politische und kulturelle Elite sowie die obere Mittelschicht der drei Maghrebstaaten Tunesien, Algerien und Marokko schicken ihre Kinder mittlerweile zu 95 Prozent oder mehr in teure Privatschulen; meist in Institute mit französischer Unterrichtssprache. Auch US-amerikanische und spanische Institute im Norden Marokkos kommen in Betracht. Paradoxerweise haben auch Minister und hohe Parteifunktionäre, die vor über 20 Jahren die Arabisierung der öffentlichen Schulen durchgesetzt haben, ihre Kinder auf solche Schulen geschickt. Diese faktische Segregation ist eine Katastrophe. Denn zum einen hat die grosse Masse der Jugendlichen aus der Mittelschicht oder aus einfachen Verhältnissen dadurch faktisch deutlich weniger Chancen auf eine gute Ausbildung, vor allem aber auf berufliche Chancen nach dem Abschluss der Grundschule, des Gymnasiums oder der Universität. Zum anderen haben die Zöglinge der Oberschicht nicht nur sehr viel bessere Möglichkeiten für eine Integration in den Arbeitsmarkt, sondern auch für Studien in Europa. Gleichzeitig ist es ein Teufelskreis: Je weniger Kinder aus den führenden Schichten die öffentlichen Schulen besuchen, desto weniger Finanzmittel stehen diesen Schulen zur Verfügung. Dadurch kommt es unweigerlich zu einer Senkung des Niveaus.

Dieses ist nach der übereinstimmenden Einschätzung zahlreicher Experten mittlerweile dramatisch schlecht; auch in Ländern wie Tunesien, das einst auf sein Bildungswesen stolz war. Diese Entwicklung hängt, wie erwähnt, mit der Arabisierung des Bildungswesens und den geringen finanziellen Mitteln zusammen, die alle Maghrebstaaten seit der Unabhängigkeit ins Bildungswesen steckten, aber auch mit rein quantitativ verstandenen Bildungszielen. Die blosse Zahl von Schülern an Gymnasien und von Studierenden an Universitäten allein geben noch nicht über den Erfolg des staatlichen Bildungswesens Aufschluss; vor allem dann nicht, wenn die Betreuung der Studierenden vollkommen ungenügend ist.

Das Problem ist selbstverständlich sehr komplex und kann hier nur in groben Zügen skizziert werden. Augenfällig ist der Zusammenhang von schlecht ausgebildeten jungen Menschen, Arbeitslosigkeit, Unzufriedenheit und einem hohen Migrationsdruck. Aufgrund ihrer akademischen Ausbildung sind diese jungen Menschen zwar in der Lage, Zusammenhänge zu erkennen, und oft fühlen sie sich für handwerkliche Beschäftigungen zu gut qualifiziert. Sie sind auch gut über das Leben in Europa informiert. Gleichzeitig haben sie in der Wirtschaft ihrer Länder schlechte Aussichten auf eine Anstellung, und falls sie es dennoch schaffen, ist der Lohn im Vergleich zu Europa sehr niedrig. Dies schafft enormen Frust und kann zu grotesken Situationen führen. Ich erinnere mich gut an einen sympathischen jungen Mann, der Ende 20 war und französische Literatur des 19. Jahrhunderts studiert hatte, nach dem Studium aber keine Arbeit fand. Regelmässig bat er mich um Beruhigungsmittel, damit er seine Situation ertragen konnte. Nach rund vier Jahren Arbeitslosigkeit wurde ihm eine Stelle im Innenministerium angeboten. Er sollte Journalisten und andere Ausländer beschatten, die den Behörden auffällig erschienen. Selbstverständlich nahm er die Stelle an; nur so war es ihm möglich, dem Druck seiner Familie endlich zu entkommen und an eine Heirat zu denken.

Noch gravierender ist das Problem der Schulabbrecher und der Analphabeten. In allen Maghrebstaaten verlassen Jahr für Jahr Zehntausende von Schülern vorzeitig die Schule; in Tunesien sollen es Jahr für Jahr fast 100 000 Personen sein. Sie arbeiten anschliessend entweder zu prekären Bedingungen in der informellen Wirtschaft oder verharren in der Arbeitslosigkeit. Noch dramatischer ist die Lage für Analphabeten. In diesem Bereich nimmt Marokko einen traurigen Spitzenplatz ein. In der gesamten Bevölkerung beträgt die Analphabetenrate um die 32 Prozent, bei den 15- bis 24-Jährigen bei 11 Prozent. Es ist naheliegend, dass sich mit diesen jungen Menschen keine moderne Wirtschaft aufbauen lässt. Flüchten solche Migranten aber nach Europa, was sie sehr häufig tun, so stellen sie für die Aufnahmegesellschaften eine grosse Belastung dar, da sie nicht einmal über minimale Qualifikationen verfügen.

Schlecht sieht auch die Lage bezüglich der Berufsausbildung aus. Die Ausbildungsgänge, die jahrhundertelang von Handwerkerzünften organisiert wurden, existieren an den meisten Orten nicht mehr. Häufig werden Lehrlinge nur auf informelle Weise von ihren Meistern angelernt; eine schulische Allgemeinbildung erhalten sie in den meisten Fällen nicht. Dieses Problem hängt mit der Orientierung am französischen Bildungssystem zusammen, das ja bekanntlich der Berufsausbildung einen geringen Stellenwert beimisst. Soll der Maghreb in den kommenden Jahren seine gewaltigen Herausforderungen meistern, so bedarf es dringend einer tiefgreifenden Reform des Bildungswesens. Hier könnten vor allem die deutschsprachigen Länder mit ihrer langen Tradition der Berufsbildung einen wesentlichen Beitrag leisten.

19
Wie geht es weiter?

> «*Die heutige Völkerwanderung besteht aus Armutsflüchtlingen, die der Perspektivlosigkeit entrinnen wollen und von ihren Familien auf die Reise geschickt werden. Nutzniesser sind mehrheitlich die Stärkeren und Bessergestellten. Kriegsflüchtlinge aus Syrien und aus Regionen Afghanistans sind eine Minderheit. Gerade die Schwächsten und Verletzlichsten sind nicht in der Lage, nach Europa zu migrieren.*»
> Rudolf Strahm, *Tages-Anzeiger*, 24.7.2018

Dieses Buch beschäftigt sich schwerpunktmässig mit der irregulären Migration aus dem Maghreb. Geht es darum, eine Art Fazit zu ziehen, so betrifft dies sowohl die Beziehungen Europas zum Maghreb als auch die Migrationsbewegungen aus dieser Region und die Frage, wie sich diese in Zukunft besser steuern lassen. Zu beiden Themen soll hier ein kurzes Fazit gezogen werden.

Die Beziehungen zwischen Europa und Nordafrika sind alles andere als einfach. Zwar hat der Tourismus in den vergangenen Jahrzehnten in einem gewissen Mass dazu beigetragen, dass viele Europäer die schönen, faszinierenden und zauberhaften Seiten des Maghreb entdecken konnten. Doch insgesamt sind die Beziehungen eher schwierig geblieben. Sie sind sowohl im Maghreb als auch in den ehemaligen Kolonialländern immer noch von der oft gewalttätigen Geschichte, von Ressentiments, Verletzungen, unbeglichenen Rechnungen und natürlich vom Algerienkrieg geprägt. Zwar sind all diese Länder seit ungefähr 60 Jahren unabhängig, und die Generation der jungen Maghrebiner kennt die Zeit der Kolonialherrschaft nicht mehr aus eigener Erfahrung. Viele Wunden sind mit Sicherheit verheilt, andere sind aber unterschwellig noch immer spürbar.

In Europa dürften die Erfahrungen mit der teilweise gescheiterten Integration von Menschen aus den Maghrebstaaten – vor allem in Frankreich, Belgien und den Niederlanden –, aber auch die Probleme mit abgewiesenen Asylbewerbern und radikalen Islamisten aus diesen Staaten eine wichtige Rolle spielen.

Doch die schwierige Beziehung reicht sehr viel weiter zurück als bis ins 19. Jahrhundert. Das belegen unter anderem die sogenannten Sarazenentürme, die entlang der gesamten italienischen Festlandküste sowie derjenigen von Sardinien, Korsika, den Liparischen Inseln und den Balearen unübersehbar sind. Jahrhundertelang bedrohten Seeräuber aus Nordafrika diese Gegenden, beraubten und plünderten die Siedlungen und versklavten die Bevölkerung. Auch Handelsschiffe waren stets durch die Piraten bedroht. Wer das Pech hatte, von ihren Flotten gefangen genommen zu werden, musste sich entweder gegen ein hohes Lösegeld freikaufen oder landete auf den Sklavenmärkten des Maghreb.

Selbstverständlich haben auch die Europäer zu einem schlechten Verhältnis mit den Maghrebstaaten beigetragen, allein schon mit den Kreuzzügen oder dem finanziellen Aushungern des Sultanats Marokko als Vorstufe zur späteren Besetzung. Doch hier geht es einzig und allein darum aufzuzeigen, dass die Beziehung zwischen dem Maghreb und Europa seit Jahrhunderten von Spannungen, einer gegenseitigen Ablehnung und immer wieder auch von offenen Konflikten geprägt war. Dass diese eher schwierige Geschichte im kollektiven Gedächtnis der Völker gespeichert bleibt und sich unbewusst bis in die jüngste Zeit auswirkt, ist nicht weiter erstaunlich.

Das Projekt eines gemeinsamen, solidarischen Mittelmeerraums, das 1995 angestossen wurde und 2008 den Namen Union für das Mittelmeer erhielt, ist leider ein Papiertiger geblieben: Ausser Konzepten und unverbindlichen Absichtserklärungen hat die Mittelmeerunion nichts zustande gebracht und ist in der Bedeutungslosigkeit versunken.

Heute wäre es angezeigt, im Verhältnis zwischen Europa und dem Maghreb ein neues Kapitel aufzuschlagen. Denn Europa ist auf gute Beziehungen zu den Staaten am Südrand des Mittelmeers dringend angewiesen; allein schon deshalb, um die irreguläre Migration aus dieser Region sowie aus den Ländern südlich der Sahara steuern und eindämmen zu können. Die Maghrebstaaten ihrerseits brauchen Europa, um ihre Gesellschaften weiterentwickeln und, im Fall Tunesiens, die demokratische Transition sichern zu können. Sie sind zu diesem Zweck in grossem Umfang auf massive Finanzhilfen, auf Know-how-Transfer und auch auf private Investitionen angewiesen.

All dies könnte durchaus eine Win-win-Situation sein. Europa und die Maghrebstaaten sind in mancherlei Hinsicht komplementär. Eine engere Zusammenarbeit, sofern sie partnerschaftlich ausgerichtet ist, könnte durchaus in beiderseitigem Interesse sein.

Die irreguläre Migration aus dem Maghreb belastet seit Jahren die eh schon schwierigen Beziehungen zwischen Europa und den Staaten am Südrand des Mittelmeers. Ein anhaltend hoher Migrationsdruck aus den Maghrebstaaten, aber auch eine starke Transitmigration aus den Ländern südlich der Sahara zwingt Europa dazu, neue Formen der Migrationssteuerung aus dieser Region zu entwickeln. Zwar existiert bereits heute in Migrationsfragen eine recht enge Zusammenarbeit zwischen den fünf Maghrebstaaten und Europa. Ohne die Arbeit der Küstenwachen von Libyen bis Mauretanien sähen die Flüchtlingszahlen in Europa nämlich ganz anders aus. Tag für Tag werden junge Harraga aus den Maghrebstaaten und aus Ländern südlich der Sahara an der Ausreise gehindert oder auf hoher See gerettet und an die nordafrikanische Küste zurückgebracht. Auch Algerien, sonst westlichen Interessen nicht unbedingt zugetan, betreibt eine vergleichbare Politik.

Doch gleichzeitig ist das Thema Migration auf beiden Seiten des Mittelmeers von Heuchelei, Realitätsverdrängung, Unehrlichkeit und versteckten Agenden geprägt. So lässt die EU gerne die Staaten im Süden und Osten des Mittelmeers die schmutzige Arbeit verrichten, um Migranten mit handfesten Mitteln an der Ausreise zu hindern. Umgekehrt drücken staatliche Stellen in allen Maghrebstaaten gerne ein Auge zu, wenn es darum geht, frustrierte und in ihrer eigenen Gesellschaft chancenlose junge Männer auf dem Seeweg loszuwerden. Ein gerütteltes Mass an Unehrlichkeit findet sich auch in der Weigerung vieler Maghrebstaaten, eigene Landsleute mit abgelehnten Asylgesuchen sowie Delinquenten zurückzunehmen. Europa wiederum macht Druck auf den Maghreb, die irreguläre Migration zu verhindern, lässt aber seit Jahrzehnten zu, dass maghrebinische und afrikanische Migranten zu schändlichen Bedingungen auf landwirtschaftlichen Betrieben und anderswo ausgebeutet werden. Die Liste liesse sich problemlos fortsetzen.

Ein solcher Umgang mit der irregulären Migration ist nicht zukunftsträchtig. Vielmehr wird damit auf dem Rücken frustrierter junger Menschen eine schäbige Interessenpolitik betrieben. Es bedarf dringend einer neuen Migrations- und Asylpolitik gegenüber den Maghrebstaaten, aber auch gegenüber anderen Ländern des Südens. Voraussetzung dafür wäre die Bereitschaft, auf Augenhöhe Lösungen zu suchen, die sowohl die Interessen der jungen Migranten, ihrer Herkunftsländer als auch diejenigen Europas berücksichtigen. Solche Lösungen sind ohne schmerzliche Kompromisse auf beiden Seiten nicht möglich. Europa muss sich zudem der Tatsache bewusst sein, dass es den Maghrebstaaten für einen Migrationskompromiss etwas Substanzielles anbieten muss. Das wird kosten; sei es direkt in Form finanzieller Hilfen für diese Staaten, sei es indirekt in Form grosszügiger Gewährung von Visa, Stipendien, Ausbildungsplätzen oder Kontingenten für legale Arbeitsmigranten.

Mit den Maghrebstaaten bestehen durchaus realistische Chancen, mittelfristig im schwierigen Dossier Migration Lösungen zu finden. Diese Chancen sollten genutzt werden. Konkrete Vorschläge für Schritte in diese Richtung habe ich in Kapitel 18 präsentiert. Es handelt sich um Anregungen auf der Basis einer langen Beschäftigung mit Migrationsfragen und mit den Ländern des Maghreb. Wenn es gelingen sollte, auf diese Weise einen anderen Blick auf die irreguläre Migration zu vermitteln und zu einer pragmatischen Lösung dieses Problems beizutragen, so hätte dieses Buch seinen Zweck erfüllt.

Anhang

Umfrage von Mohamed Larbi Mnassri zur irregulären Emigration in Bir El Hafey

Im Frühjahr 2018 führte Mohamed Larbi Mnassri in der Kleinstadt Bir El Hafey eine Umfrage unter 100 jungen Menschen im Alter zwischen 17 und 35 Jahren durch. Bei 94 Personen handelte es sich um junge Männer. Alle Befragten beantworteten schriftlich die folgenden vier Fragen:

1. Beschäftigst du dich ernsthaft mit einer irregulären Ausreise nach Europa?
2. Falls ja: Aus welchen Gründen willst du Tunesien verlassen?
3. Welches Bild hast du von Europa?
4. Wie siehst du die Lage in Tunesien?

Diese Umfrage an einem einzigen Ort im tunesischen Hinterland bestätigte die Kernaussagen aller zurzeit vorliegenden Umfragen und wissenschaftlichen Studien zum Thema irreguläre Emigration. So beschäftigen sich in Bir El Hafey 75 Prozent der Befragten ernsthaft mit einer illegalen Ausreise. 58 Prozent geben an, sie würden eine solche Reise auch unternehmen, wenn sich ihnen die Möglichkeit dazu bieten würde. Konkret bedeutet dies, dass sie bereit wären, sich einem Schlepper anzuvertrauen und das Mittelmeer auf einem der als «barques de la mort» bezeichneten Fischkutter oder Schlauchboote zu überqueren. Eine erschreckend hohe Zahl der Befragten – rund 90 Prozent – zeichnet ein sehr pessimistisches Bild der gegenwärtigen Situation in Tunesien. Nach ihrer Einschätzung hat sich die wirtschaftliche und soziale Lage im Hinterland Tunesiens in den vergangenen Jahren laufend verschlechtert, und eine positive Entwicklung vermögen sie nicht zu erkennen.

Weiter haben rund 70 Prozent der Befragten kein Vertrauen in die nationalen Institutionen und die Politiker. Ein grosses Misstrauen äussern sie auch gegenüber den tunesischen Medien. Ebenfalls 70 Prozent der Befragten erwarten eine «zweite Revolution» in Tunesien. Dabei deuten sie an, dass sie die «bestehenden Strukturen» zerstören und eine neue gesellschaftliche Ordnung aufbauen wollen, in der «Gerechtigkeit und Gleichheit vor dem Gesetz» gelten. Viele bringen dabei unverhüllte Rachegefühle zum Ausdruck. Fast alle Befragten sehen sich selber als Opfer einer ungerechten Behandlung durch Behörden und ganz allgemein einer ungerechten gesellschaftlichen Ordnung.

Was die irreguläre Ausreise betrifft, so halten rund 80 Prozent der Befragten diese für relativ einfach, vorausgesetzt, dass ein Ausreisewilliger über die finanziellen Mittel verfügt. Rund zwei Drittel der Befragten geben an, dass ihre Familie das Projekt einer irregulären Ausreise im Prinzip finanziell unterstützen würde. Festzuhalten ist allerdings, dass seit der Umfrage die Kontrollen der Küstenwache deutlich strenger geworden sind.

Von Europa haben 80 Prozent der Befragten trotz aller Negativmeldungen ein vergleichsweise positives Bild. Sie gehen davon aus, dass sich ihre materielle Lage in Europa deutlich verbessern würde und dass sie ihre Familien anschliessend unterstützen könnten.

Diese Umfrage aus der Kleinstadt Bir El Hafey bestätigt das Bild der anderen Studien und Umfragen zur irregulären Migration. In einzelnen Punkten ergibt sich sogar ein Bild, das noch eine Spur pessimistischer ist als dasjenige aus den landesweit durchgeführten Studien.

Tabellarischer Vergleich der Studien zur irregulären Emigration in Tunesien

Kriterien	Studie Bir El Hafey (2017)	Studie FTDES (2015)	Studie ITES (2017)	Studie ONJ (2015)
Anzahl der Befragten	100 Personen 6 % Frauen	1168 Personen ca. 5 % Frauen	1200 Personen ca. 5 % Frauen	55 000 Keine Angaben
Altersgruppe	17–35 Jahre	18–34 Jahre	18–34 Jahre	15–29 Jahre
Untersuchte Regionen	Bir El Hafey	Douar Hicher, Ettadhamoun (Vorstädte von Tunis)	Ärmliches Viertel von Mahdia, Ettadhamoun und Douar Hicher	Agglomeration Tunis
Bildungsniveau	54 % ohne Sekundarschulabschluss	Keine Angaben	Keine Angaben	36 % ohne Sekundarschulabschluss
Emigrationswunsch	75 % aller Befragten	54,6 %	41 %	44 %
Bereitschaft zur irregulären Ausreise	58 %	31 %	36 %	Keine Angaben
Vertrauensindex	70 % haben kein Vertrauen in die Politik	Keine Angaben	Totaler Vertrauensverlust	Keine Angaben
Bild von Europa	80 % sehr positives Bild	Keine Angaben	Mehrheitlich sehr positiv	Keine Angaben
Wichtigste Emigrationsmotive	Zu 90 % ökonomische Motive (Armut, Arbeitslosigkeit usw.) Ungerechtigkeit, Hogra	Arbeitslosigkeit wichtigstes Motiv, schlechte sozioökonomische Lage	Schlechte sozioökonomische Lage und Marginalisierung der Jungen, irreguläre Migration positiv besetzt	Keine Angaben

ONJ: Observatoire National de la Jeunesse
ITES: Institut Tunisien des Etudes Stratégiques
FTDES: Forum Tunisien pour les Droits Economiques et Sociaux

Literaturverzeichnis

Arab, Chadia (2014): Parcours et nouvelles routes migratoires en Méditerranée. In: Maghreb-Machrek, 220, S. 75–92. https://www.cairn.info/revue-maghreb-machrek-2014-2-page-75.htm (Zugriff 13.3.2019)

Bensedrine, Sihem; Mestiri, Omar (2005): Despoten vor Europas Haustür. Warum der Sicherheitswahn den Extremismus schürt. Verlag Kunstmann.

Betts, Alexander; Collier, Paul (2017): Refuge. Rethinking Refugee Policy in a Changing World. Oxford University Press.

Boubakri, Hassan (2013): Les migrations en Tunisie après la revolution. In: Confluences Méditerranée, vol. 87, no. 4, 2013, S. 31–46.

Brocza, Stefan (Hg.) (2015): Die Auslagerung des EU-Grenzregimes. Promedia Verlag.

Campbel, Zach (2017): Europe's plan to close its sea borders relies on libya's coast guards. In: The Intercept, 25.11.2017. https://theintercept.com/2017/11/25/libya-coast-guard-europe-refugees/ (Zugriff 13.3.2019)

Carrera, Sergio; Cassarino, Jean-Pierre; El Qadim, Nora; Lahlou, Mehdi; den Hertog, Leonhard (2016): EU-Morocco Cooperation on Readmission, Borders and Protection: A model to follow? CEPS Edition, Brussels. https://www.ceps.eu/publications/eu-morocco-cooperation-readmission-borders-and-protection-model-follow (Zugriff 13.3.2019)

Collier, Paul (2016): Exodus. Warum wir Einwanderung neu regeln müssen. Verlag Pantheon.

De Bel-Air, Françoise (2016): Migration Profile Morocco. Hg. Migration Policy Centre – Robert Schuman Centre for Advanced Studies – European University Institute. Florenz.

Di Nicola, Andrea; Musumeci, Giampaolo (2015): Bekenntnisse eines Menschenhändlers. Das Milliardengeschäft mit den Flüchtlingen. Verlag Antje Kunstmann.

Fakten zur Europäischen Dimension von Flucht und Asyl: Marokko (2016). Hg. Bertelsmann Stiftung.

Fibbi, Rosita u. a. (2013): Die marokkanische, die tunesische und die algerische Bevölkerung in der Schweiz. Hg. Bundesamt für Migration. www.bundespublikationen.admin.ch. https://www.sem.admin.ch/dam/data/sem/publiservice/publikationen/diaspora/diasporastudie-maghreb-d.pdf (Zugriff 13.3.2019)

Gatti, Fabrizio (2008): Bilal. Als Illegaler auf dem Weg nach Europa. Kunstmann Verlag.

Jakob, Christian; Schlindwein, Simone (2017): Diktatoren als Türsteher Europas. Wie die EU ihre Grenzen nach Afrika verlagert. Ch. Links Verlag.

Kipp, David; Müller, Melanie (2018): Der europäischen Migrationspolitik fehlt der Realitätsbezug. In: SWP, Kurz gesagt, 13.11.2018. https://www.swp-berlin.org/kurz-gesagt/2018/der-europaeischen-migrationspolitik-fehlt-der-realitaetsbezug/ (Zugriff 13.3.2019)

Koch, Anne; Weber, Annette; Werenfels, Isabelle (Hg.) (2018): Migrationsprofiteure? Autoritäre Staaten in Afrika und das europäische Migrationsmanagement. SWP-Studie 2018/S 03, April 2018. https://www.swp-berlin.org/publikation/migrationsprofiteure/ (Zugriff 13.3.2019)

Koch, Anne; Werenfels, Isabelle (2016): «Sichere Herkunftsstaaten» im Maghreb. In: SWP, Kurz gesagt, 4.5.2016.

Kopp, Judith (2013): Europa verliert seine Torwächter. Hg. Böll-Stiftung. https://heimatkunde.boell.de/2013/11/18/europa-verliert-seine-torwächter (Zugriff 13.3.2019)

Lahlou, Mehdi (2015): Morocco's Experience of Migration as a Sending, Transit and Receiving Country. In: IAI Working Papers 15.

Luft, Stefan (2017): Die Flüchtlingskrise. Ursachen, Konflikte, Folgen. 2. Auflage. Verlag C.H. Beck München.

Mabrouk, Mehdi (2009): Emigration clandestine en Tunisie: organisations et filières. In: NAQD2009/1 N° 26–27, S. 101–126.

Macdonald, Geoffrey; Waggoner, Luke (2018): Dashed hopes and extremism in Tunisia. In: Journal of Democracy, Volume 29, Number 1, S. 126–140.

Mastrangelo, Simon (2017): Entre désillusions et espoirs, représentations autour des migrations et revendications des harraga tunisiens. Dissertation Universität Lausanne.

Meier-Braun, Karl-Heinz (2018): Schwarzbuch Migration. Die dunkle Seite unserer Flüchtlingspolitik. C.H. Beck Verlag.

Mersch, Sarah (2018): Mühen der Ebene. Tunesiens junge Bevölkerung ist tief enttäuscht von Wirtschaft und Staat. In: IP Mai/Juni 2018.

Molenaar, Fransje u. a. (2017): A Line in the Sand. Roadmap for Sustainable Migration Management in Agadez. Den Haag: Clingendael, Netherlands Institute for International Relations, Oktober 2017 (CRU Report). https://www.clingendael.

org/publication/roadmap-sustainable-migration-management-agadez (Zugriff 13.3.2019)

Napoleoni, Loretta (2016): Menschenhändler. Die Schattenwirtschaft des islamistischen Terrorismus. Rotpunktverlag.

Nourredine, Khaled (2013): Adolescents harragas: Risquer sa vie comme seule possibilité de realisation de soi. In: Adolescence, 31.3., S. 699–709.

Schwarz, Hans-Peter (2017): Die neue Völkerwanderung nach Europa: Über den Verlust politischer Kontrolle und moralischer Gewissheiten. Deutsche Verlags-Anstalt (DVA).

Smith, Stephen (2018): Nach Europa! Das junge Afrika auf dem Weg zum alten Kontinent. edition.fotoTAPETA Berlin.

Stock, Inka (2017): Vor den Toren Europas. Marokko als Einwanderungs- und Transitland. In: Bundeszentrale für politische Bildung, Länderprofile Marokko, 18.6.2017. bpb. http://www.bpb.de/gesellschaft/migration/laenderprofile/250337/marokko-als-einwanderungs-und-transitland (Zugriff 13.3.2019)

Tinti, Peter; Reitano, Tuesday (2016): Migrant, Refugee, Smuggler, Saviour. Hurst& Company, London.

Tunisia, Country of Emigration and Return: Migration Dynamics since 2011 (2018). Hg. REACH & Mercy Corps. https://reliefweb.int/report/tunisia/tunisia-country-emigration-and-return-migration-dynamics-2011-december-2018

Weissberger, Gunter; Schröder, Richard; Quistorp, Eva (2018): Weltoffenes Deutschland? Zehn Thesen, die unser Land verändern. Herder.

Websites

Websites von Staaten und UNO-Organisationen zum Thema Migration (Zugriff 13.3.2019)

http://migration.iom.int/europe?type=arrivals
https://www.unhcr.org
https://www.unhcr.org/globaltrends2017/
https://www.unhcr.org/middle-east-and-north-africa.html?query=North%20Africa
https://www.sem.admin.ch/sem/de/home.html
https://www.sem.admin.ch/sem/de/home/rueckkehr/rueckkehrhilfe.html
http://www.bamf.de/DE/Startseite/startseite-node.html
https://www.bfa.gv.at
http://www.migration-population.ch

NGOs (Zugriff 13.3.2019)
http://www.mixedmigration.org/regions/north-africa/
https://www.infomigrants.net/en/
https://globalinitiative.net
https://blue-borders.ch/events
https://sea-watch.org
https://www.fluechtlingshilfe.ch
https://www.proasyl.de
https://ftdes.net/migration/
https://www.annalindhfoundation.org/fr/members/gadem-groupe-antiraciste-dac
compagnement-et-de-defense-des-etrangers-et-migrants

Zeitungsartikel

Algeria Deports 25 000 Migrants to Niger. Report from European Council on Refugees and Exiles. In: ECRE Weekly Bulletin, 18.1.2019. https://www.ecre.org/algeria-deports-25000-migrants-to-niger/ (Zugriff 13.3.2019)

Bartsch, Matthias; Bohr, Felix u.a.: Wie Deutschland daran scheitert, abgelehnte Asylbewerber abzuschieben. Spiegel, 1.3.2019. https://www.spiegel.de/plus/wie-deutschland-daran-scheitert-abgelehnte-asylbewerber-abzuschieben-a-000000 00-0002-0001-0000-000162664676 (Zugriff 13.3.2019)

Blaise, Lilia: La Tunisie face à ses «revenants» de la Syrie. In: Le Desk, 24.9.2018. https://ledesk.ma/grandangle/la-tunisie-face-ses-jihadistes-revenants-de-syrie/ (Zugriff 13.3.2019)

Bobin, Frédéric: La détresse sociale en Tunisie à l'origine d'une nouvelle vague d'émigration. In: Le Monde, 24.4.2018. http://www.lemonde.fr/afrique/article/2018/04/24/la-detresse-sociale-en-tunisie-a-l-origine-d-une-nouvelle-vague-d-emigration_5289984_3212.html (Zugriff 13.3.2019)

Boukhayatia, Rihab: À la rencontre des migrants qui témoignent de leurs vécus en Tunisie. In: Huffpost Maghreb, 21.9.2018. https://www.huffpostmaghreb.com/entry/entre-cloisonnement-et-exploitation-comment-vivent-les-migrants-en-tunisie_mg_5ba50d3ce4b0181540dc80fc?utm_hp_ref=mg-homepage (Zugriff 13.3.2019)

Bozonnet, Charlotte: Sous la pression de l'Union européenne, le Maroc fait la chasse aux migrants. In: Le Monde, 15.10.2018. https://www.lemonde.fr/afrique/article/2018/10/15/sous-la-pression-de-l-union-europeenne-le-maroc-fait-la-chasse-aux-migrants_5369756_3212.html (Zugriff 13.3.2019)

Dani, Nadjoua: Amnesty International appelle l'Algérie à se doter d'une loi sur le droit d'asile. In: L'Express DZ, 20.6.2018. https://www.express-dz.com/2018/06/20/amnesty-international-appelle-lalgerie-a-se-doter-dune-loi-sur-le-droit-dasile/ (Zugriff 13.3.2019)

Dernbach, Andrea; Meisner, Matthias: «Der Beschluss sagt: offene Grenzen. Punkt». In: Der Tagesspiegel, 13.6.2018. https://www.tagesspiegel.de/politik/linken-geschaeftsfuehrer-joerg-schindler-der-beschluss-sagt-offene-grenzen-punkt/22680872.html (Zugriff 13.3.2019)

Ein Flüchtlingsbekämpfungs-Deal nach dem anderen: Die EU und ihre «Migrationspartnerschaften». In: Pro Asyl.de, 20.10.2016. https://www.proasyl.de/news/ein-fluechtlingsbekaempfungs-deal-nach-dem-anderen-die-eu-und-ihre-migrationspartnerschaften/ (Zugriff 13.3.2019)

Franke, Martin: Europas Bollwerk in Nordafrika. In: FAZ, 8.7.2018. http://www.faz.net/aktuell/politik/ausland/wie-algerien-fuer-europa-abschiebt-15674110/abschieben-mit-haerte-15674123.html (Zugriff 13.3.2019)

Guerroua, Kamal: Algérie: Entre mal-vie et Zodiac. In: Le Matin d'Algérie, 2.8.2018. http://www.lematindalgerie.com/entre-mal-vie-et-zodiac (Zugriff 13.3.2019)

Herbert, Matt; Naceur, Sofian Philipp: Algeria's protests and migration: the fearmongers have it wrong. In: ISS, 15.3.2019. https://issafrica.org/iss-today/algerias-protests-and-migration-the-fearmongers-have-it-wrong?fbclid=IwAR2Va27J6a59oeBvN56xjG338RzVTikuiebIlRoHkNXd8KNOY4O3gGqPf-o (Zugriff 15.3.2019)

Ismaili, Ghita: Entre 1500 et 2500 saisonnières marocaines de Huelva ont opté pour le « hrig ». In: TelQuel, 10.5.2018. https://telquel.ma/2018/10/05/entre-1500-et-2500-saisonnieres-marocaines-de-huelva-ont-opte-pour-le-hrig_1613123 (Zugriff 13.3.2019)

Kebir, Sabine: Die Guten gehen. In: Der Freitag, 51/2018. https://www.freitag.de/autoren/sabine-kebir/die-guten-gehen (Zugriff 13.3.2019)

Khouja, Salma: Le GADEM dénonce les expulsions abusives et les conditions de détention des migrants au Maroc. In: Huffpost Maghreb, 11.10.2018. https://www.huffpostmaghreb.com/entry/migrants-le-gadem-alerte-sur-les-expulsions-abusives_mg_5bbf4168e4b0bd9ed5576e7a (Zugriff 13.3.2019)

Lau, Mariam; Lobenstein, Caterina: Sind Auffanglager in Nordafrika sinnvoll? In: Die Zeit, 9.2.2017. https://www.zeit.de/2017/07/fluechtlinge-auffanglager-nordafrika-eu-pro-contra/komplettansicht (Zugriff 13.3.2019)

Nassehi, Armin: Die große Chance der Flüchtlingskrise wurde vertan. In: Welt, 2.7.2018. https://www.welt.de/debatte/kommentare/plus178555248/Soziologe-Nassehi-Chance-der-Fluechtlingskrise-wurde-vertan.html (Zugriff 13.3.2019)

Nida-Rümelin, Julian: «Afrika braucht nicht noch mehr Auswanderung nach Europa». In: IPG, 10.7.2018. http://www.ipg-journal.de/interviews/artikel/afrika-braucht-nicht-noch-mehr-auswanderung-nach-europa-2844/ (Zugriff 13.3.2019)

Rössler, Hans-Christian: Mit dem Herzen in Europa. In: Frankfurter Allgemeine Zeitung, 20.3.2018. https://www.faz.net/aktuell/politik/ausland/grosse-reportage-ueber-die-flucht-aus-tunesien-15502301.html (Zugriff 13.3.2019)

Sehl, Markus: Bei Anruf: Retten – und Abschieben. In: Legal Tribune online, 16.3.2018. https://www.lto.de/recht/hintergruende/h/italien-seenotrettung-fluechtlinge-push-back-manoever-voelkerrechtsbruch-emrk/ (Zugriff 13.3.2019)

Serrao, Marc Felix: Vier von fünf abgelehnten Asylbewerbern werden in Deutschland geduldet. In: NZZ, 23.11.2018. https://www.nzz.ch/international/vier-von-fuenf-abgelehnten-asylbewerbern-werden-in-deutschland-geduldet-ld.1438978 (Zugriff 23.2.2019)

Signer, David: Der afrikanische Exodus ist wie ein Faustschlag ins Gesicht der Regierenden. In: NZZ, 25.7.2018. https://www.nzz.ch/international/ein-faustschlag-ins-gesicht-der-regierenden-ld.1406074 (Zugriff 13.3.2019)

Stadler, Toni: Menschlichkeit, kurzfristig, langfristig: die Flüchtlingskonvention der Gegenwart anpassen. In: NZZ, 10.3.2018. https://www.nzz.ch/meinung/menschlichkeit-kurzfristig-langfristig-die-fluechtlingskonvention-der-gegenwart-anpassen-ld.1361178 (Zugriff 13.3.2019)

Strahm, Rudolf: Die Asylpraxis ist ein Basar. In: Tages-Anzeiger, 24.7.2018. https://www.tagesanzeiger.ch/ausland/standard/die-asylpraxis-ist-ein-basar/story/24570156 (Zugriff 13.3.2019)

Stührenberg, Michael: Die Geblendeten. Über das Missverständnis der Migration. In: Das Magazin Nr. 50, 15.12.2018. https://www.tagesanzeiger.ch/ausland/europa/die-geblendeten-ueber-das-missverstaendnis-der-migration/story/21699830 (Zugriff 13.3.2019)

Theisen, Heinz: Die Grenzen der Grenzenlosigkeit und die Notwendigkeiten der Selbstbehauptung. In: NZZ, 16.1.2019. https://www.nzz.ch/meinung/die-grenzen-der-grenzenlosigkeit-und-die-notwendigkeiten-der-selbstbehauptung-ld.1431389 (Zugriff 13.3.2019)

Vitzthum, Thomas: Die Praktiker der Migrationspolitik verzweifeln an den Experten-Ideen. In: Welt, 10.2.2019. https://www.welt.de/politik/deutschland/article188564975/Werkstattgespraech-Die-Praktiker-der-Migrationspolitik-verzweifeln-an-den-Experten-Ideen.html (Zugriff 13.3.2019)

Zerouali, Khalid: El Khalfi: « Nos moyens sont mobilisés contre l'émigration, nous ne pouvons pas faire plus ». In: TelQuel, 27.9.2018. https://telquel.ma/2018/09/27/khalid-zerouali-nos-moyens-sont-mobilises-contre-lemigration-nous-ne-pouvons-pas-faire-plus_1612072 (Zugriff 13.3.2019)

Zurutuza, Karlos: Die Gestrandeten von Zuwara. In: Deutsche Welle, 29.11.2018. https://www.dw.com/de/libyen-die-gestrandeten-von-zuwara/a-46484135 (Zugriff 13.3.2019)

Zeitungsartikel von Beat Stauffer

Tunesien: Die Hoffnung verflogen, der Fluchtweg versperrt. In: NZZ, 15.1.2019. https://www.nzz.ch/feuilleton/tunesien-hoffnung-verflogen-fluchtweg-versperrt-ld.1449487 (Zugriff 13.3.2019)

Marokko macht die Drecksarbeit für Europa. In: NZZaS, 30.6.2018. https://nzzas.nzz.ch/international/marokko-macht-die-drecksarbeit-ld.1399638? (Zugriff 13.3.2019)

Libyens Hölle treibt Flüchtlinge in ihre Herkunftsländer zurück. In: NZZaS, 31.3.2018. https://nzzas.nzz.ch/international/libyens-hoelle-treibt-fluechtlinge-in-ihre-herkunftslaender-zurueck-ld.1370994? (Zugriff 13.3.2019)

Marokko bietet Migranten einen legalen Status – aber die meisten wollen weiterhin nach Europa. In: NZZ, 11.12.2017. https://www.nzz.ch/international/marokko-bietet-migranten-einen-legalen-status-aber-diese-harren-lieber-illegal-aus-ld.1335447 (Zugriff 13.3.2019)

Vollzugsnotstand bei den Maghrebinern. In: NZZ, 20.5.2016. https://www.nzz.ch/schweiz/rueckfuehrungen-nach-nordafrika-vollzugsnotstand-bei-den-maghrebinern-ld.83647 (Zugriff 13.3.2019)

Die Grenzen der Abgrenzung. In: NZZ, 17.3.2016. https://www.nzz.ch/international/die-grenzen-der-abgrenzung-1.18713765? (Zugriff 13.3.2019)

Mit Handy, aber ohne Pass. Gastkommentar Aargauer Zeitung, 28.8.2015. http://beatstauffer.ch/wp-content/uploads/E-Paper-Ausgabe_AZ_Aarau_Freitag-28-August-2015.pdf (Zugriff 13.3.2019)

Ein Fischkutter ohne Fischgeruch. In: NZZ, 9.6.2015. https://www.nzz.ch/international/naher-osten-und-nordafrika/ein-fischkutter-ohne-fischgeruch-1.18558243? (Zugriff 13.3.2019)

Der unsichtbare Feind. In: Qantara.de, 20.05.2015. https://de.qantara.de/inhalt/al-qaida-im-maghreb-der-unsichtbare-feind (Zugriff 13.3.2019)

Gestrandet kurz vor dem Ziel. In: NZZ, 5.2.2015. https://www.nzz.ch/spezial/fluchtwege/gestrandet-auf-halbem-weg-1.18475735 (Zugriff 13.3.2019)

Die Einwanderung ins Auswandererland. In: NZZ, 4.2.2014. https://www.nzz.ch/die-einwanderung-ins-auswandererland-1.18234989? (Zugriff 13.3.2019)

Jähes Ende des Traums vom besseren Leben. In: NZZ, 9.3.2011. https://www.nzz.ch/jaehes_ende_des_traums_vom_besseren_leben-1.9814291? (Zugriff 13.3.2019)

Marokko profitiert von neuen Auswanderungsrouten. In: NZZ, 14.10.2009. https://www.nzz.ch/marokko_profitiert_von_neuen_auswanderungsrouten-1.3861958? (Zugriff 13.3.2019)

Die Kapitel 9, 10, 13 und 15 basieren teilweise auf Recherchen für einige dieser Zeitungsartikel.

Bildnachweis

Die Ziffern beziehen sich auf die Seitenzahlen.

16, 30, 38, 46 (beide), 48 (beide), 67, 70, 74, 78, 94, 107, 111 (beide), 114 (beide), 117 (beide), 119, 134, 159 (unten), 167, 172, 179, 199, 204, 258, 283: © Beat Stauffer
10, 130: © 2018 Stiftung Wissenschaft und Politik (SWP)
21: Henri Dormoy, 1930; Plakat anlässlich des Zentenariums der Besetzung von Algerien
25: © Bundesarchiv, 183-67169-0002/Erich Schutt
34, 60 (beide), 143, 159 (oben): Screenshots organisiert von Mohamed Larbi Mnassri
82: © Mohamed Larbi Mnassri
123: © Karlos Zurutuza
143: © Conseil municipal de la ville de Zwara
146, 149 unten: REUTERS/Fabian Bimmer
149 oben: REUTERS/Jesus Moron
186: Mediatus (de.Wikipedia)
217: KEYSTONE-SDA/AP/Jerome Delay
222: Privatarchiv Ridha Fraoua
237 oben: Screenshot Google Maps, beschriftet von Marouane
237 unten: © Marouane
243: Privatarchiv Marouane

Umschlagfoto: Während einer Rettungsaktion werfen bewaffnete maltesische Marinesoldaten einer Gruppe von illegalen Einwanderern Wasserflaschen zu; REUTERS/Darrin Zammit Lupi

Autor und Verlag haben sich bemüht, die Urheberrechte der Abbildungen ausfindig zu machen. In Fällen, in denen ein exakter Nachweis nicht möglich war, bitten sie die Inhaber der Copyrights um Nachricht.

Dank

Ich danke Mohamed Larbi Mnassri für seinen wichtigen Beitrag zur Entstehung dieses Buchs. Mnassri hat insbesondere zum Kapitel über Bir El Hafey vor Ort recherchiert, aber auch zu den Kapiteln über Tunesien und das Schlepperwesen. Imed Hannana hat in Zuwara (Libyen) sowie zum Schlepper Farid recherchiert. Auch ihm gilt mein Dank.

Viele Informanten im gesamten Maghreb und in der Schweiz habe ich über Jahre hinweg immer wieder treffen können. Sie haben sich nicht nur stundenlang Zeit genommen, sondern mir auch wertvolle Hinweise gegeben und wichtige Kontakte vermittelt. Ich danke insbesondere Alaya Allani, Abdou Belbahi, Ignacio Cembrero, Ridha Fraoua, Amel Grami, Mehdi Lahlou, Walid Maâouia, Dhaou Maâtoug, Ahmed Shebani, Mongi Slim, Said Tbel, Mohamed Tlili und David Zaugg.

Rudolf Strahm danke ich für sein Vorwort und Omar Brouksy für seinen Gastbeitrag. Ein herzlicher Dank geht auch an alle Freundinnen und Freunde, die einzelne Kapitel kritisch durchgelesen haben. Erwähnen möchte ich Regula Renschler, Thomas Schmid, Zineb Benkhelifa, Rachid Boutayeb, Eva Demircan, Alexander Gschwind und Monika Barmettler. Viele andere Freunde haben mich stets ermutigt, dieses Buch zu schreiben, und ihr Interesse an den einzelnen Arbeitsschritten war mir eine wichtige Unterstützung. Danke an Elisabeth Abd'Rabbou Büttiker, Hugo Caviola, Albert Debrunner, Erwin Dettling, Marianne Dünki, Severina Eggenspiller, Jasmin El-Sonbati, Maja Graf Blumer, Viktor Meyer, Judith Siegrist-Stauffer, Gisela Treichler und André von Graffenried.

Ich danke zudem Prosper Kalmogo, Marouane, Cissoko, Amadou und vielen anderen, die mir von ihrem schwierigen Alltag und ihren Migrationserfahrungen berichtet haben.

Grosser Dank gebührt dem Verlagsteam, im Besonderen Urs Hofmann, Katharina Blarer, Beate Becker und Rainer Vollath.